グローバル時代のアジアの国際協力

―過去・現在・未来

International Cooperation
in Asia in a Global-era:
past, present and future

児玉昌己
伊佐　淳　編

芦書房

グローバル時代のアジアの国際協力——過去・現在・未来

はしがき

本書は久留米大学の研究者を中心にワンアジア財団（ユーラシア財団：二〇二〇年四月より改名）の助成講座を基礎とした第二弾ともいうべきもので『グローバル時代のアジアの国際協力――過去・現在・未来』を上梓することができ、ほっとしている。

本書は、三年前の同財団助成講座の申請にその源を発している。第一弾は児玉昌己・伊佐淳編『アジアの国際協力と地域共同体を考える』として二〇一九年三月に本書と同様、芦書房から刊行された。因みに、その刊行の経緯については、前著の「はしがき」で詳細に述べているのでご参照いただけると幸いである。

さて、第一弾では、外国を含む内外の講座担当者一四名全員に執筆者となっていただいた。本書は第二弾という位置づけであるため、執筆陣の多少の入れ替えがあり、前回からの参加者も含め一一名の執筆陣となった。前著と今回の書では、総計で一九名の本学と学外の研究者、専門家、ジャーナリストの方々に参加していただいた。

本書の特色を言えば、前回は国際協力とアジア共同体の可能性を探るという観点から執筆していただいたが、今回は日本のアジアとの関係の歴史を二つの章（第1章、第2章）で扱っており、副題はそれを反映している。また、目次を見ていただければ一目瞭然であるが、中国の強大化という二一世紀の顕著な特色を反映した形で、広い意味で中国をテーマとした章も四つとなっている（第5章、第6章、第7章、第8章）。さらに、ソーシャルメディア（第3章）、ポスト・グローバリズム（第4章）、ソーシャルビジネス（第9章）、サプライチェーン（第10章）、イスラーム（第11章）など、多様な観点から執筆いただいた。アジアと欧米のさまざまな視点から国際協力や地域連携をどう考えるか、学界や社会にいささかの貢献を果たせるのではないかと思っている。

最後に、一般財団法人ユーラシア財団（旧ワンアジア財団）の佐藤洋治理事長、鄭俊坤先生、理事会の皆様には、三年目以降の講座助成もご承認いただいた。また、本書刊行にあたり、芦書房の中山元春社長、佐藤隆光編集部長には大変ご助力をいただいた。さらに、三年目以降の講座助成については、科目の常設化が条件となっていることから、経済学部の規約改正が必要となったため、経済学部長の世利洋介教授を始め、経済学部の先生方、とりわけ教務委員会（教務委員長・伊豆久教授）の先生方には大変ご尽力をいただいた。以上、記して心より感謝を申し上げたい。その他、紙幅の関係でご氏名を明記できないが、常設科目化と講座全般にご支援をいただいた関係各位に対し、御礼を申し上げる次第である。

執筆者を代表して
児玉昌己
伊佐　淳

目次

第7章　中国の投資主導経済が世界にもたらす影響

第1章 戦前のアジアにおける日本人の移動

はじめに

二一世紀の現代、世界中にインターネットが普及し、情報のグローバル社会を迎えた。日本においても二〇〇六年一二月に「観光立国推進基本法」が成立し、海外からの旅行者が急増し、二〇一三年には訪日旅客数は一千万人を越え、二〇一六年には二千万人に達し、二〇一八年の累計訪日外国人数は三千万人（日本政府観光局三一一九万一八五六人）を超えた。

また、これとは逆に二〇一八年に海外へ出国した日本人は一八九五万四〇三一人（法務省出入国管理統計）となっている。これは、二〇一八年一〇月一日現在の日本の推計人口が約一億六二四四万三〇〇〇人（総務省統計局）であることからすると、年間出国邦人が総人口の一一・六七％となり、約一〇人に一人が出国している計算となる。その中でも、海外在留邦人数は、二〇一七年一〇月一日現在で一三万五一九七人となっている。また、海外在留邦人の総人口に対する割合は二〇一七年の統計からみると約一・〇六%の日本人が海外へ長期滞在、もしくは永住権を取得していることになる。

以上のデータを踏まえた上で、本章では戦前から戦後にかけての日本人が、どのくらい海外進出していたのか、特にアジアと太平洋地域を中心に論じることとする。

1　アジアにおける戦前の列強植民地と日本人の移動

日本人の海外移住は日本近代の幕開けと共に開始された。一八六八年（明治元）、日本ではまさに近代国家へのはじめの一歩を踏み出したその年に、米国商人のユージン・ヴァン・リード（Eugene Miller Van Reed）によって行われたハワイ移民がその嚆矢《こうし》となる。この時に約一五〇名の日本人がハワイに契約労働者として渡航し、これが後に「元年者」と呼ばれるようになった。また、リードは同時期にスペイン領であったグアムにも労働者を派遣している。このリードによる移民以外にも一八六九年（明治二）には、米国本土（カリフォルニア州）へ入植した会津藩士達（若松コロニー）もあったとのことである。

しかしその後、日本人の海外移民活動は続かず、一八八五年（明治一八）に日本政府とハワイ政府の間で行われた「官約移民」と呼ばれる移民になってから日本人の海外進出が本格化してくる。ハワイへの官約移民は一八九三年（二六回）まで続いたが、その後は民間会社による移民へと切り替わった。

この民間会社への移行後が、米国本土や、メキシコ、オーストラリア、ニューカレドニアなどの、海外の多地域に日本人が進出した時期となるのである。

米国本土への移民は、一八九〇年（明治二三）からカリフォルニア州への集団移民から開始された。しかし、同じ時期に欧米で広がった「黄禍論」の影響で、その後、徐々に日本人移民が排斥され始めると、一九二四年（大正一三）に米国政府は排日移民法を制定し、日本人の移民を拒否した。

一八九七年（明治三〇）からはメキシコ移民（榎本殖民）が開始されたが、気候風土に日本人が合わなかったことなので、メキシコ移民もその後、一〇年程度で途絶えた。また、同時期にボリビアやペルーにも移民が行われたが結果はどれも失敗している。それは、この時期の日本人の海外への移動が、契約労働者として期限付きの出稼ぎ労働の目的であったため、契約が終了すると帰国する者が多かったからである。それでも中には現地に留まり永住する者も見られた。

『官報』（一九〇一年六月一〇日、5381号）「本邦移民数」に、一九〇〇年（明治三三）一〇月一五日付の日本人移民の渡航地別調査が記載されている。それによると、この時期の移民の渡航先はハワイ、米国、英領カナダ、ロシアおよびロシア領地、清国、韓国、仏領ニューカレドニア、英領インド、シンガポール、オーストラリア、英国、香港、蘭領スマトラ等、仏領サイゴン、メキシコ、マニラ、フランスの一七地域で年間の渡航者数は一万六七五八人あった。

2　戦前のアジア・オセアニア地域に見る海外在留日本人の分布

一九三〇年の海外在留日本人の分布

『昭和六年 拓務統計書』（一九三三年）では一九三〇年（昭和五）における海外在留日本人の人口を第三回国勢調査を基に統計しているので、当時の日本人の世界における在留地の分布と職種を把握することができる。『拓務統計』によると、一九三〇年一〇月一日現在で海外在留本邦人（日本人）は五一万八八六五人であった。しかし、この日本人の統計の中には朝鮮籍と台湾籍の住民も含まれている。この内訳をみると、内地人（日本内地に籍のある住民）は五〇万六四二二人（九七・六％）、朝鮮籍住民が三七五一人（〇・七二％）であり、台湾籍住民が八六九二人（一・六七％）であった。ちなみに、同年の日本内地の住民の総数は六四四五万五人であったことから、海外在留日本人（内地人）は日本国内人口の〇・七八％であった。

次に、世界中のどの地域に日本人が分布していたのかを六大州別に見てみると、日本人在留者が多い順に南アメリカ州一四万二二七六人（二七・四％）、北アメリカ州一二万七六〇九人（二四・六％）、オセアニア州（ハワイを含む）一二万四八六一人（二四・一％）、アジア州が一二万五八七人（二三・二％）とほぼ均衡しているが、ヨーロッパ州三四六三人（〇・六％）とアフリカ州六九人（〇・〇一％）が一％未満であった。よって、一九三〇年の日本人は、南北アメリカ州とアジア・オセアニア州

図1：1930年における世界の在留日本人分布図

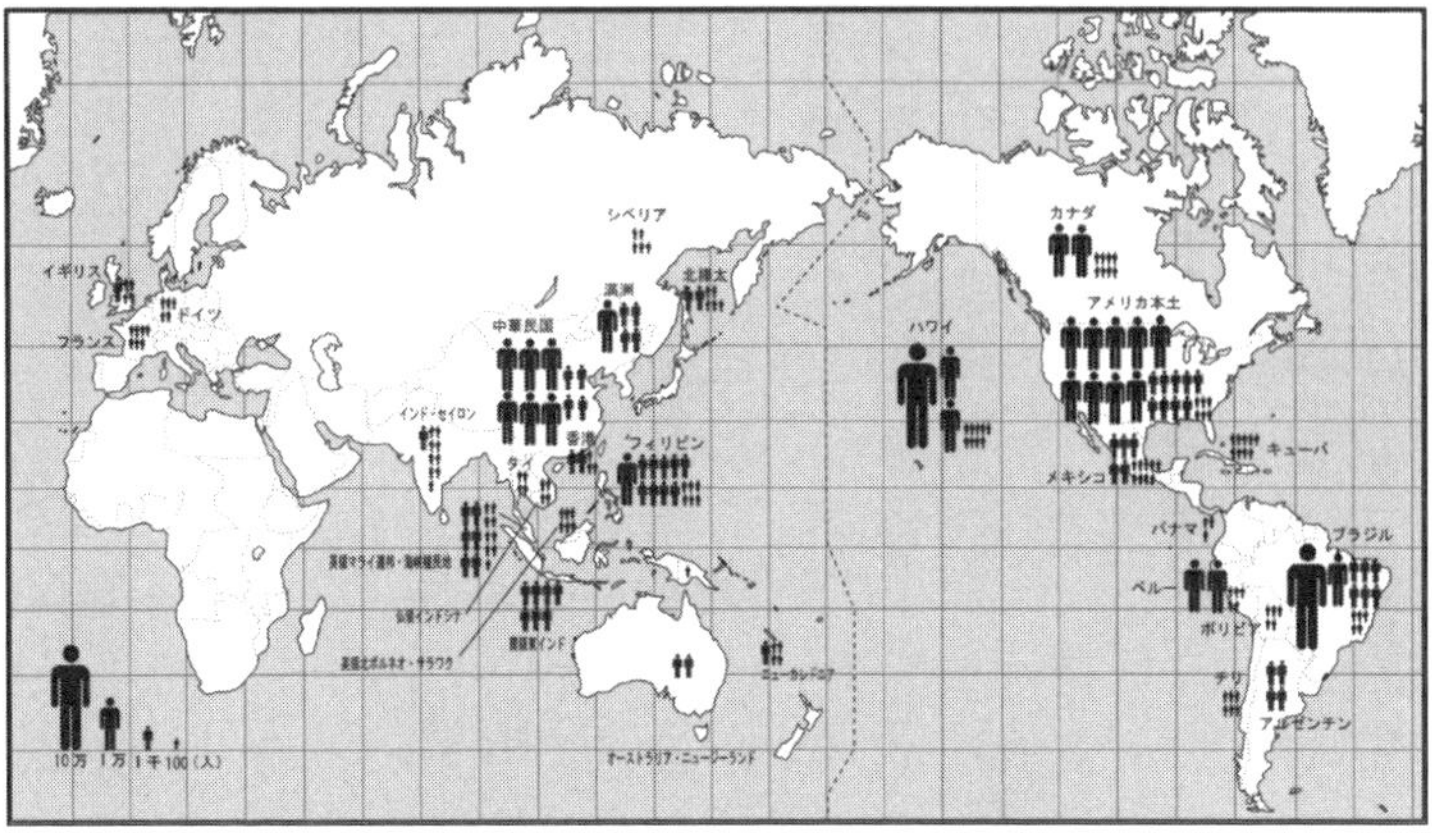

（出所）拓務省『昭和六年 拓務統計』1933年参照にて執者作成。

図2：1930年の五大州における日本人有業者の職業別割合

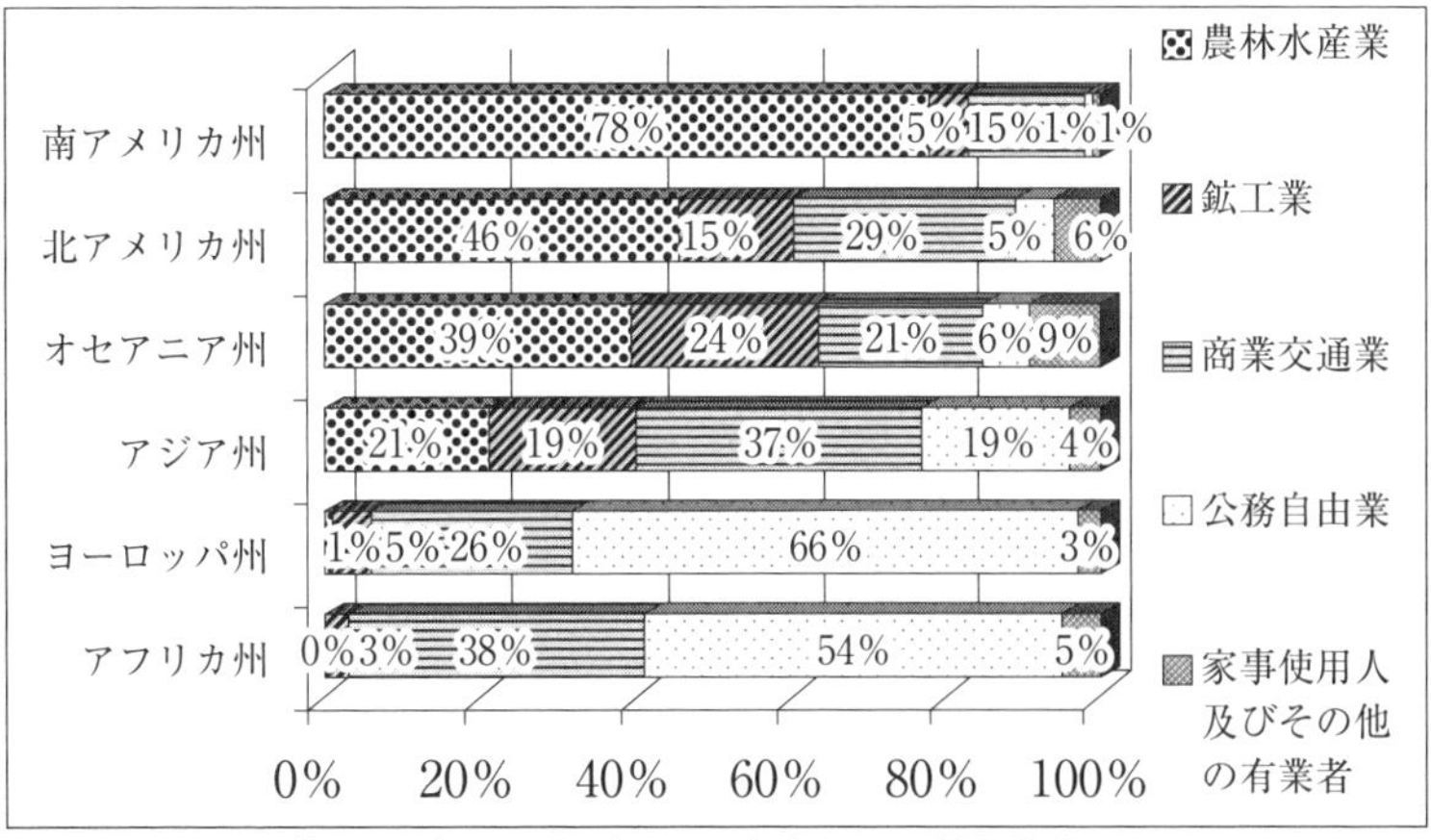

（出所）拓務省『昭和六年 拓務統計』1933年参照にて執者作成。

に全体の九九・三％が分布していたことになる。

次に六大州における在留日本人の有業者のみの職業別人口を見てみると、南北アメリカ州は南米が七八％（五万二一九二二人）、北米が四八％（二万六七七二人）と共に農業従事者が最も多いことがわかる。これは南北アメリカ大陸への移民は、官約移民や私約移民として主に農園への契約出稼ぎ労働が多かったからである。

これに対しアジア州では商業交通業従事者が二万三四七人で全体の三七％と最も多く、次いで農林水産業一万一二七〇人（二一％）、鉱工業一万三三二一人（一九％）公務自由業一万三八八人（一九％）と各業種の割合が平等になっていることが特徴である。この統計ではオセアニア州にハワイが含まれているために、農業従事者の割合が最も多くなり三九％となっている。次いで鉱工業が二四％で、商業交通業が二一％となっていた。農業を除くと、オセアニアでは鉱工業従事者が比較的多いことが特徴的である。

そこでここからは、アジア・オセアニア州に在留していた日本人の職業別特徴を、特に英領海峡植民地、ニューカレドニア、フィリピン群島を例に挙げ見ていくこととする。

東南アジアの在留日本人

シンガポールへの日本人の移動は明治期の比較的早い段階で行われ始めた。この地を最初に訪れた日本人は、当時「娘子軍」（俗称：からゆきさん）と呼ばれていた娼婦たちであった。娘子軍は国家や企業と契約して移動していたのではなく、自由移民という形で海外に進出していた。もちろんこれ

図3：20世紀初頭のアジア太平洋地域の列強勢力図

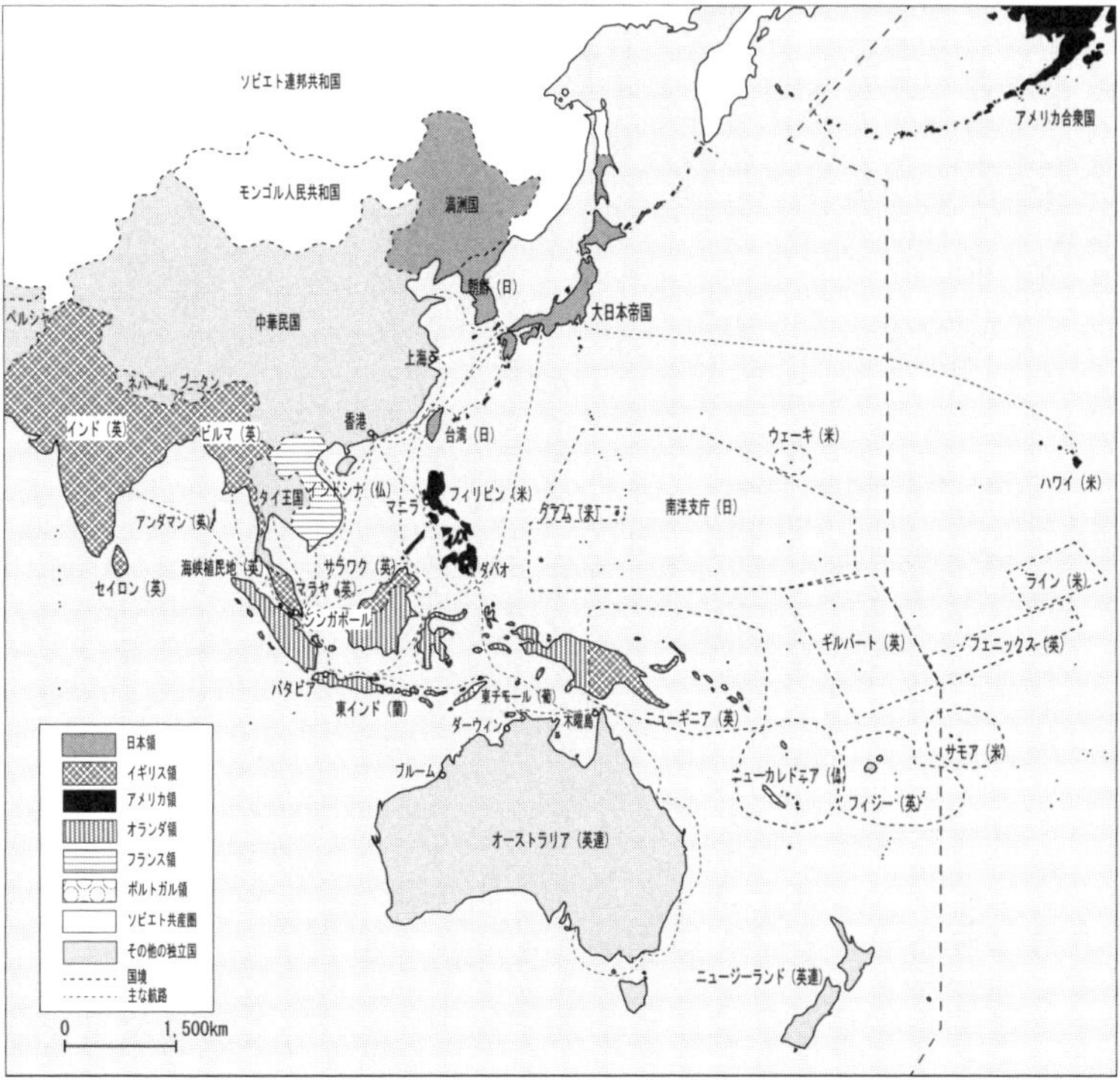

（出所）長谷川宇太治『渡清案内』1905年ほか参照にて執者作制。

らの娼婦たちは、故郷で売られたり、騙されたりして連れてこられた者がほとんどであったが、移民の形式としては「自由移民」、もしくは「移民取扱いに依らざる移民」に位置付けられていた。これら娘子軍の最初の渡航地は清国上海で、その後、香港からシンガポール及海峡植民地へ辿り着いている。

『南洋の五十年』（一九三八年）には当時の様子が記されているが、一八七七年（明治一〇）頃にはすでに日本人経営の娼館が二軒立地していたことが確認できる。その後、一九二〇年（大正九）にシンガポール廃娼令が出されるまでは、島南アジア方面における一大日本人遊廓街を形成していた。シンガポールの花街の最盛期は、日露戦争直後とし、シンガポールの「ハイナム、マレー、マラバの三街とバンダを加へて四〇〇人近い娘が店張着の晴手を競ひ」と記されている。

『官報』（7392号）「海外在留邦人職業別及戸口数等」では、一九〇七年六月末のシンガポールに在留する日本人は一三〇〇人（男三八六人、女九一四人）となっているが、その中でも雑業に従事する女性は四一九人となっている。これはシンガポール在留日本人全体の約三二％となり最も多い数である。雑業を除いたその他の職種の男一（三四六人）に対する女性は一・四三（四九五人）であるのに対し、雑業従事女性は男性一（四〇人）に対して一〇・四七（四一九人）と偏りが見られる。また、同じ海峡植民地のペナン在留日本人も四四一人（男八五人、女三五六人）であるのに対し、雑業に従事する女性は二四二人（在留ペナン日本人の約五五％）と多くなっている。マラッカにおいても在留日本人数は四七人中、雑業に従事する女性は四二人（在留マラッカ日本人の八九％）と突出していることがわかる。

また、これら娘子軍が日本人の海外進出に与えた影響は少なくない。特に東南アジア地域では、最初に娘子軍が渡航し生活を始め、彼女らの生活を支えるために日本の品物や日本式生活環境を整えるために日本人商人や大工などの職人が渡航し、この遊廓を中心に日本人街を形成していったのである。

しかし、シンガポールは初めから東南アジアにおける一大拠点となったわけではない。明治開国直後に、最初に娘子軍が渡ったのは上海であった。そして、次に香港、シンガポールへ遊廓が広がったのである。これら地域の共通点は総て国際航路の寄港地であったことである。特に上海は、一八五九年（安政六）という早い時期に英国のＰ＆Ｏ汽船会社（Peninsular and Oriental Steam Navigation

Company）により定期航路（長崎～上海）が結ばれていた。その後、一八七三年（明治六）には清国の招商局も上海航路（上海～長崎～神戸）を開設している。また、日本も郵便汽船三菱会社が上海航路（横浜～神戸～長崎～上海）を一八七五年（明治八）年に開設している。『明治南進史稿』（一九四三）には一八六五年（慶応元）から、高島炭鉱の経営（佐賀藩と英国資本により）が始まり、石炭を長崎から上海に運ぶようになったことで日本人の往来が増加し、一八七四年（明治七）頃から曖昧な目的で渡航する日本人女性が増えたと記されている。その後、一八七九年（明治一二）には航路が上海から香港まで延長され、香港やシンガポールにも日本人女性が進出していったのである。

香港においても、同様に海外航路の寄港地であったことから、日本人女性の遊廓が形成された。一八九〇年（明治二三）一二月調べの「香港及広東在留本邦人ノ数」（『官報』２２６３号）では、香港在留日本人の総数二〇四人（男八八人、女一一六人）となっており、この時期の海外航路の寄港地に日本人女性が多く進出していたことがわかる。

当時の文献には、これらの地域に進出している女性の多くが「長崎女」「天草女」などと言われ、九州出身者が多かったと記されていることがあるが、一八九七年（明治三〇）一一月末の上海在留本邦人員（『官報』４３５１号）では上海在留日本人総数八一九人（男五〇〇人、女三一九人）であったが、女性は長崎県出身者が一六七人（同県男一〇三人）と最も多く、次いで神奈川県二八人（同男二四人）、熊本二五人（同男一七人）となっており、長崎県出身の女性が上海在留日本人全体の二〇・三％（同女性の五二・三％）を占めていた。

この娘子軍の出稼ぎ状況がどのように出現したかを、『明治南進史稿』では、「わが開港場に在留してゐた外国人は、大抵日本の女性を雇つてゐた。娯姆、子守、召使といふやうなのがそれであるが、純然たる娼妓、芸妓の類を、その抱主と契約の上で期間を決めて身辺に置くものも少なくなかつた。当時これを呼入れといつたのだが、このやり方は特に長崎在留のそれに多かつた。そしてこれらの女性もまた、その外国人と共に、海外に出ることが出来たのである」と述べている。また、この地域に進出した日本人女性のことを端的かつ的確に著しているのは『南洋の五十年』で、「満州、支那、南洋地方は労銀低廉で劣等生活に甘んずる労働者が多いのであるから、特別な事情なき限り日本人の労働者を必要とせず、随って婦女子の賎業が発展の先駆となった」と言い、「工業の海外に誇るべきものなく、商人といへば御用達類似の狡猾漢のみを作り出し、一旦開国しても海外に貿易する物なく、勇気もなく却って九州地方の冒険女子が相率ゐて西南に色を売りつつ発展したのである」と述べている。

日本人女性は『南洋の新日本村』（一九一九年）に「阿仙薬の栽培と錫鉱に引きつけられた支那人が馬來半島に瀰漫した」といったように彼らの金銭が目的で、景気の良い所に日本人女性が移動していたのである。『秘密暴露裏面之南洋』（一九一五年）でも「娘子軍の弗箱は矢張り土人で、支那人、印度人などこれに次ぎ、欧米人は向こうで危んで近寄らず」とアジア人相手の商売をしていたことがわかる。ただし、意外にも日本人相手の商売は禁物とされていた。何故ならば、日本人が相手だと情が湧き、金銭を貸したりして、却って年季が長引くケースが多々生まれたからだという。

娘子軍が最も多かった時期は、ゴムのプランテーションが東南アジアで始まった一八九六年（明治二九）頃から日露戦争直後（一九〇五年）頃までであった。その後は、シンガポールから、公娼が許可された蘭領インドネシアのスマトラ島（ジャワ、バタビア）や、ボルネオ島（サンダカン）、その他のマレー半島の地域など、景気がよい所に日本人女性が多々見られた。

しかし、第一次世界大戦勃発によりゴム価格が暴落し、ヨーロッパ人の娼婦が撤退すると、日本政府もマレー、シンガポール地区の日本人娼館の自発的な廃娼を望むようになった。そして、まずは一九一五年（大正四）に男子（嬪夫）の娼館経営を禁止し、次に一九二〇年（大正九）に廃娼を断行し、公娼の撤退が断行され、東南アジア地区の娘子軍が徐々に姿を消していったのである。この娼婦たちの中には、日本へ帰国した者もいたが、その後に他の土地へ移動して商売をするものも多く、そのほとんどは帰国せずに病気で死亡したり、現地の人と一緒になり余生を送ったりした者が多かったという。

オセアニアの在留日本人

ニューカレドニアへの移民は一八九二年（明治二五）に始まった。ニューカレドニアは現在もフランス領で、ここへの移民の嚆矢は、ニッケル鉱山工夫としての契約移民六〇〇人であった。しかし、移民開始当初は労働待遇等で現地会社と日本人の間で軋轢《あつれき》が生じ、最初の契約移民団のほとんどが帰国している（一九一一年時点で四人が残留）。その後も一九〇〇年（明治三三）から一九〇一年（明治三四）までと、一九〇五年（明治三八）にも移民募集があったが、労働待遇の問題等でやはりほとんどが帰国している。

一九〇一年六月のニューカレドニア在住の日本人数（『官報』５４７５号）は一九一四人であったが、一九〇二年（明治三五）六月現在の日本人数（『官報』５７８９号）は一〇八二人（含女一人）となっており、一年間で約四三％の減少となっている。この期間内にニューカレドニアに渡航した移民は合計で二七二三人であった。その後も残留した日本人は九四七人であったので、この時期に残留したのは約三五%程度の人のみであった。

しかし、一九一一年（明治四四）の移民団からは、鉱山労働以外の職種にも日本人が従事することが出来るようになり、自由移民として商業、漁業、農業従事者の渡航できるようになった。そのため一九一四年（大正三）頃には同地の在留日本人は約三五〇〇人程度にまで増加した。しかし、一九一九年（大正八）に、同島政府により移民が禁止されると、日本人人口は徐々に減少し、一九三六年（昭和一一）には一四二七人と半減している。その内訳は成年男子が一〇七四人、同女子が七四人で、未成年男子が一四三人、同女子が一三六人となっている。日本人の職業をみてみると、最も多かったのが農業、園芸、牧畜業の四〇・一%で、次いで物品販売業が一八・一%、第三位が鉱山労働者の一〇・九%、第四位が農耕、園芸、牧畜労働者で七・六%、第五位が大工、左官、ペンキ職の六・二%となっている（『ニューカレドニア及ニューヘブライズ諸島概況』一九四二年）。ここから、この頃には鉱山労働従事者は全体の約一〇%程度にまで減少していたことがわかる。

ニューカレドニア日本人移民の特徴としては、単独移民（単身者）が多く、妻帯せずに渡航している者がほとんどであったことから、昭和期のニューカレドニア在住日本人男性の配偶者は、フランス人、ジャワ人、島民が主な相手であった。そのため二世の多くは「混血児」となっていた。そして、二世は現地でフランス式の教育を受けたため日本語が話せず日本人意識も薄かったとのことである。

また同じオセアニア地区では、木曜島（Thursday Island）へも日本人移民が入っている。ここは真珠採りのため潜水夫が多く入った所である。木曜島とはオーストラリア北部のヨーク岬半島の北方に位置する島で、面積は三・五キロ平方メートル（式根島とほぼ同じ大きさ）の島である。

木曜島に日本人が渡るきっかけとなったのは、一八八二年（明治一五）に二人の水夫がこの島に上陸したことによる。そして、その中の一人が、真珠採取のため潜水夫として雇われ、その働きが優秀であったために、日本人の潜水技術が買われることになった。このような経緯で一八八三年（明治一六）に、日本国内において潜水夫の募集が始まった。同年に木曜島へ渡った移民は三七人であった。雇用期間は二年間で、真珠の採取だけでなく、ナマコや鼈甲《べっこう》の採取も行った。

その後、同島への移民は徐々に増加し、最盛期の一八九七年（明治三〇）頃には、同年一二月現在の島内日本人人口が一〇二七人となり、約九〇〇名が採貝業者であった。ちなみに同島内の採貝業者の約六割が日本人であったという（『明治南進史稿』）。しかし、これ以降、日本人移民数が徐々に減少していった。一九〇二年（明治三五）の島内在住の日本人数は、三三四人となっており、その数が激減していることがわかる。しかし、それでも同島内総人口の二二・一％を日本人が占めていた。また、同年一二月末日現在の木曜島船舶局に登録された水夫は、全体で二一九四人であったが、日本人は六二四人で全体の二八・四％に相当し、潜水夫に至っては、三一九人中七四・九％の二三九人が日本人であった（『官報』６０７７号）。

この後に真珠採取の日本人は、木曜島からダーウィン（Darwin）や西オーストラリアのブルーム（Broome）やコザック（Cossack）などにもその版図を拡大していった。

フィリピンの在留日本人

フィリピンでは、一八九七年（明治三〇）にスペインと米国の間で米西戦争が勃発した。そのため米国はルソン島のマニラ湾を攻撃し、スペイン艦隊を破りフィリピンの独立を約束した。しかしその後、米国はスペインからフィリピンを二〇〇〇万ドルで買収した。そのためフィリピンを植民地化しようとしたために、一八九九年（明治三二）から一九〇二年（明治三五）までにわたる米比戦争が勃発した。

このような経緯と、フィリピンではスペインが移民の受け入れに消極的であったことと、米国領有後は一八九四年（明治二七）に日米間で契約移民（ハワイ・米本土）が廃止されていたことにより、一九〇一年（明治三四）時においても日本人はマニラにおいて三九六人（男二二六人、女一七〇人）が在留していたのみであった（「フィリピン行き渡航者調査（一九〇一～三九年）」一九九五）。

フィリピンにおいて日本人の渡航が急増したのは、一九〇一年から始まったベンゲット道路建設のための、いわゆる「ベンゲット移民」が始まってからである。ベンゲット道路とはマニラ・バギオ間を結ぶ道路のことで、これは米国が、マニラより標高の高いバギオに避暑地を建設するための道路工事のことである。当初、この工事には現地の住人と中国人労働者が充てられていた。しかし、工事が難航したことにより米陸軍のケノン少佐（Major Lyman W. V. Kennon）が、米国本土の日本人労働者の働きを見てきた経験から、急遽日本人労働者を導入することとなった。一九〇三年（明治三六）に日本からマニラに送られた最初の移民団は六〇〇人であった。その年にフィリピンに渡航した日本人は二三一二人（『官報』６３３９号）で、その内訳は、農夫が最も多く七〇九人（一九〇三年渡航者中の三〇・七％）となっている。しかし、実際には農夫として働いていたのではなく、ほとんどが土木関係労働に従事していた。次いで大工の三三八人（同一四・六％）、第三位が労働者の三一七人（同一三・七％）となっており、ベンゲット道路建設従事に関係と思われる者が全体の六一・二％（工業技師等も含む）を占めていた。ベンゲット道路は一九〇五年（明治三八）に開通している。

ベンゲット道路が開通すると、多くの日本人は帰国したが、バギオに残って、建築業に従事する者や、マッキンレーの兵舎工事（リサール州）や、マニラ鉄道の工事に従事するなどしてフィリピンに残留する者もいた。しかし、その後のフィリピンの日本人移民の転機となったのが、大田恭三郎（一八七六〜一九一七年）が率いたミンダナオ島のダバオ移民である。

太田恭三郎は一八九七年（明治三〇）に木曜島で真珠採取事業を画策するが、その後香港へ渡り、一九〇一年（明治三四）に香港経由でマニラに渡航し、マニラ市内で雑貨店を経営していた。しかし、太田はベンゲット道路工事が終了間近になっても、なお日本の移民会社から日本人がフィリピンへ送られてくることを憂い、商用価値の高いマニラ麻を日本人の手によって栽培することを目指し、ミンダナオ島南部のダバオに日本人農業開拓団を送り込んだのである。その最初の開拓団は一九〇四年（明治三七）に一八〇名がマニラから送られた。太田は太田興業株式会社を一九〇七年（明治四〇）年に設立し、ここからダバオでの日本人経営によるマニラ麻の栽培が開始したのである。

ダバオはこの日本人のマニラ麻の開拓団が切り開いた農村であったが、一九三七年（昭和一二）にはフィリピンの特別市に昇格するに至った。同年のダバオ市の人口は四万五五七九人（『ダバオ開拓記』一九三七年七月末日現在の調査）であったが、そのうち一万一四八七人（同市人口の二五・二％）が日本人であった。当時、ダバオは第二のハワイと呼ばれるほど、海外での日本人の人口および割合が高い街となった。同年一〇月一日のダバオの職業別人口を見てみると、日本人四〇二九人中で、最も多かったのは栽培業、耕作請負業で、全体の約六一％にあたる八八五二人が従事していた。次いで耕地労働者が二二四〇人で、この二業種だけでダバオ在住日本人全体の七六・九％を占めている。また、漁業従事者は二六一人（在住日本人中一・五％）と数的には少ないが、ダバオにおける漁業者のほとんどが日本人によるものであった。

3　戦前の外地における日本人

戦前の日本人の海外移動を見る場合には「外地」への移動も考えなければならないだろう。外地とは大日本帝国憲法下に一九一八年（大正七）に制定された共通法（法律第39号）により指定された台湾、関東州、朝鮮、南洋群島のことである（南樺太は内地扱い）。これらの土地は戦前に日本が新たに獲得した領土であり、当時は、この外地に対して日本本土のことを「内地」と呼んでいた。

これら外地は、主に戦勝によって獲得した土地であり、一八九五年（明治二八）に日清戦争による下関条約で台湾を清国から割譲し、一九〇五年（明治三八）の日露戦争のポーツマス条約により関東州の租借権を、ロシアから移行した。朝鮮半島は一九一〇年（明治四三）に韓国併合に関する条約により日本に併合し、南洋群島は第一次世界大戦で一九二二年（大正一一）にヴェルサイユ条約により旧ドイツ領を委任統治領として獲得したものである。

戦前にはこれらの土地にも多くの日本人（内地人）が移住していった。

図4：1930年における日本外地の内地人の職業別居留状況（樺太州を含む）

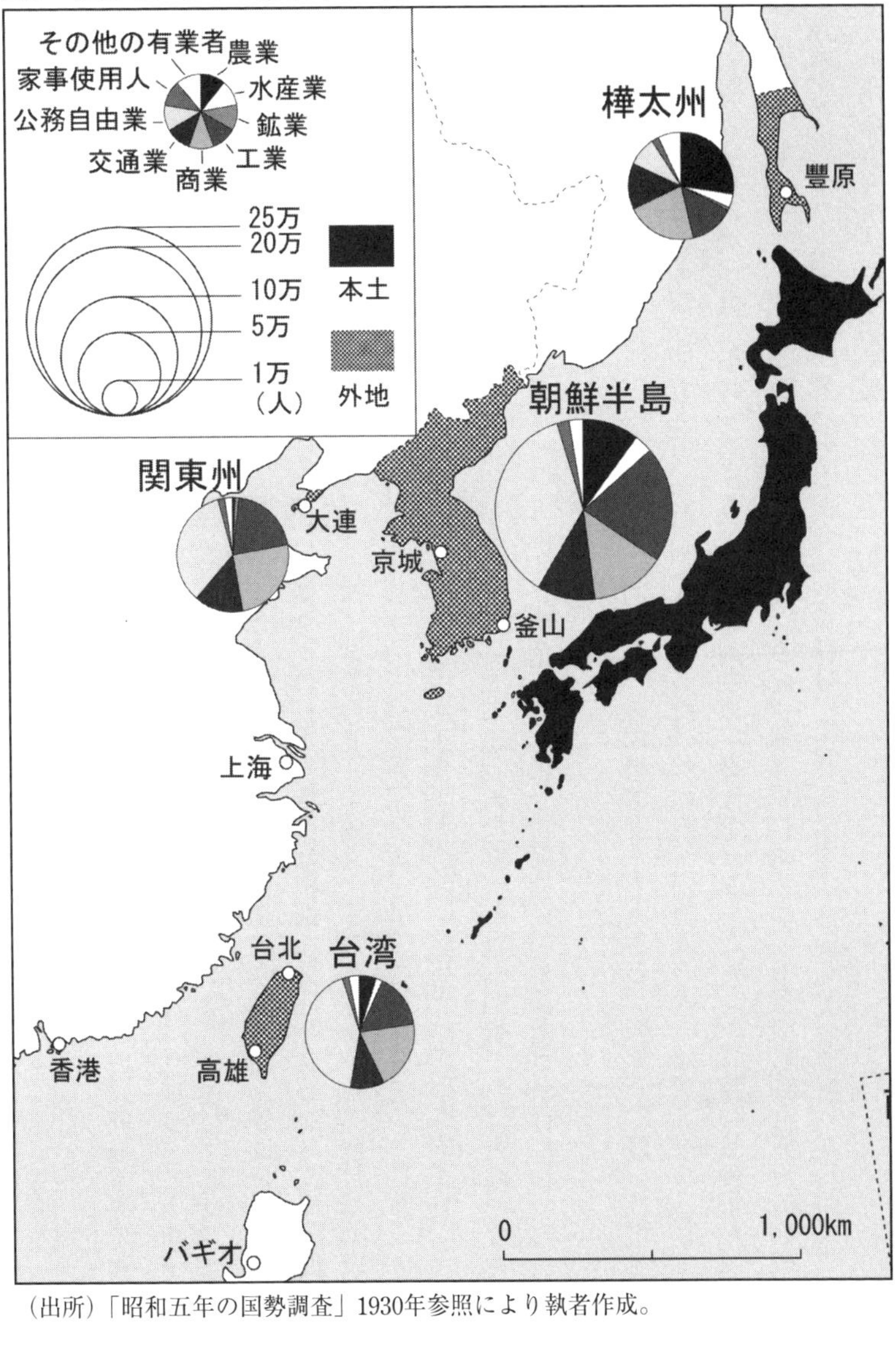

（出所）「昭和五年の国勢調査」1930年参照により執者作成。

台湾における内地人

台湾は一八九五年（明治二八）に近代日本が最初に獲得した外地である。台湾への民間日本人の渡航が始まったのは一八九六年（明治二九）四月に台湾総督府が民政期に移ってからである。一八九五年の台湾領有当初は台湾での武力抵抗が激しかったことから、民間人の渡航が禁止された。よって、この時期に台湾へ渡航できた日本人は、軍人および軍属（台湾総督府関係者や御用商人等は皆軍属とされた）のみであった。そのため、その間に台湾全土の日本人社会は極端な男性社会となり、同年四月に民政期に移った直後から、多量の娼婦が台湾（特に台北）へ流入することとなった。台北へ娼婦が渡航した最盛期は、一八九八年（明治三一）一月頃で娼妓数が五六二人と記録に残っている（『台湾日日新報』一九〇七年五月一日）。しかしその後は、武力抗争も沈静化し、治安が落ち着いてくると、台湾総督府関係者や御用商人も家族を内地から呼び寄せるようになり、これら娼婦たちは香港やシンガポールへ流れていった。因みに、一八九七年（明治三〇）に「台湾住民国籍決定」が行われ、内地人（日本人）と本島人（台湾籍民）となった。

台湾における内地人の特徴を、一九三〇年（昭和五）の国勢調査からみると、同年一〇月一日現在の台湾総督府管内の総人口が四五九万二五三七人であった。その内、内地人の人口は二二万八二七六人で、台湾総人口の四・九七%に相当する。男女の割合は、男性が五四・六%（一二万四七四九人）、女性が四五・四%（一〇万三五二七人）であった。次に、職業別内地人は、有業者数が九万五五四人（内地人全体の三九・七%）で、もっとも多かった業種は、公務、自由業で、内地人有業者全体の四一・五%（三万七六一九人）を占めている。

台湾での内地人の特徴は、主に台湾総督府関係者の渡航が多く、その職業も台湾総督府および所属官署（警察、学校教員等を含む）が一万六五七六人と有業者全体の一八・三％を占めていた。そして、これらの官吏を相手に内地人商人が渡航して商売を行っていたのである。

また、台湾での内地人の特徴としては、農業従事者が有業者全体の四・九％と、非常に少なかったことである。ただ、台湾においても農業移民が行われていた時期がある。一九一〇年（明治四三）から台湾総督府は台湾東部の花蓮港庁と、台東庁に内地からの農業移民を受け入れる「官営移民事業」を行った。この官営移民事業は一九一七年（大正六）まで行われた。これ以外にも民間移民会社による農業移民もあり、これを「私営移民事業」と呼んだ。私営移民事業は官営移民より早い時期に開始され、その中でも賀田組が行った入植は一九〇五年（明治三八）からであった。

しかし、これら台湾への農業移民は、ほとんどが途中で頓挫した。一九三〇年一二月末現在における台湾東部の吉野村（一四八一人）、豊田村（八七一人）、林田村（七二七人）の官営移民による三村の人口は合計で三〇七九人であった。私営移民は一〇村（旭、美和、鹿野、鹿寮、大原、雷公火、月野、里壠、徳高班寮、池上）の合計でも一〇〇九人のみとなっている。

朝鮮半島における内地人

朝鮮半島への日本人の渡航は一八七六年（明治九）に始まり、日韓併合よりも早い段階で行われていた。一八七六年末における内地人の朝鮮半島への居住者は五四人（男五二人、女二人）であった。その後、一八九四年（明治二七）の日清戦争勃発までは一万人以下であったが、一八九五年（明治二八）以降は一万人を超え、日露戦争以降に急増し、一九一〇年（明治四三）の日韓併合の前年の一九〇九年（明治四二）には一四万六一四七人の内地人が朝鮮半島に居住していた。日韓併合後は、一九一五年（大正四）に在留内地人の人口は三万人を超え、一九三〇年（昭和五）には五万人を超えていた。

日清戦争勃発以前は、朝鮮半島への内地人の渡航は、開港された港の都市部に集中する傾向が見られたとのことで、一八九一年（明治二四）八月二七日付の『官報』（２４４９号）では、同年六月の仁川在留邦人が二三四五人で、同年七月の釜山在留邦人が五〇六〇人となっている。同年一二月末の朝鮮半島全体の在留邦人数が九〇二一人（一九二三年『朝鮮に於ける内地人』）であったことから考えると、在留邦人の八〇％強がこの二港に集中していたことになる。

一九三〇年の国勢調査では、同年一〇月一日現在の朝鮮総督府管内における総人口は二一〇五万八三〇五人であった。その内、内地人の人口は五二万七〇一六人で、朝鮮の総人口の二・五％を占めていた。男女の割合は男性が五四・三％（二八万五九六六人）、女性が四五・七％（二四万一〇五〇人）となっている。次に、職業別内地人を見ると、内地人の有業者数は二二万八一二九人（内地人全体の四三・三％）で、もっとも多かった業種は、公務、自由業で内地人有業者全体の三一・八％（七万二五五二人）を占めていた。朝鮮半島でも内地人は主に朝鮮総督府関係者の渡航が多く、台湾と同じように、これらの官吏を相手に内地人商人が渡航して商売を行っていたのである。

台湾との相違点は、朝鮮半島では農業と水産業従事者が比較的多かったことである。朝鮮半島での農業従事者は一万九九五七人と、同調査での台湾における農業従事者四四四九人の四・五倍にも及んでいる。朝鮮半島での農業移民には二種類があり、一つは自由移民によるもので、特に朝鮮半島の南部に土地を購入し、自営もしくは小作人を雇い入れて農業を行っていたものと、もう一つは、東洋拓殖株式会社による「保護移民」であった。東洋拓殖株式会社とは一九〇八年（明治四一）に日朝両民族の出資で設立した会社である。基本理念は「年々内地の堅実なる農業者を朝鮮に移植し、付近鮮農と融和接触を保ち、全鮮に亘り農事改良の模範を示し、地方開発の指導に当らしむ」としている。しかし、この方法は台湾での農業未開地を開拓するのとは違い、朝鮮人の土地を買収し、小作に農業をさせるものであったことから、現地の農民の反発を受けている。一九二二年（大正一一）年末の農業移民者の総数は四万一七五人であったが、東洋拓殖株式会社による保護移民者数は同年三月末時点で一万七七九八人もあり、農業移民者の約四四・三％が同社による保護移民であった。

4　戦後のアジア・太平洋地域における長期滞在日本人の移動

戦後のアジア地域における日本人永住・長期滞在者

戦前の日本人のアジアへの移動は、一九四五年の第二次世界大戦の敗戦と共に瓦解した。敗戦と同時に、アジア・太平洋地域に進出していた日本人は復員、引揚げにより強制的に日本へ送り帰されることとなった。しかし、南米大陸では一九五二年からブラジル移民が始まり、その後、同年にはパラグアイ移民、一九五七年にはボリビア移民と戦後の日本人移民活動が開始された。

だが、アジア各地では、インドネシア独立戦争（一九四五～一九四九年）や第一次インドシナ戦争（一九四五～一九五四年）が起こり、朝鮮戦争（一九五〇～一九五三年）やベトナム戦争（一九六〇

～一九七五年）、中国での第二次国共内戦（一九四六～一九五〇年、その後、台湾では中国国民党が一九四九年から一九八七年まで戒厳令が布かれ、中国では一九六六年から一九七六年まで文化大革命が起こる）などの原因で、日本人のこれら地域への進出は停滞した。

外務省による一九五五年の「国別、在留資格（永住・長期滞在）別海外在留日本人数」を見ると、アジア地域が三〇五三人（一・五一％）、オセアニア地域二〇五人（〇・一〇％）、北米地域三万七四六四人（一八・五三％）、南米地域一六万二四六人（七九・二六％）、西ヨーロッパ地域一・一三八人（〇・五六％）、アフリカ地域（〇・〇四％）となっており、全世界においても二〇万二一七七人の永住・長期滞在者しか日本人がいなかったことがわかる。しかも、その内の一九万七七一〇人（九七・七九％）は南米・北米大陸に在住していた。また、同年のアジアにおける主要な日本人在住地域は台湾が六六八人（アジア地域における日本人の二二・五三％）、タイ三七九人（同一二・四一％）、インドネシア一六七人（同五・四七％）であり戦前と比べると激減している。

こうした中、戦後において、日本人の海外への移動が本格化するのは一九七〇年代に入ってからで、日本人の出国者数は一九七一年には一〇〇万人を超えた。特に、一九七三年には変動為替相場が導入され、急激な円高が進むと、日本人出国者数が前年比四九・三％増加し、二〇〇万人を超えて急増した。アジアへの永住・長期滞在者の数も一九七四年には三万人を超えて、一九八〇年には五万を超え、一九九二年には一〇万人を超えている。オセアニアでは一九八六年に一万人を超え、二〇〇〇年に五万人を超えている。

また、海外長期滞在日本人（永住者は含まず）は、二〇〇六年には北米大陸で二六万三七五六人（海外在住日本人の三五・八七％）であったが、アジア地域がこの年これを追い越し、第一位の二六万七〇六四人（同三六・三二％）となった。ちなみに太平洋地域は同年四万一七八八人（同五・六八％）であるが、永住者数を見ると、二〇〇六年のアジア地域における永住者数は一万六七一人であるのに対し、太平洋地域は三万六三一一人とアジア地域の三・四倍である。逆に南米における日本人滞在者は一九七〇年を境に減少を続けている。南米では一九六九年の長期滞在者は二一万二八〇二人であったのが二〇〇九年には八万五〇〇九人となり、一九六九年の約四割にまで減少している。

二〇一〇年におけるアジア・太平洋地域の日本人

外務省領事局政策課刊行の「海外在留邦人調査統計（平成二三年速報版）」によると二〇一〇年の海外に永住および長期滞在している日本人は、一一四万三三五七人である。この中で長期滞在者は七五万八七八八人（六六・三六％）で、永住者は三八万四五六九人（三三・六四％）となっている。長期滞在者の中で、アジア地域は二九万一八一七人（海外長期滞在日本人の三八・四六％）で、次いで太平洋地域（五・四五％）、北米大陸（三四・五〇％）、中米・カリブ（〇・八七％）、南米大陸（〇・七八％）、西欧（一七・〇一％）、東欧・旧ソ連（〇・九〇％）、中東（一・〇六％）、アフリカ（〇・九七％）北極（〇・〇〇％）となっている。

また、海外長期滞在日本人数上位五〇カ国（地区）中でも、アジア地域からは一六カ国がランキングに入っている。それらは順に中国一二万九八〇五人（全世界の第二位）、タイ四万六二三二人（四位）、シンガポール二万三〇四一人（七位）、韓国二万一五四五人（八位）、台湾一万九九〇二人（一一位）、フィリピン一万三七二六人（一二位）、インドネシア一万八五六人（一三位）、ベトナム八四六二人（一

図５：2010年のアジア太平洋地域の長期滞在邦人数

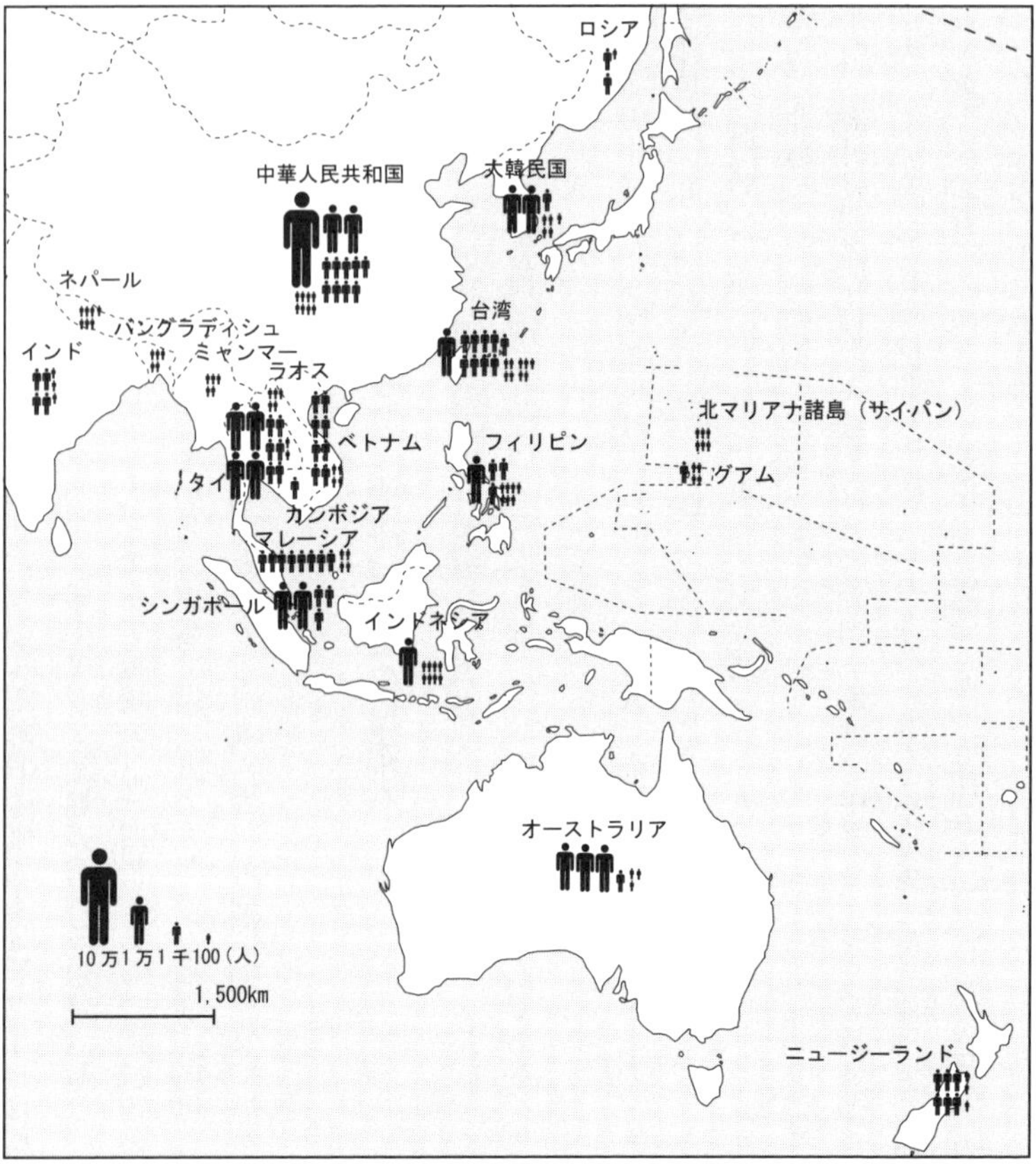

（出所）外務省「海外在留邦人数調査統計」（平成23年度版）参照により執者作成。

四位）、マレーシア八四四五人（一五位）、インド四三二七人（二二位）、カンボジア一〇一四人（三四位）、スリランカ八三三人（三九位）、ネパール七二六人（四一位）、ラオス人五四三人（四八位）、ミャンマー五一六人（四九位）、バングラデシュ五〇四人（五〇位）となっている。

図6：2010年のアジア・太平洋地域における職業別長期滞在日本人

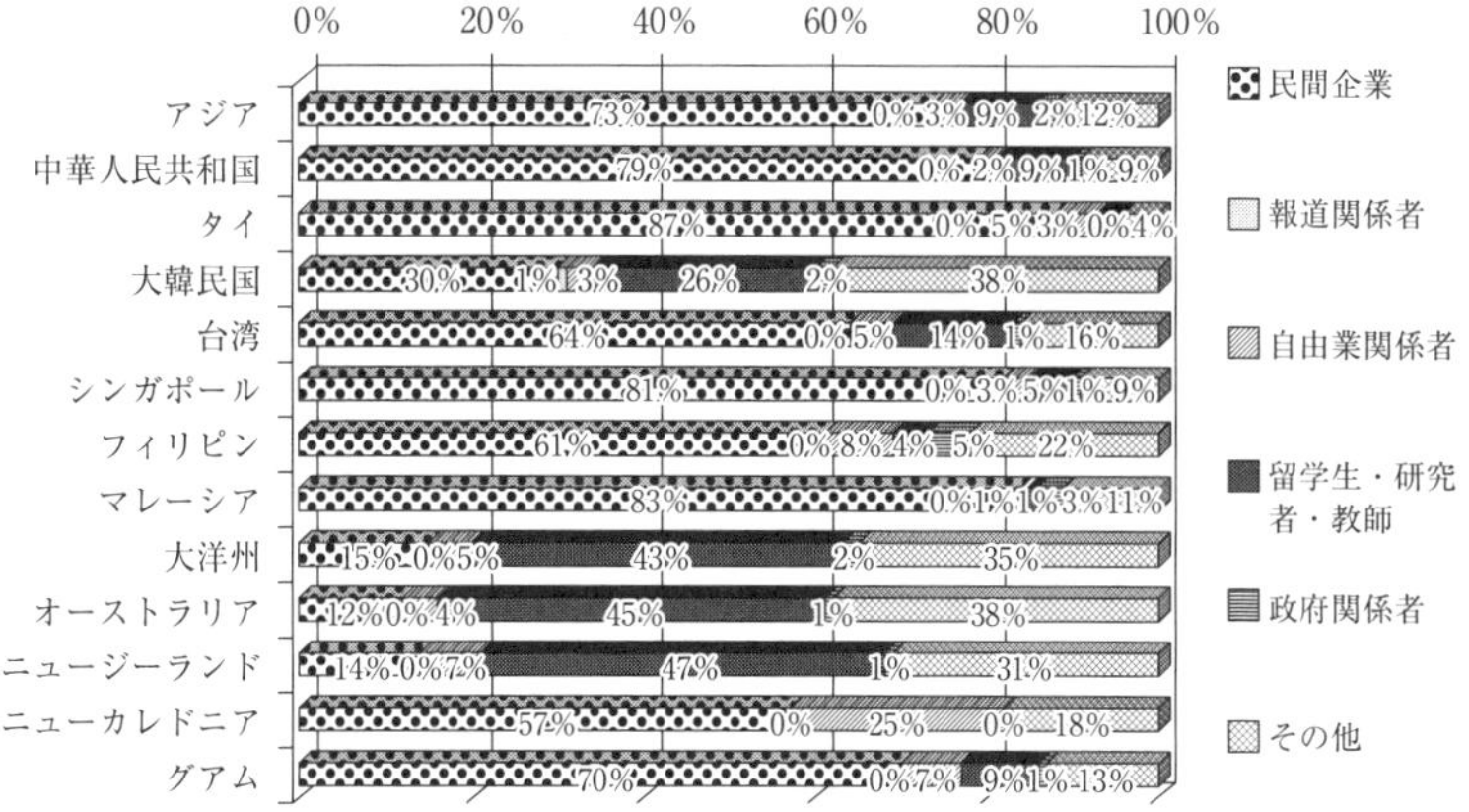

（出所）外務省「海外在留邦人数調査統計」2011年参照にて執者作成。

同様に太平洋地域では四カ国（地区）がランキングしており、オーストラリア三万一三二二人（第五位）、ニュージーランド六三九五人（一七位）、グアム一四二二人（二八位）、北マリアナ諸島六七〇人（四四位）となっている。

アジア・太平洋地域における長期滞在者の職業の分類を「海外在留邦人調査統計」から、「民間企業関係者」「報道関係者」「自由業及び専門的職業関係者」（僧侶、文芸家、弁護士、医師、建築家など）「留学生・研究者・教師、政府関係機関職員」「その他」（ワーキングホリデー・単純労働者・無職なども含む）に分けて見てみる。この統計の長期滞在上位五〇カ国（地区）から、アジア地域の中国、タイ、韓国、台湾、シンガポール、フィリピン、マレーシアと、太平洋からはオーストラリア、ニュージーランド、ニューカレドニア、グアムの一一カ国（地域）を抽出し比較してみた。すると、アジアでは韓国以外は「民間企業関係者」の滞在者が六〇％以上を占めていた。韓国で最も長期滞在者が多いのが「その他」であったが、これはワーキングホリ

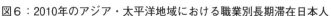

デービザでの入国上限が七二〇〇人（二〇一〇年現在）と制限がある国の中では最も多かったことがその原因と考えられる。また、アジアにおいては、韓国と台湾が「留学・研究・教師」の割合が共に一〇％を超えていて、留学等で日本人を引き付けていることがわかる。

太平洋地域では、オーストラリア、ニュージーランドで「留学・研究・教師」で滞在している日本人が四五％以上を占めている。これは、この地域が英語圏であるため語学留学している日本人が多いことがその理由として考えられる。また、「その他」の占める割合も三五％以上と多いが、この両国ではワーキングホリデービザの人数に上限がない。これが韓国と同様にワーキングホリデーによる長期滞在が多い理由として考えられる。

5　おわりに

近代は日本人の海外発展の時代だったと言える。江戸時代の海外渡航への制限時代から、明治維新による開国により、日本人が徐々に海外へその版図拡大していった時代であった。しかし、その原因は経済的に豊かではない日本人が、国外へ生きる糧を求めるために、仕方なく外へ向かった時代でもあった。特に明治時期の娘子軍と呼ばれた娼婦たちは、時代と共に東南アジアを席巻したが、日露戦争や第一次世界大戦に勝利し日本が一等国と呼ばれるようになると、その姿を消していった。また、大日本帝国の領土が拡大すると、それら獲得された外地には多くの内地人（日本人）が移住することとなったが、同じ農業移民でも未開の土地に入植する方法と、既存の農地を買収し入植していく方法では、現地の住民からのとらわれ方も違っていたのかもしれない。

ニューカレドニアでは、技術を持った日本人が潜水夫として真珠貝の採取にあたり、その後、現地の女性と結婚し、現地化していった。また、フィリピンのダバオでは一万人を超える日本人が原生林を切り開きマニラ麻の栽培をなし、一都市の建設の礎となった。

しかし、戦前のこれら日本人は、一九四五年の第二次世界大戦の終戦により、そのほとんどが復員・引揚げの対象となり日本へ強制送還となった。

そして、高度経済成長と共に再び日本人は世界へ羽ばたき始め、二一世紀の今日一一四万三三五七人（二〇一〇年現在）の日本人が世界各地に在留している。これら新世紀の日本人と戦前の日本人との異なる点は、戦前の生きるための移動ということではなく、留学やワーキングホリデーといった海外を知るために行動している者が多いということである。今後はこの様な日本人が、戦前の教訓に学ぶことで、現地の住民とどのように付き合うべきか考えつつ新たな国際関係を築いていく必要が迫られているのではないだろうか。

参考文献

朝倉政次郎『比律賓概観』台湾総督府、一九一五年。

石坂荘作『台湾に於ける農民の天国』台湾日日新報社、一九一五年。

井上直太郎『比律賓群島と大田恭三郎君』川瀬俊継、一九二七年。

入江寅次『明治南進史稿』井田書店、一九四三年。

大森清次郎『実行容易　南洋金儲百話』南洋通商協会、一九一四年。

外務省通商局編『移民調査報告　第八　馬來半島、「スマトラ」島　英領北「ボルネヲ」州国勢一班　仏領「ニユー、カレドニア」島』外務省通商局、一九一一年。

外務省通商局編『昭和五年　在外邦人国勢調査職業別人口表』外務省通商局、一九三一年。

外務省通商局編『昭和五年　在外邦人国勢調査報告』外務省通商局、一九三一年。

外務省通商局第三課『移民地事情　第二十五巻　比律賓「ダバオ」事情』外務省通商局第三課、一九三〇年。

花蓮港庁編『昭和五年　管内概況及事務概要』一九三一年。

柴田賢一『ダバオ開拓記』興亜日本社、一九四二年。

台湾総督府官房臨時国勢調査部編『国勢調査結果表』台湾総督府官房臨時国勢調査部、一九三四年。

台湾総督府殖産局『台湾に於ける母国人農業植民』台湾総督府殖産局、一九二九年。

台湾総督府殖産局編『台湾農業年報　昭和六年版』台湾総督府殖産局、一九三一年。

台湾銀行調査部「ニューカレドニア及ニューヘブライズ諸島概況」台湾銀行調査部、一九四二年。

拓務大臣官房文書課編『拓務統計　昭和六年』拓務大臣官房文書課編、一九三三年。

朝鮮総督府編『朝鮮に於ける内地人』朝鮮総督府、一九二三年。

朝鮮総督府編『朝鮮国勢調査報告　昭和五年　全鮮編　第1巻　結果表』朝鮮総督府、一九三四年。

朝鮮統監府総務部編『在韓邦人状況一覧』太田音次郎、一九〇七年。

佃光治・加藤至徳『南洋の新日本村』南北社出版部、一九一九年。

統監府官房文書課『第一次統監府統計年報』統監府、一九〇八年。

遠山景直編『上海』遠山景直　一九〇七年。

内閣府統計局編『昭和五年国勢調査最終報告書』東京統計協会、一九三八年。

南洋日本人社編『シンガポールを中心に同法活躍　南洋の五十年』章華社、一九三八年。

早川晋三「フィリピン行き渡航調査（一九〇一―三九）――外務省外交史料館『海外渡航者名簿より』」『重点領域研究総合的地域研究成果報告シリーズ：総合的地域研究の手法確立：世界と地域の共存パラダムを求めて』京都大学文部省科学研究費補助金重点領域研究「総合的地域研究」総括班事務局、一九九五年、一～一四〇頁。

星野亀雄編『練習航海記』篠原叶、一九〇三年。

正木吉右衛門『南隣の友邦　比律賓』日本植民通信社、一九二六年。

八代英雄『秘密暴露裏面南洋史』大屋書房、一九一五年。

山下昭洋「日本台湾統治草創期における台北花柳界の社会空間の変遷」『生活・言語文化』熊日出版、二〇一一年、一三七～一九七頁。

海外移住資料館「海外移住統計（昭和二七年度～平成五年度）」一九九四年一〇月、二〇一九年一一月一〇日閲覧。

https://www.jica.go.jp/jomm/library/lib_materials.html

外務省「海外在留邦人数調査統計統計表一覧」二〇一九年一一月一一日閲覧。

https://www.mofa.go.jp/mofaj/toko/page22_003338.html

『官報』一八八三年七月～一九四九年一月一三日（国立国会図書館デジタルコレクション）二〇一九年一一月一〇日閲覧。

http://dl.ndl.go.jp/

日本政府観光局「統計・データ」二〇一九年一一月一三日閲覧。

https://www.jnto.go.jp/jpn/statistics/index.html

法務省「法務省の統計」二〇一九年一一月一三日閲覧。

http://www.moj.go.jp/housei/toukei/toukei_gaiyou_index.html

山下昭洋

第2章　戦前日本におけるアジア連帯論
――吉野作造を中心に

はじめに

二一世紀における国際政治の「トリレンマ」について聞いたことがあるだろうか。ジレンマではなくトリレンマである。すなわち二一世紀においては、「グローバル化」による経済的利益、「デモクラシー」、「国家主権」のいずれか二つのみは享受することができるのだが、三つ同時には追求できないという議論だ。昨今の米国のトランプ大統領の路線や英国のブレクジット（Brexit）問題などは、経済的「グローバル化」に少しばかり背を向け、「デモクラシー」と「国家主権」とにこだわった結果だと説明することも可能になる。詳しくはロドニックの著書を参照していただきたいが、日本の現実に当てはめると「グローバル化」による経済的利益を最優先にしようとすれば、米国と仲良くし続けるか、中国と仲良くするかの二択になる[1]。ここに「グローバリズム」に定石の「国際統合」という観点を持ち込むとき、中国との同盟関係は不可能に近くなる。というのも現実の安全保障体制との齟齬が大きすぎるし、政治体制が違いすぎることに加え、歴史認識でも未解決の問題を山積したままだからだ。諸分野における東アジアの国際統合を論じる者は、以上のような「常識」から議論を出発させていることが多い。だが、時にその「常識」たるや間違っていることもありうる。

本章では、軽視されがちな東アジアの歴史に目を向けて、戦前期日本の政治的「常識」をやや逸脱した東アジア連帯論の概要を論じたい。中心に据えるのは「大正デモクラシー」期に活躍した吉野作造である[2]。

1　吉野作造の人生

生　涯

まずは、吉野作造の略歴を確認しておこう。吉野は一八七八年一月二九日、宮城県古川（現在の大崎市）に、綿屋を営む吉野年蔵の長男として生まれた。一八九八年に浸礼してキリスト者となり、一九〇〇年に東京帝国大学法科大学に入学して、小野塚喜平次教授の講義や、雑誌『太陽』での浮田和民（早大）の論説を通じて草創期の政治学を吸収し、本郷教会牧師の海老名弾正からは歴史哲学（ヘーゲル主義）を学びとった。このころ、キリスト教社会主義者の安部磯雄や木下尚江を知り傾倒している。彼は帝国大学法科大学において、一九〇四年に穂積陳重の法理学演習での報告をもとに『ヘーゲル法律哲学の基礎』を著し、翌年に処女出版している。一九〇六年に渡清して北洋法政専門学校などで教鞭をとり、三年後、東京帝大法科大学助教授に就任し、さらにその後洋行し、一九一三年にようやく帰国して、翌年教授となった。このころから雑誌『中央公論』に執筆をはじめ、一九一六年に「憲政の本義を説いて其有終の美を済すの途を論ず」を発表し、「民本主義」を主唱したことで一躍時代の寵児となった。そのほか「デモクラシー」の立場から、大戦後は軍・貴族院・枢密院など天皇制機構における非選出勢力の批判をおこなった。軍部批判論では軍縮や反軍国主義を主唱するとともに、「統帥権の独立」への批判論をリードした。また国際平和・日米関係・対中国政策・対朝鮮政策などの国際的評論も多数発表し、なかでも朝鮮や中国のナショナリズムの重要性を看取し、三・一独立運動、五・四運動を言論活動で擁護しようとした。その後は無産運動評論を多数発表し、一九二六年には安部磯雄らとともに社会民衆党の産婆役として奔走した。満洲事変が起こると、一九三二年に「民族と戦争と階級」を発表してこれを批判し、満洲国の存在を問題視したが、翌一九三三年三月一八日に死去した。(3)

「民本主義」

吉野作造を有名にしたのは「民本主義」論である。吉野は、一九一六年一月の『中央公論』誌上に、長文の論説「憲政の本義を説いて其有終の美を済すの途を論ず」を発表し、「民本主義」の主唱者として一躍時代の寵児となった。(4)「民本主義」は、天皇の統治権と人民主権を含意するデモクラシーとの衝突を避けるために用いられた概念で、第二次世界大戦以後の歴史学では、しばしば吉野のデモクラットとしての限界をよく表すものとして論じられた。確かに、吉野が実用主義的に「民本主義」を使用したのは事実だが、必ずしも限界点ばかりでもない。帝国憲法を破壊して一挙に人民主権を目指すのではなく、帝国憲法体制を改良することで民主化を前進させることに知恵をしぼったのである。

たとえば、吉野はつぎのような論理を用いる。「民本主義」とは、人民主権か君主主権かという法的立論を避けて、「人民の利福及び意嚮を重んずる」方針だという。すなわち人民の利益と幸福を願うのは君主や為政者といった尊敬されるべき特権的地位にあればあるほど、それを願わずにはいられない道理をふくんでいるからである。そうであれば、極端な天皇主義者も人民の意嚮に耳を傾けねばなるまい。ここに「民本主義」が普通選挙を要求する仕掛けがある。吉野は天皇の統治権を規定する明治憲法の枠組みの内側ギリギリのところで、独特のレトリックを用いつつ「デモクラシー」を解釈して見せたのであった。

彼の統治機構構想は、上述のレトリックを利用して、「薩長」や「官僚軍閥」といった非選出勢力によって牛耳られた帝国憲法体制を、衆議院を中心として機能する議会政治へと移行させることにあった。そのための制度として普通選挙制の導入を必要とし、政党内閣の成立が期待された。帝国憲法の大枠を崩さずに、民意を得た衆議院へ政治的重心を傾けて、政党政治を実現するという可能性を描いてみせたのである。吉野の「民本主義」論のおよそ一〇年後に男子普通選挙法が可決し、その後、満洲事変期までの短い時間ながら政党内閣が連続したことも事実としてあげておくべきだろう。

ただし、「民本主義」論に盛り込まれなかった吉野の主張は、他にもたくさんあった。たとえば、吉野は確かに一九一〇年代から二〇年代にかけて自由と「デモクラシー」論陣のリーダーであったが、功利主義的な個人利益や経済的自由などを優先とするような経済自由主義の立場にあったわけではない。むしろ精神的自由を最重視した一人であり、しかも彼はドイツ理想主義哲学に学んだために、二一世紀風の言い方をすればコミュニタリアン（共同体主義）的であった。以上のような吉野の主張は、完全に封印された上での「民本主義」論だったのである。彼は当時の情勢判断から戦略的かつ限定的に「デモクラシー」を論じていたと言えるだろう。

2　吉野の対中国政策の変遷[5]

対華二一カ条要求と吉野作造

吉野は国内政治だけでなく、国際問題にも精通していた[6]。ことに、中国の辛亥革命についての数少ない専門家の一人でもあった。吉野の対中国政策論は対華二一カ条要求の頃より徐々に独自性を強めていく。

対華二一カ条要求は、そもそも関東州租借地と在満鉄道の期限延長を核としたものであった。だが、ドイツ利権の日本への引き渡しや、五号希望条項は中国政府のみならず一般民衆の反対するところとなり、交渉は難航した。日本政府は最終的に最後通牒を突きつけ、条約を結ばせることに成功した。

吉野は、対華二一カ条要求について談話速記として、一九一五年六月に『日支交渉論』を著している。ただし、同書巻末の「附録」のうち「支那の政治的将来」は前年末の雑誌『新人』に掲載された

ものである。(7)

同書の「第三章　日本の対支政策」の冒頭には次のように書き出されている。「日本の対支政策の根本的理想は、支那を援け、支那と提携し、支那も日本も共に東洋の強い国として、有らゆる方面に勢力を張り、以て世界の文明的進歩に貢献するに在り」と。(8) 吉野がアジア主義的な日中提携論をもっていることがわかる。続けて吉野は、「支那の領土は分割してはいけない。支那の領土は之を保全し、其独立は之を尊重し、国家として将又国民としての能力を十分に発揮せしめんことが、我が日本の支那に対する根本の政策であらねばならぬ」との方針を明らかにした。(9)

吉野の主張には、のちに述べるようにオリジナルな部分もあったが、概して明治期のアジア主義、近衛篤磨らの「支那保全」論の議論を引き継いだものでもあった。「支那保全」論は、昭和前期に首相までのぼりつめる近衛文麿の父である近衛篤磨が会長を務めた東亜同文会において主唱されたもので、日清同盟の主張とともに、列強による中国の領土的蚕食を防ごうという主張であった。だが、よくよく読んでみれば「支那保全」論では、日本が中国内において割地や利権を得ることは、東洋を守るという目的によって正当化され、西洋の侵略主義とは異なるものと理解されていた。換言すれば、彼らは、中国内における列強の勢力均衡を強く意識するがゆえに、外国勢力の拡張を防ごうとする。だが、自国の権力政治的行動、もっと言えば中国進出については、東亜のためにという「思い込み」一つで免罪するご都合主義的な主張であった。要するに、一方で日中同盟を構想しつつ、他方で中国侵略を進めるという矛盾した政策論であった。第一次世界大戦期までの吉野はかような「支那保全」論に呪縛されている傾向がある。

続く議論も、そっくりそのままである。例えば、吉野は「各国の〔中国内における〕勢力を見ると、余りに其根底が深くして、最早完全なる自主独立の国となることが出来ないといふやうな境遇に」陥る恐れがあるという。それを防ぐために、「勢力範囲拡張の競争の仲間に這入るという実際上の必要が吾々に迫って居る」というのである。[10] 列強の中国での勢力範囲拡張に対抗できるよう、日本も勢力範囲を拡充していかねばならないという。吉野は、以上のような「支那保全」論の影響下にあり、中国での勢力範囲の拡充を図ろうとする「対華二一カ条要求」について「最少限度のもの」と論じてしまうのであった。

「対等なる」日中提携論の提唱

ただし、吉野の対中国政策論にはオリジナルな発想もあった。それは「根本の政策」と「応急の策」という政策の分類にある。[11]「応急の策」とは、字のごとく応急処置であり、上記のまさに「支那保全」をもとにした列国対抗を理由とする侵略主義であり、当時の「常識」にそった方針であり、吉野の現実的判断でもあった。ところが「根本の政策」とは、将来の「自強」段階の「支那」との提携にあった。弱い中国では「対等なる提携」にはならないからである。「対等なる提携」を樹立するには、中国が強国でなければならないという。吉野は「東洋平和のことを考へ」た中長期的構想として、「相切磋する」「対等なる」日中提携こそが「根本の政策」だと力説した。[12]

「根本の政策」と「応急の策」という二つの分類は、しばし立ちどまって考えてみると興味深い内容を含んでいる。要点を言えば、吉野は前記の「応急の策」には「不満足」であり、「根本の政策」こそが日本の本来とるべき道だと考えているところにある。その証拠に、吉野は『日支交渉論』において「応急の策」を取らざるをえない理由を滔々と説明する。いわば吉野なりの弁解なのであった。例えば、「応急の策」を取らざるをえないのは、列強による激烈な競争のなかにあって、中国が「自主独立の国として健全なる発達を為し得るや否や、明白ではない」ならば、「欧米列強の勢力扶植」を「計算し」、「列国と競争して、支那に帝国の勢力、帝国の利権を立てるといふことは、決して無用不急の事業ではない」と言うのである(13)。

だが、吉野は明らかに「応急の策」に「不満」であった。中国の領土保全を訴えながら、日本による中国の領土蚕食を進める矛盾がつきまとうからである。当時の吉野は明治アジア主義の主張のうちにご都合主義があることを理解していた。以上を言い換えれば、「根本の政策」とは強い中国との「対等なる提携」をめざすという長期的目標であり、対するに「応急の策」とは短期的視点に立った次善の策にすぎなかった。だが、吉野はこの時点において中国を強化し、「対等なる日中提携」を樹立する長期的観点による「根本の政策」を具体化する妙案は見えていなかった。したがって、吉野はこののち、つねに「根本の政策」を理想とし、その具現化を模索しつづけることになる。

対中国政策論の変化

吉野における対中国政策論における大きな変化は、第一次世界大戦末におこる。門戸開放政策を日米両国で推進することを約した石井・ランシング協定が結ばれたころであった。米国は東アジアにおいては遅れてきた帝国であり、領土的な根拠をほとんど持っていなかった。このため米国は、他国よりも優位な資本や商品の輸出を進め、他国の領土的な根拠や勢力範囲（＝独占的経済圏）を解体していく方策を考えた。これが門戸開放政策である。吉野の米国の門戸開放主義への態度を一言にすれば、従来とは異なる新たな中国「保全」論の立場からの歓迎である。すなわち、東アジアにおいて米国の主張する門戸開放主義への協力は、対米協調を前進させるというにとどまらず、中国での列強の独占的権益を開放させ、中国を各国の勢力範囲による四分五裂の状況から脱却させる可能性をひめていると解釈された。

重要なのは、米国の大国化に正比例する門戸開放主義の東アジアへの拡大は、吉野の対華二一カ条要求の支持の根拠となった中国「保全」論の内容を変化させていることである。対華二一カ条要求が出された際に、吉野は中国の領土を「保全」すること、換言すれば列国のこれ以上の中国の領土上の侵犯を封じるには、日本が積極的に中国から租借し権益を設定することで、可能なかぎり勢力範囲を拡大するほかないと考えていた。ゆえに前記のように、対華二一カ条要求について「最低限度の要求」などと発言したのである。ところが、日本が国際的な発言力を増している米国の門戸開放主義に乗じれば、租借地と軍事力とによって勢力範囲を形成しなくとも、列強の中国侵略の防止が可能だとみた。門戸開放主義を中国に関する一般原則へと発展させることは、帝国主義列強の勢力範囲の存在意義を失わせることと表裏一体であった。彼は、門戸開放主義に中国の領土「保全」を実効化する機能を発見したのである(14)。したがって、彼において門戸開放主義とは「本来正当の主義」と解されることになった。

吉野が単純な国益主義者でないことは、以上の門戸開放主義の矛先を日本にも向けるところにあらわれている。第一次世界大戦末に彼はつぎのように論じる。「我々の第一に努べきは、支那の領土一般に亘り、諸外国の専属的勢力範囲の設定を打破することである」(15)。すなわち、中国の経済的分割を終焉させるために、勢力範囲を撤廃せねばならないというのである。ところが、列国の勢力範囲の「打破」を実現するうえで「障碍」が存在すると次のようにいう。「日本がかくの如き主張〔門戸開放主義〕をなすに就いては、ここに一つの障碍がある。それは即ち、日本が満蒙に於て現に或る特殊利益を主張することである。予輩は元来、満蒙を日本の特殊勢力範囲となすを得策とするや否やに就いて、多少の疑を有っている者である」[16]。この文章は、後半が少し濁してあるが、文脈から言えば、勢力範囲を「打破」せねばならず、そのために満蒙特殊権益が邪魔だと訴えていると読める。吉野にすれば、中国における列強の勢力範囲を撤廃に導くために、満蒙特殊権益は邪魔であった[17]。

その後も吉野は、ワシントン会議を支持するなどして米国の門戸開放主義の拡大の流れに乗り、勢力範囲の撤廃や、既得権益の放棄を論じるようになる。この文脈で、吉野は「満鉄」の放棄にも言及したことがある[18]。「満鉄」なくして満蒙特殊権益は成立しない。このような具体的政策をもった大正デモクラットは、管見のかぎり、吉野のほかはみあたらない。以上のような門戸開放主義に乗じた勢力範囲「打破」の主張は、のちに見るように陸軍の大陸政策と正面衝突せざるをえないものであった。

3　吉野の東アジア連帯論[19]

宮崎滔天《とうてん》からの影響

以上のような吉野の独特の立場は、単に国益追及や米国のヘゲモニーを歓迎する立場からのものだとは考えにくい。吉野の普遍主義的な政治思想とも連関を持っていると考えるのが自然であろう。宮崎滔天からの影響もその重要なものの一つであろう。宮崎滔天は、吉野作造が尊敬の念を抱いていた先人の一人である。宮崎滔天は本名を寅蔵といい、熊本県荒尾村出身（現在荒尾市）の宮崎四兄弟の末弟で、孫文らの中国革命運動を献身的に援助したことで知られる。若くして徳富蘇峰の大江義塾に学び、自由民権運動に関心を持った。その後キリスト者となり、日清戦争前後から上海に旅行したり、日本亡命中の金玉均に会うなどして、しだいに中国への関心を深め、陳少白・孫文ら興中会の主要メンバーと交わり、彼らの革命の理想に共鳴し、革命運動を援助しただけでなく、実行するようになった。革命の目標は、中国・朝鮮・台湾・シャム・フィリピンなど被抑圧民族による「亜細亜連盟」の樹立にあった。宮崎の中国革命への参加は、内田良平らの国権論者とは異なり、革命運動を国権拡張に利用することはなかった。

吉野はどのように宮崎滔天を評価したのであろうか。吉野は滔天の著書『三十三年の夢』を一九二六年に復刻し、「解題」を雑誌『帝国大学新聞』に掲載した。(20) 少し長いが最後の部分を引用する。

「彼〔宮崎滔天〕の行動の正直なる記録というだけでも大いなる価値があるのだが、其外に私の敬服に堪へないのは、彼の態度の有ゆる方面に亙って純真を極むることである。彼は幾多の失敗をくり返し又幾多の道徳的罪悪をさへ犯して居る。それにも拘らず、我々は之に無限の同情を寄せ、時に却て多大の感激を覚えさせられ又数々の教訓をさへ与へられる。就中支那の革命に対する終始一貫の純情の同情に至っては、その心境の公明正大なる、その犠牲的精神の熱烈なる、共に吾人をして遂に崇敬の情に堪へざらしむる。私はここに隠す所なく告白する。私は本書に由て啻に支那革命の初期を識ったばかりでなく、又実に支那革命の真精神を味ふを得たことを。人あり、若し私にその愛読書十種を挙げよと問ふものあらば、私は必ずその一として本書を数へることを忘れぬであろう」。(21)

以上のように論じたのち、吉野は『三十三年の夢』には載っていない滔天作の「落花の歌」を「解題」の最後にわざわざ引用した。当時すでに東京帝大教授を辞しており、相対的に「自由」になっていたであろうが、それにしても珍しい絶賛ぶりである。それほど吉野は宮崎滔天に惚れ込んでいたのである。

吉野は、前記の第一次世界大戦末の「我国東方経営に関する三大問題」という論説において「大亜細亜主義」の日本盟主論を次のように批判する。

「先づ我々が、独り自ら高しとして、東洋民族を教導するといふ傲慢の態度を棄てなければならぬ。謙遜して自らの為に尽し又彼等の為に尽すの覚悟が無ければならない」。(22)

吉野は、「大亜細亜主義」と言うのは結構だが、まず日本が盟主であるという「傲慢」なる認識は捨て去るべきだと断言している。(23)吉野は日本を盟主とするアジア連帯構想には反対であった。それは吉野にとって先達である宮崎滔天にとっても同じことであった。滔天は次のように言う。

「私は、日本がいかにえらくなっても、とても五世界を動かすの力はないものだと断定すると同時にシナをして理想的国家たらしむることができたらば、その力はもって宇内に号令して万邦を道化するに足るとの断定の下に一身を委ねて、自己の誇大妄想的経路を辿ってきた結果がすなわち今のわが身の上なのです。」(24)

以上、確認してきたように吉野作造と宮崎滔天とは、前述の明治期アジア主義の東亜同文会や内田良平などの国権論者とは異なって日本を盟主とは考えず、したがって一九四〇年代の「大東亜共栄圏」構想へと直接は流れ込まないアジア連帯論者であった。すでに吉野の滔天評価ににじみ出ているが、両者には、幾つかの共通点がある。

両者が、青年期にキリスト教の影響を受けている点である。吉野は一七歳ごろより押川方義の仙台教会に通うようになり、一九歳の時に仙台の第二高等学校大学予科法科へ入学し、その後まもなく尚絅女学校校長ミセス・ブゼルの英語のバイブルクラスに入会し、翌年の一八九八年、仙台の北一番町の浸礼教会で中島力三郎牧師より浸礼をうけ、キリスト者となった。こののち吉野は、終生、キリスト者として生きた。吉野は仙台時代にはパブテスト派に属したが、東京帝国大学の学生時代に、新神学運動（日本の神学論争においてはリベラル派）の中心人物の一人であった海老名弾正に惹きつけられ、海老名の本郷教会へ転じている。

宮崎滔天は、一八八六年に東京専門学校英語科（現在の早稲田大学）に入学し、17歳の時に小崎弘道が主催する番町教会にて洗礼を受け、海老名弾正（熊本英学校）の説教を聞いて神学をより深く学ぶために長崎カブリ校にはいるが、一九歳のころ、おそらくはアナーキストのイサク・アブラハム（Isak Abraham）との出会いの中で、滔天の改造思想が「信仰」の枠には収まらなくなり背教者とな

っていく。(25)

彼らのキリスト教信仰が、神の前における個人を平等に位置づけ、人格主義的な政治観や社会観を生み出すことにつながる。海老名弾正が共通の人物となっている点も注目に値する。キリスト教的人格主義は、国内政治だけでなく国際政治にも適用され、権力政治に対する反感へと結びついていく。吉野と宮崎滔天が、人種・民族に対する偏見や国際政治のヒエラルキーとは無関係に、他民族の自由や平等を尊重したのはキリスト教に起因する人格主義の存在があろう。

軍部批判

先にも触れたように、吉野の方針は、満洲を特殊な勢力範囲として維持しようとする陸軍とは対立する見解であった。吉野は「鄭家屯事件を論じて我が満蒙政策に及ぶ」という論説において、軍部との関係について日本外交を次のように評した。「軍隊の後援を得なければ何事も為し得ざる対支外交に於ては、取り分け常に一々軍事当局の掣肘を受けて居る。外務省がモ少し確かりして、其の定めた独立の外交方針に基いて自由に軍隊を動かすようにならなければ、恐らく日本の対支政策は容易に其の正しき道に還るの望みが無いかも知れぬ」(26)。吉野にとって、不当に外交に介入する「軍閥外交」を駆逐することは、外交を健全化するために不可欠であった。

外交の健全化とは、先に述べた門戸開放主義に乗じた勢力範囲「打破」の主張や、国内のデモクラシー化につながるものであった。前述のように、門戸開放主義に乗じた勢力範囲「打破」の主張は、陸軍が第一次世界大戦以降にすすめていく満洲支配と完全に衝突する。陸軍は一九二〇年代に張作霖を利用し、実質的な勢力範囲としての満洲を擁護しようとし続けたからである。吉野が、援張政策や満蒙分離政策の批判、シベリア出兵に絡む軍部の活動を指摘しつづけたのは、上述の勢力範囲「打破」の方向に反するからであった。吉野は、一九二〇年代を通じて、援張政策やシベリア出兵を論難するなかで、軍部による満洲の勢力範囲化への動向を批判しつづけた。

日本のデモクラシー化に接続する軍部批判は、第一次世界大戦後の世界的な軍縮ムードの中で行われた。吉野は海軍に続けて陸軍の軍縮を主張し、さらに「統帥権の独立」の批判において、帝国憲法に規定されたすべての統治作用は「政府の輔弼以外に別個の国権発動の源泉」を認めてはいない、と統帥権の独立を明確に批判し、軍部大臣武官専任制の廃止、参謀本部・軍令部の改革、軍令廃止、内閣官制七条の改正を主張した(27)。吉野によれば、「統帥権の独立」は帝国憲法に基づくものではなく、したがって軍部の政治的独立性の法的根拠を除去することは可能だという点にあった。吉野は軍部の政治的独立性について、もっとも鋭い批判をなした一人であった(28)。

五・四運動と三・一独立運動

吉野は、抑圧されている朝鮮・中国にたいして、第一次世界大戦中にすぐに何らかの対応が必要であると訴えていた。朝鮮・中国のナショナリズム運動の爆発より約半年まえの一九一八年一〇月には「朝鮮統治策」を著し、そこで将来の朝鮮の「自治を許」すべきことを訴え、「現に問題が起こっていないからとて決して安心すべき謂はれはない」と現行の植民地政策へ警告を発していた(29)。

第一次世界大戦後、吉野の予測は現実のものとなった。彼は三・一独立運動の直後に一九一九年四月の「朝鮮暴動善後策」や「対外的良心の発揮」を執筆し機敏に反応した[30]。吉野は、「国際民主主義」（「民族自決」「非併合主義」「無賠償主義」）がアジアの被抑圧民族にも波及することは必至であり、日本もその潮流にそった政策へと転換すべきことを訴えた。だが、吉野がこれらの論説や続く「朝鮮統治の改革に関する最小限度の要求」などにおいて、具体的に政策として提言したのは、植民地「自治」のために政府「調査会」の設置を求めたほか、教育問題を例にとった「差別的待遇の撤廃」や、国内の軍部・軍制批判と結合した「武人政治の撤廃」、さらに朝鮮民族を滅する「同化政策」の「放棄」や、さきの「武人政治」からの脱却を保障するための「言論の自由」の付与についてであり、朝鮮の即時的な国民的独立を明言することはなかった[31]。

吉野は、中国のナショナリズム運動についてもすぐさま対応した。朝鮮問題と同じく、五・四運動以前の一九一九年四月三〇日の黎明会第四回講演において発表された「支那問題について」では、「秘密外交」を斥け「正当の意見を吐いて」「世論を惹き起こ」したところの「国民外交」の確立を提唱し、中国の「国民的要求」すなわち「革命運動」の声を傾聴し、日中それぞれに開かれた「国民外交」の徹底を要求するなどして、いまにも噴出しようとするナショナリズム運動を凝視していた[32]。五・四運動後の六月には「北京学生団の行動を漫罵する勿れ」や「北京大学学生騒擾事件に就いて」をあらわし、中国の学生の革命運動を擁護した[33]。とくに「北京学生団の行動を漫罵する勿れ」では、五・四運動の本質とは「官僚軍閥ないし財閥に依って代表せらるる日本に対する反感」であると観察し、彼の国内の民本主義論や軍部批判に接合するようとらえていた。七月に発表した「支那の排日的騒擾と根本解決」では、いまや大規模な民衆運動にまで発展した五・四運動の要求を、「一つは外来の侵略主義に対する反抗であ」り、「もう一つは、国内の専制官僚軍閥に対する反抗である」と理解するにいたった。要するに、五・四運動について日本の政治的かつ軍事的な大陸政策に反対するナショナリズム運動であり、同時に民主的な志向を有した国家統一運動であるととらえていたのであった(34)。

朝鮮独立革命家呂運亨の評価

吉野は朝鮮独立をめざす革命家についていかに評価したのか。吉野の呂運亨への評価を概観してみたい。夢陽呂運亨は、一八八五年生まれで、第一次世界大戦中に上海で新韓青年党を結成し、戦後は上海臨時政府の要人となり、一貫して独立革命家として活躍した。一九一九年一一月には三・一独立運動後の日本による懐柔戦略の一環で来日し、日本政府要人と会見している。第二次世界大戦末には朝鮮建国同盟を立ち上げ、戦後はそれを母体として建国準備委員会を組織し、統一朝鮮の独立に向けてイニシアチブをとったが、一九四七年に暗殺された。

呂運亨死去の約三〇年前の第一次世界大戦直後において、その呂運亨と吉野作造とは接触している。吉野は、呂運亨の存在について、予め周辺の在日朝鮮留学生から聞いていたとみられる。吉野と関係の深い張徳秀（早大出身）は、一九一九年一月に呂運亨や金奎植らとともに上海で新韓青年党を結成し、二月に来日してのち朝鮮本土へ帰って活動中に逮捕されている。張徳秀が来日中の二月には、吉野は在日留学生らによる二・八独立宣言の顛末について翌九日に聞いたとみられ、また三月一九日には、黎明会第四回例会において朝鮮留学生を招き、三・一独立運動について意見を交換したと思われる。このように留学生との接触が頻繁であった吉野が呂運亨を知らなかったとは考えにくい。一方、呂運亨も同じ理由で事前に吉野を知っていたのではないかと思われる。しかも、先に紹介した吉野の「朝鮮統治の改革に関する最小限度の要求」は、新聞『独立』に四回にわたって連載されている（一九一九年八月二一日から九月四日）。こうした経緯をへて、吉野は、呂運亨による独立演説を聞いたのちホテルに呂運亨を訪問している(35)。

吉野は、呂運亨に面会する以前の同年七月に、朝鮮自治を日本政府へ請願するために来日した七人（朴柄哲、沈友燮、李基燦、高義駿、蔡基斗、朴勝彬、高元勲）の訪問をうけている。だが、日記においては七人に「会見」したと触れている程度である。七人は、呂運亨と同様に日本政府当局による懐柔の対象であり、七人の「自治制施行」の主張は、呂運亨の独立論と比較すれば、吉野の植民地政策論により近いものであった。にもかかわらず吉野は、「自治」派七人ではなく、呂運亨についてのみ『中央公論』にて言及する。朝鮮の即時的独立を主張しえなかった吉野は、呂運亨をどのように評価したであろうか。吉野は、一九二〇年一月の「所謂呂運亨事件について」においてつぎの如く論じる。

「呂氏の説く所の中には確かに一個侵し難き正義の閃きが見える。斯く云ふ所以は予も亦彼と会談するの機会を得たからである。彼は一個の年若き紳士にして、別に経歴の誇るべきものなきも、其品格に於て、其見識に於て、予は稀に観る尊敬すべき人格を彼に於て発見した」。「彼は確かに少なくとも世界的正義確立の為に行動するの意識に動いて居る」(36)。

吉野は、日本国内で独立を言い放った呂運亨に「侵し難き正義の閃き」を発見し、その主張の正当性を確認している。別の論説「朝鮮青年会問題」では、つぎのようにも評価する。

「彼等〔呂運亨又在留朝鮮人青年学生〕は今日既に朝鮮民族の中堅を以て任じて居るのみならず、近き将来に於ては十分に之を率ゐる丈けの地歩を占むるであろう。而かも亦世界の同情をも得つゝある」。(37)

吉野は、呂運亨らが将来、朝鮮民族を「率ゐる」能力をもっていると見抜いている。また、上述の「所謂呂運亨事件について」において彼は呂運亨らの活動をつぎのように擁護する。

「如何に彼が帝国に対して許すべからざる計画をして居ったにせよ。彼を道徳的に不逞の徒と蔑しむことはどうしても予輩の良心が許さない。偏狭なる国家至上主義の道徳観を取るものは格別、最高善を国家に実現せしめんとするのが我々の理想であるとす〔る〕以上、予輩は彼の把持する一片の正義を包容し得るにあらずんば、日本の将来の道徳的生命は決して伸びるものでないと云ふ感を深うせざるを得なかった」。(38)

吉野は、呂運亨ら革命運動を「不逞」とみなすこと、換言すれば国法を犯すものとして取り扱うことを拒否している。吉野が呂運亨のうちに、独立朝鮮の人格の成長を率いる「尊敬すべき人格」を見出していた。だが同時に、国益を損なわず、かつ朝鮮の「尊敬すべき人格」の「開展」をはかる具体的方策について提出することはなかった。

国民革命・満州事変

吉野は、先に論じたように門戸開放主義を通じた中国「保全」を進展させるために、一九二〇年代を通じて日本の軍部批判を行いつづけたが、その脈絡にそって、中国軍閥批判を同時に行う。彼は、軍部の満蒙を勢力範囲化するための戦略上のツールとみられた中国軍閥の将来について言及した。彼は、日本「軍部の目論見」が「砂上の楼閣」である理由を論説「武器問題に依て惹起されたる我が東方対策の疑問」において、つぎのように述べる。

「木偶の坊〔張作霖〕を権力者に守り立て、之を傀儡として蔭から我々の経綸を行ふといへば、誠に旨い話の様だけれども、此種の輩は結局本当の勢力にはなり得ない。幾ら援けたって援け甲斐がないのである」[39]。

吉野にすれば、張作霖は、日本の庇護を必要とする脆弱な軍閥であり、「早晩滅亡するに極まって居る」存在であり、中国全土はおろか、満洲においてさえ、「本当の勢力」にはなりえないと断定された。デモクラットゆえの診断だと言えよう。というのも、「段祺瑞が引込んでもあとから下らない奴が出て来る〔中略〕支那でも遊戯的に戦争をやって居る奴は、いつまでも絶えないであろう、所謂細胞の分裂は、何時迄経っても絶えない、倒すのは民衆の力だ」と論じたように、吉野はあくまで「民衆の力」による政権樹立を理想としていたからである[40]。しかしながら、米の門戸開放主義に依頼する勢力範囲「打破」の政策だけでは、ワシントン体制にも引きつづき存在しつづけた日中の支配―従属関係を打ち破ることはできなかった。

ところが、一九二〇年代後半には、第一次国共合作の下に中国国民革命が本格化し、北伐にともなって、中国国民政府はその支配圏を満洲地域を除いて、およそ中国全土へと拡大するにいたる。吉野は、中国国民党のイニシアチブの創出や、田中外交による日中関係の悪化というプロセスを経ねばならなかったが、一九二八年に既得権益を規定した条約を「白紙」に戻すべきことを明確に訴えるようになる。吉野は、かぎりなく権益放棄論へと近づき、法権上の対等性を認めたわけである。すなわち、かような吉野の権益放棄論は「一切を棄てるの覚悟」をワシントン会議直前に発表した石橋湛山と吉野の方向性に大きな違いはないと言えよう。ただし、革命主体の発展段階を見据えつつ、権益「白紙」論を展開する具体性は吉野の特徴だと言えよう。

一九三〇年代に入ると日中関係は、ナショナリズムの軋轢が目立つようになり、一九三一年九月についに満洲事変の勃発をみる。吉野の満洲事変認識は、まず軍部の仕業であることを見抜いている点であり、したがって満洲国の樹立も軍部による欺瞞行為であることを論じていることにある。つぎに、満洲事変や満洲国を前提とする日中関係及び日本外交は、早晩、行き詰るとみている点である。[41]すなわち「日満支」の協調関係をいくら声高にしても、「満」の文字を間に挟む限り、日中関係は紛糾しつづけ、その結果、その他の国との外交にも悪影響が及ぶだろうと観測していることである。吉野の観測はその後の歴史が示す通り正確であった。満州事変後の最晩年の吉野は、満洲国を日本が国家承認しないよう論じて最後の抵抗を試みたのであったが、日本が国際連盟を脱退する一九三三年三月にこの世を去った。

4　むすびにかえて

吉野の主張は、当時にしてみれば「常識」の枠より外れていたかもしれない。しかし、吉野の課題意識や政策論を見れば、第二次世界大戦後にほとんど「常識」となる綱領が浮かび上がってくる。これらを日本に限って言えば、民主化（「統帥権の独立」の廃止や議会主義）、そして脱植民地化（decolonization）であり、現在、それらは一応完成していると言えるだろう。だが、東アジアのレベルで言えば未済の部分もあろう。脱植民地化はいまだに日本と東アジアをめぐる課題であり続けている。また、吉野や宮崎滔天の「大亜細亜主義」批判や日本盟主論批判は、現代に生きる日本人の意識を冷静にさせるし、また日本以外の国を盟主とする「大東亜共栄圏」構想を論難する力にもなるだろう。

ここで得られる教訓は二つである。一つは、吉野の「常識」外れの主張のほとんどは数十年のちに実現するか、実現すべき目標へと変化した。ということは戦前期日本に流布していた「常識」は数十年後には通用しなくなったということだ。冒頭で論じたような二一世紀に流布する「常識」を疑ってかかることは重要なことであろう。もう一つは、近年歴史を軽視する議論が人文社会科学分野においても多く見られるようになったが、未来は歴史に縛られつつ新たに開かれるものだ。吉野の政治分析や未来予測の正しさは、明晰な頭脳の持ち主であったことだけによるのではない。吉野が科学的視座をもつ政治学者であると同時に、本質的な歴史的趨勢をとらえる力を備えていたからであった。第二次世界大戦後の「民主化」と「脱植民地化」とは、いくつもの失敗や犠牲の上に獲得されたもので、簡単に放棄して良いものではない歴史的趨勢であろう。「民主化」と「脱植民地化」という歴史的趨勢とともに、二一世紀の国際政治におけるトリレンマを読み破った上で、「常識」外れの将来のアジアを構想してみてはいかがであろうか。

注

（1）ダニ・ロドニック（柴山桂太・大川良文訳）『グローバリゼーション・パラドクス』白水社、二〇一四年。

（2）吉野作造の人生については次の書を参照のこと。田澤晴子『吉野作造　人世に逆境はない』ミネルヴァ書房、二〇〇六年。本章は、後に注であげる拙著や拙稿（『吉野作造の国際政治論』、『吉野作造と関東軍』、「吉野作造　人格主義とアジア」）をもとにして、初学者向けへと書きかえたものであることを断っておく。

（3）松尾尊兊・三谷太一郎・飯田泰三編『吉野作造選集』別巻（岩波書店、一九九七年）の年譜を参照のこと、以下では『吉野選集1』のように略記する。

（4）吉野作造「憲政の本義を説いて其有終の美を済すの途を論ず」『中央公論』一九一六年一月（『吉野選集2』に所収）。

（5）本節は次に頼るところが大きい。藤村一郎・後藤啓倫『吉野作造と関東軍』有志舎、二〇一九年。

（6）吉野の国際政治論については次を参照のこと。藤村一郎『吉野作造の国際政治論』有志舎、二〇一二年。

（7）吉野作造『日支交渉論』警醒社書店、一九一五年（『吉野選集8』に所収）。

（8）前掲、『吉野選集8』一三四～一三五頁。

（9）同書　一三五頁。

(10) 同書　一五〇頁。
(11) 同書　一三九頁、および一五〇頁。
(12) 同書　一三八頁。
(13) 同書　一五〇頁。
(14) 藤村一郎「吉野作造と満蒙特殊権益――門戸開放と中国『保全』」杉田米行編『一九二〇年代の日本と国際関係――混沌を越えて「新しい秩序」へ』春風社、二〇一一年。
(15) 吉野作造「我国の東方経営に関する三大問題」『東方時論』一九一八年一月（『吉野選書8』に所収）。
(16) 同書『吉野選集8』三〇二頁。
(17) 前掲、拙稿「吉野作造と満蒙特殊権益」を参照のこと。
(18) 前掲、藤村一郎・後藤啓倫『吉野作造と関東軍』一六七〜一七一頁。
(19) 本節は次の書に頼るところが大きい。前掲、藤村一郎・後藤啓倫『吉野作造と関東軍』および拙稿「吉野作造　人格主義とアジア」（趙景達・原田敬一・村田雄二郎・安田常雄編『講座東アジアの知識人』3、有志舎、二〇一三年所収）。
(20) 吉野作造「『三十三年の夢』解題」『帝国大学新聞』一九二六年五月三一日より連載（『吉野選集12』に所収）。
(21) 同書『吉野選集12』三一四頁。
(22) 前掲、「我国の東方経営に関する三大問題」『吉野選集8』三一〇頁。
(23) 当時、徳富蘇峰や河田嗣郎らが「大亜細亜主義」や「東洋モンロー主義」を唱えていたことへのレスポンスだと考えられる。徳富蘇峰『大正の青年と帝国の前途』民友社、一九一六年。河田嗣郎「経済的モンロー主義」『太陽』一九一八年二月。
(24) 宮崎滔天「炬燵の中より」宮崎龍介・小野川秀美編『宮崎滔天全集』3巻、二四八頁)。「炬燵の中より」は宮地貫道主宰の『上海日日新聞』に一九一九年二月七日から三月一五日まで掲載されたもの。
(25) 武田清子「アジアの革新におけるキリスト教」『国際基督教大学学報』I—A、教育研究17、一九七四年)に詳しい。
(26) 吉野作造「鄭家屯事件を論じて我が満蒙政策に及ぶ」『東方時論』一九一六年一〇月(『吉野選集8』二四二頁)。
(27) 例えば、吉野作造『二重政府と帷幄上奏』文化生活研究会出版部、一九二二年。本書に多く収録されているのが朝日新聞に連載された吉野「所謂帷幄上奏に就て」(1—5、『東京朝日新聞』二月一三日、一四日、一七日、一八日、一九日の五回連載)である。『大阪朝日新聞』にも掲載されたが日程が異なる。
(28) 前掲、藤村一郎・後藤啓倫『吉野作造と関東軍』を参照のこと。
(29) 吉野作造「朝鮮統治策」『中央公論』一九一八年一〇月(『吉野選集9』五一頁)。
(30) 吉野作造「朝鮮暴動善後策」、および「対外的良心の発揮」『中央公論』一九一九年四月(『吉野選集9』五五頁)。
(31) 吉野作造「朝鮮統治の改革に関する最小限度の要求」『黎明講演集』第6輯、一九一九年八月(『吉野選集9』六九頁)。
(32) 吉野作造「支那問題に就いて」『黎明会講演集』第4輯。松尾尊兊編『中国・朝鮮論』(平凡社、一九七〇年)に、一部収録。
(33) 吉野作造「北京学生団の行動を漫罵する勿れ」『中央公論』一九一九年六月、同「北京大学学生騒擾事件に就いて」『新人』一九一九年六月。両論文ともに『吉野選集9』に所収。
(34) 吉野作造「支那の排日的騒擾と根本解決」『東方時論』一九一九年七月(『吉野選集9』二五一頁)。
(35) 姜徳相『呂運亨評伝1』新幹社、二〇〇二年、三三六頁。
(36) 吉野作造「所謂呂運亨事件について」『中央公論』一九二〇年一月(『吉野選集9』一二〇頁)。
(37) 吉野作造「朝鮮青年会問題」『新人』一九二〇年三月(『吉野選集9』一四一頁)。
(38) 前掲、吉野作造「所謂呂運亨事件について」『吉野選集9』一二一頁。
(39) 吉野作造「武器問題に依て惹起されたる我が東方対策の疑問」『中央公論』一九二二年一一月(『吉野選集9』三〇九頁)。
(40) 山本実彦文責「対支国策討議」『改造』一九二四年一一月。
(41) 藤村一郎「満州事変下の吉野作造の国際政治論――日中提携論と「地域主義」の分岐」『国際政治』一五六号、二〇〇九年。「満洲国」国家承認後のアジア連帯論の結末は以下の文献にも現れている。平川均「鹿島守之助とパン・アジア論への一試論」『SGRA Report』(関口グローバル研究会)58号、二〇〇七年。児玉昌己「日本の近代化における「欧州」の受容:外交官永富(鹿島)守之助の場合」『比較文化研究』(久留米大学)53号、二〇一八年。

第3章　インターネット時代のメディアと分断される社会

はじめに

「ポスト真実」の時代

二〇一六年という年は、今から振り返れば、メディアとインターネットの歴史にとって分水嶺となる年だった。[1]

欧州連合（ＥＵ）離脱の是非を問う英国の国民投票では、フェイクニュースや誇張された情報があふれた。販売部数が多く、影響力の大きい大衆紙は国民投票の前に「女王は離脱派を支持している」と虚報を流し、別の大衆紙は、英国の移民数について、実際の二倍以上の数字を報じて反移民感情をあおった。市民の安全や生活を脅かすＥＵイメージが増幅された結果、五月に行われた投票結果は、事前の予想を覆して、ＥＵ離脱派の勝利となった。

一一月に行われた米国大統領選挙でも、嘘やデマ、フェイクニュースが洪水のようにネット経由で社会に流れ込んだ。「ローマ法王がトランプ氏を支持した」「クリントン陣営の幹部が児童買春を行っている」。こうした偽ニュースは選挙終盤になるにつれ、大きな注目を集めた。新聞・テレビの大半が民主党のクリントン候補の勝利を予想していた。しかし勝ったのは、当初、泡沫候補扱いだった共和党のトランプ候補だった。

「ポスト・トゥルース（真実）」が、時代を表す言葉として、この年、英国のオックスフォード辞典に選ばれたが、「感情や個人の信念の方が、客観的な事実よりも世論形成に影響を与える」ポスト真実の状況は、欧米にとどまらなかった。

日本でもこの年、ＩＴ大手ディーエヌエーが運営する健康情報サイト「ＷＥＬＱ」に、医学上の根拠がない情報が大量に掲載されていたことが発覚し、サイトは閉鎖に追い込まれた。この情報キュレーションサイト、即ち、まとめサイトには、情報記事の執筆に医学知識のない素人が加わり、「末期がん」や「肩こり」といった人々の関心の高い言葉を組み込んだ記事を大量に作り、検索サイトの上位に来るように工夫していた。

情報を選び分けるアルゴリズム

二一世紀はインターネットの時代である。

インターネットは一九六〇～八〇年代、自由や公開を原則として開発された。一九九五年に一六〇〇万人程度にすぎなかったインターネット利用者はいま、世界人口七六億人の過半を上回る四〇億人に達した。二〇〇七年にアイフォンが登場後、スマートフォンは急速に普及し、誰もが気軽に発信でき、人々とつながれる時代となった。

そんな新時代のメディアの欠点が二〇一六年、大きくクローズアップされた。

第一の問題であるフェイクニュースやデマ、誤報や極論について、情報の選別や編集を行う「ゲートキーパー（門番）機能」という観点から考えてみよう。

新聞やテレビによるマスコミュニケーションの場では、社会的出来事の中から専門的職業人である記者の判断によってニュースは選択され、取材され、編集される。政府の場合も、公僕である官僚によって、政策に関する情報は人々に知らされる。官僚による公的記録の削除といったことがらが世を騒がせることがあるとしても、公共性の高い情報空間では、こうした門番の機能が曲がりなりにも果たされてきたと言えるだろう。

ところがネットコミュニケーションの場では、誰もが好きにネットに情報を発信し、受信できる結果、悪意をもった個人・組織による偽情報や事実確認をしていない不正確な情報や噂が、災害時などに多く発信されるようになった。今やネット空間は虚実が入り混じった。玉石混交の情報があふれる状況となってしまった。

インターネットの情報伝達の場は「プラットフォーム」と呼ばれている。そこで膨大な情報やデータを選別、発信する門番の役割を主に果たしているのは、人間ではなく、アルゴリズム（数学的計算手順）である。フェイスブックやツィッターなどの「プラットフォーム企業（以下、プラットフォーマーと呼ぶ)」は、情報の受け手の興味や関心に沿った商品やニュースを選び出すために、それぞれのアルゴリズムを作成する。そこでは嘘と事実、極論と正論の区別をつけることではなく、情報が受け手の興味や関心に沿っているかどうかが選別の基準になる。

第二の問題は、プラットフォーマーが、利用者の個人情報データを大量に収集し、分析していることだ。偽ニュースやデマ、さらに意図的な政治メッセージを、利用者の興味関心や性格に沿って流そうとする動きが起きている。

グーグル、アップル、フェイスブック、アマゾンなど米国の巨大プラットフォーマーは、それぞれの頭文字から「GAFA」と呼ばれ、世界中の利用者の個人情報やデータを収集している。これに警戒感を抱く欧州は、個人情報の合意なき利用を禁止するルールを作り、巨大企業の情報独占から個人のプライバシーと人権を守ろうと動き始めた。

この問題を考える際に忘れてはならないのが、アジアのインターネット大国、中国である。利用者が八億人を越える中国は、グーグルやフェイスブックの利用を国内で禁止し、閉鎖的で独自のネット空間をつくりあげ、新聞・テレビはもちろん、ソーシャルメディアへの統制、検閲も強めている。二〇一九年に火を噴いた香港問題の背景にも、ネットとメディアの問題がある。

二〇一六年から三年余りの歳月がたち、一定の対策がなされてきた。しかし米欧をはじめとする各国の国内世論、そして国際社会の分断の傷は以前よりも溝は深まっているようにさえ思える。国境を越えて人と人とが集い、アイデアを出しあい、創造の場となるというインターネット黎明期の夢は遠ざかりつつあるのか。権力者、あるいは巨大企業によって、個人情報データは吸い取られ、プライバシーのない監視社会が近づきつつあるのか。そうした危機感を抱かざるをえない地点に私たちはいる。

米国、欧州、中国、そして日本などアジアという順に、これまでの歩みを振り返り、未来への課題解決について考えていこう。

1　ソーシャルメディアで揺れる米国

批判にさらされたフェイスブック

「ポスト真実」が時代の言葉となった二〇一六年に起きた混乱はどうして起きたのか。その真相を究明する作業で大きな批判にさらされたのが、米国の代表的なソーシャルメディアであるフェイスブック（ＦＢ）だった。

ハーバード大学の学生時代にＦＢを起業し、巨大ＩＴ企業に育て上げたマーク・ザッカーバーグ氏は「人と人とをつなぐことが創業時からの夢」と繰り返し語っている。ＦＢの売上高はいまや四〇〇億ドルを越え、月間利用者は二〇億人をゆうに超える。

批判の契機となったのが最大八七〇〇万人に達する個人情報の不正取得事件だった。英ケンブリッジ大学の研究者が開発したＦＢ利用者の性格診断アプリによって集められた個人情報とデータが、英国のコンサルティング企業ケンブリッジ・アナリティカ社にわたり、米大統領選で活用されていた。

この性格診断アプリは、誠実性、外交性、協調性、情緒安定性など五つの因子をもとに、利用者に情報提供してもらい、性格を診断するという一見、他愛のないものだった。ところが、このアプリは、利用者とその友だちの氏名、生年月日、居住地、学歴や「いいね」の履歴などごっそり収集する代物だった。膨大な個人データを手にしたケンブリッジ・アナリティカ社は、データをＡＩで分析し、共和党と民主党の激戦州一一州の二一〇〇万人に対して、それぞれの性格に一番アピールするメッセージを盛り込んだ政治広告を送ったという。雇用問題を例にとると、「開放的」とされた人物なら、雇用が人を成長させるチャンスを与える点を説明し、「神経質」な人物なら、雇用が家族に安心を与えることを強調するのだという(2)。

大統領選揺るがしたフェイクニュース

もう一つ、ザッカーバーグ氏を苦しめたのは、米大統領選前に大量の偽ニュースやデマがＦＢに流れたことだった。「ローマ法王がトランプ氏を支持した」「クリントン陣営の幹部が児童買春を行っている」。そうした偽ニュースの中には旧東欧のマケドニアやロシアからの発信が多く見つかった。投票権のない海外の利用者がなぜわざわざ、米国に偽情報やデマを流したのだろうか。

マケドニアの若者たちの動機は、ずばり、お金だ。彼らは、米国の選挙について面白おかしく書かれた偽記事がシェアされれば、一定の広告収入が入ってくることに気づき、偽アカウントを次々と作り、偽記事をせっせと流して資金稼ぎをしていた。

ロシアの場合はよりきな臭い。捜査の結果、サンクトペテルブルグのＩＲＡ社を拠点に米本土からの投稿と装って、トランプ氏に有利になるよう誘導した疑いが浮上した。首謀者とされる男性との関係をロシア政府は否定しているが、米当局はロシア国籍の一三人と関連企業三社が関わっていたとしている。

プラットフォーマーの社会的責任

一連の事態を受けて二〇一八年三月、ザッカーバーグ氏は最高経営責任者（CEO）として、首都ワシントンにある米議会の公聴会に呼ばれ、百人の議員たちから二日間、計一〇時間にわたる質問にさらされた。

新聞やテレビなどのメディアは、事実に沿ったニュースを取材、編集して発信する社会的責任を負っている。個人情報を悪用した外部からのネットプロパガンダによって人々が操作されてしまう状況に陥れば、そもそも公権力を監視し、社会的課題を発掘するといったジャーナリズムの役割を発揮することは不可能になる。そうした認識に立つと、FBやツイッターなどの「プラットフォーマー」が担うべき社会的責任は大きいのは明らかだ。

「フェイスブックはメディアではないのか」という質問に、ザッカーバーグ氏は公聴会でこう弁明している。

「我々はコンテンツに責任がありますが、コンテンツをつくっているわけではない。我々がメディア企業かと質問される時はFB上のコンテンツに対して責任を感じているのか、という趣旨だと思う。その答えは、はっきり『イエス』です。ただ、それはFBがテクノロジー企業だということと矛盾するわけではないと思う」。

社会で「ニュース」と呼ばれている情報が、ネット業界では、自由に切り分けられる「コンテンツ」

と呼ばれていることがまず興味深い。事実確認を繰り返し、もし間違った情報を送れば厳しい批判を受けるニュースメディアに対して、プラットフォーマーが抱く社会的責任の意識ははるかに軽い。

人々が、自らの興味や関心に沿った情報を検索し、個人情報を提供する。するとネット企業側がビッグデータを元に個人ごとの詳細なプロフィールを描いて、莫大な利益を手にする。そうした不均衡極まる収益モデルの恩恵を得る巨大企業が見ているのは、まさに情報とデータであって、喜怒哀楽の日々を生きている人間そのものではない。

フェイクニュースはそもそも虚報や誤報を意味しているはずなのに、トランプ大統領は近年、「不都合な真実」を突きつけてくるニュースメディアに対して「フェイクニュースだ！」と罵倒している。女性スキャンダルやウクライナ疑惑が大きな議論になっても、トランプ氏の支持基盤は固く、リベラル層との断絶の溝は深い。

新聞各紙が総じて、リベラルな傾向を示す中、テレビやネット空間ではリベラルと保守との分断も深まっているようだ。ネットを飛び交う情報に嘘や誤解、誇張があったとしても、その情報を信じ続ける人々が少なくない、というのが実態なのだろう。かつて、憲法学者のキャス・サンスティーンが、ネット社会では対立する意見がそれぞれの支持者を引き寄せ、川の流れのように次第に勢いを強めていく「集団分極化」のリスクを指摘した。米国社会の分断の現状は、まさしくその指摘が的中したと言えよう。

二〇二〇年大統領選へ向けて

議会やニュースメディアの批判を受けて、プラットフォーマーは新たな対策を打ち出している。二〇二〇年一一月に行われる次期大統領選では、前回選挙で起きたような失態を演じたくないからだろう。

フェイスブック社はまず、偽ニュースやヘイト表現の発生・拡散をふせぐため偽アカウントや投稿の人工知能（ＡＩ）による削除に力を入れ始めた。二〇一八年秋から半年間の偽アカウント削除数は三四億個に達した。発信側の自動化作業によって、二四億人の月間利用者の約五％にあたる偽アカウントが作成されていることに改めて驚きを隠せない。

二〇一九年一〇月から始まったニュース専用欄の試験導入も、遅きに失したとはいえ、評価できる取り組みだ。これまでは友だちからのメッセージに交じる形でニュースを表示していたが、新たに専用のニュースタブを設け、提携する新聞やテレビ局など二〇〇社の記事を載せる。利用者には無料で記事を提供するが、報道機関には閲覧数などに応じた対価を支払う。同社の発表文には「ジャーナリズムは民主主義で重要な役割を果たしている」「人々はパーソナライズされた経験から恩恵を得たいが、個々の経験を越える報道があることを我々は知っている」などと伝統メディアの社会的役割を再評価する文章が並んでいる。

米国の新聞業界は紙からネットへと情報伝達の場をいち早く広げ、ニューヨークタイムズ紙などは電子版購読者を急増させている。調査報道に取り組むネットジャーナリズムも活発だ。ＧＡＦＡが巨大化する間に閉鎖に追い込まれた多くの地方紙がこれで復活するわけではないが、今後、米国のジャーナリズムの再活性化が期待される。

ネット上の政治広告についても新たな動きが起きている。候補者への支援を求めたり対立候補を攻撃したりするメッセージや動画を、お金を払って優先的にソーシャルメディアに表示させる政治広告について、ツイッター社のジャック・ドーシーCEOは二〇一九年一一月、自らツイートし、今後は政治広告を全世界で取り扱わない方針を表明した。

「政治的メッセージは、人々がそのアカウントをフォローしたり、リツイートしたりした時に届くものだ」としたうえで、「(メッセージの)到達度を金で買うことは、(人々から)決断を奪い、最適化され、狙い撃ちされた政治的メッセージを届けることになる」とドーシー氏は指摘する。つまり、本来、他人へのフォローやリツイートといった人間の判断を介して、候補者のメッセージに触れるのならまだしも、政治広告というお金がからむ手法に乗って手元に届くような事態はおかしい、というのだ。

政治資金とAI技術を多く手にする政治家が容易に権力者への道を上りかねない現実を前にした危機感なのだろう。これに対してトランプ陣営は「とてもばかな決断だ」と批判し、フェイスブックは、暴力やヘイトにつながるような例外を除き、政治広告を容認する姿勢だというが、ドーシー氏の判断は、アメリカの民主主義復元への取り組みといえるだろう。

二〇二〇年大統領選挙がどんな様相になるのか、注目される。

2　個人情報保護を主導するヨーロッパ

情報取得に同意を義務づけたEU

巨大IT企業の対応が焦点となった米国に対して、ヨーロッパでは、企業ではなく、欧州連合（EU）や各国政府が、個人の情報データの保護強化やフェイクニュース対策に取り組んでいる。それを象徴しているのが、二〇一八年五月にEUによって施行された一般データ保護規則（GDPR）である。

EU二八カ国にノルウェー、アイスランドなど三カ国を加えた三一カ国を対象地域とし、データ管理者である企業などが個人データを収集、活用、移転する際に適正な同意を取るよう求めている。情報取得の同意は、本人の自由意思に基づくものでなければならず、チェック済みの同意は無効であり、いつでも同意を撤回できるようにした。また、雇用での採用や保険への加入の判断を、AIを使ったプロファイリングだけで行うのではなく、人間の介入を求めている。個人データがいつまでも企業に保存されないよう、削除権や「忘れられる権利」、他のデータ管理者に移転する権利（データポータビリティー権）も保障された。

違反に対する制裁も厳しい。もし個人データが勝手に使われた場合には、最高で二千万ユーロ（約二六億円）または企業の前年度世界売り上げの四％相当のいずれか高い金額の制裁金が科されてしまう。

欧州には、ＧＡＦＡのような巨大プラットフォーマーは存在しない。だから米国のＧＡＦＡが欧州の個人情報を吸い取られ、ビッグデータとして活用されることへの警戒感があることは言うまでもない。ただ、個人の情報データやプライバシー保護は基本的人権の一つだという考えが根底にあることを忘れてはならない。

ＧＡＦＡへの制裁次々と

ＥＵが個人の情報データに関する保護規則をつくる動きは一九九〇年代からあり、その移転をめぐる米国との摩擦もその頃から起きていた。

二〇〇一年の米同時多発テロの後の米欧摩擦はとくに激しかった。米国が、テロ対策を理由に、航空機で米国に向かう搭乗客名簿の提出を求めたのに対して、ＥＵ側は米国のデータ保護の水準が十分ではないと猛反発した。難交渉の末、欧州委員会が三四項目のデータの米国移転を認めた協定を二〇〇四年に合意したところ、欧州議会やＮＧＯは「テロ対処の目的と移転されるデータ量との均衡がとれていない」などと批判して協定の撤回を求めて欧州司法裁判所に提訴した。結局、二〇〇七年の再協議の結果、移転データを一九項目に減らし、人種、民族、宗教、思想などセンシティブなデータは原則消去することとなり、欧州市民のプライバシーデータ保護への欧州側の強い姿勢が反映した形となった。(3)

こうした歴史的経緯を受け継いで制定されたＥＵの一般データ保護規則（ＧＤＰＲ）は、ＧＡＦＡ側に思いもよらぬ影響を与えることとなった。さまざまなサービスを一元的に集約して包括的な同意を取得するGAFAのやり方は、GDPRの基本理念に外れていたからだ。

GDPR施行から半年後の二〇一八年十月、英国情報コミッショナーは、最大八七〇〇万人の個人情報が不正取得されたフェイスブックに対して、五〇万ポンドの制裁金を科した。翌二〇一九年一月にはフランスのデータ保護監督機関が、グーグルによる包括的に同意を取る手法は無効と判断し、五千万ユーロの制裁金支払いを命じた。さらに、ドイツ連邦カルテル庁は翌月、フェイスブックがSNSでの優越的地位を利用して、第三者のウェブサイトからの個人データを収集している実態は、利用からの自発的同意に基づいていない、として、同意のない個人データ収集を禁止する命令を下した。ドイツの場合、単に個人情報の保護だけではなく、情報データの独占がデータ市場の公正な競争条件をゆがめかねない、という視点があることは見逃せない。

ファクトチェックやヘイト表現の規制

偽ニュースやデマの蔓延を防ぐための対応はどうなのだろうか。欧州では近年、反移民・難民、そして反EUを掲げる右翼政党が伸長し、社会の分断や政治の右傾化を背景に選挙時にはデマや極端な見解、そして偽ニュースがネット空間を駆け巡った。

二〇一七年春に大統領選挙が行われたフランスでは、選挙前、「国境に移民が押し寄せている」「イスラム教徒の高校生の多くは過激派」といったデマが流れた。こうした情報の拡散を防ごうと、新聞やテレビなど三〇以上の団体が「クロスチェック」というプロジェクトを立ち上げ、約二五〇人の記者がファクトチェックを行った。選挙前、「租税回避地に秘密の銀行口座を作っている」との偽ニュースの被害にあったマクロン候補は、怒り心頭に達したのだろう、当選後すぐにフェイクニュース対策法を提案し、立法化した。

「情報操作との戦いに関する法律」と呼ばれる対策法では、選挙投票日前の三カ月間に偽ニュースがネット上に流れたら、プラットフォーマーに送信中止を命じられる。候補者や検察官らから申し立てを受けた裁判官は四八時間以内にその是非を判断しなければならない、という内容だ。

ドイツ政府もプラットフォーマーに社会的責任を担わせるため、ソーシャルメディアに明らかなヘイト表現や偽ニュースが書き込まれ、違法な投稿が削除されずに二四時間以上放置された場合、その運営企業に最高五千万ユーロ（約六〇億円）の罰金を科す「ネットワーク執行法」を二〇一七年に施行した。

背景にあるのは、旧東西ドイツ間に残る経済格差や低成長、そして排外主義的なナショナリズムの広がりだ。中東アフリカ諸国から流入する難民の受け入れを進めるメルケル政権への反発から、右翼政党は選挙で躍進し、極右の市民運動の勢いも強まっている。

独仏両国が定めた法律に対しては、「政府による検閲につながりかねない」「表現の自由が脅かされる」といった批判の声が出て、フランスでは、法律の合憲性を判断する憲法評議会の審理が行われたが、「虚偽だと客観的に証明される」ことを条件に合憲だと判断された。偽ニュースによって社会が混乱し、民主主義の基盤が揺るがされかねない、という判断が読み取れる。

「ポスト真実」の言葉を生み出した英国では、ＥＵ離脱の是非をめぐる二〇一六年の国民投票の後、混乱を抜け出せず、迷走の末、二〇一九年一二月に総選挙が行われた。ただ選挙前、英国公共放送（ＢＢＣ）がリアリティチェックチームを編成して、医療保険や病院の建設数などの事実確認を行ったほか、ガーディアンやAP通信などさまざまなメディアやNPOが、活発にファクトチェックを行うなど、公正な選挙の実現をめざす活動が盛んだったことは、一歩前進だった。

3　中国のメディア統制と世論誘導

香港人の抗議デモと中国

アジアの国際金融都市、香港が二〇一九年、大きな混乱と苦悩に見舞われた。抗議デモに繰り出す市民・学生と警察の衝突が繰り返された末、火炎瓶と催涙弾が飛び交う事態となった。

香港は一九九七年、「一国二制度」方式に基づいて、英国から中国へと主権が返還され、「高度の自治」が認められた。しかし、この混乱は「一国二制度」の空洞化を国際社会に強く印象づけた。

発端になったのは逃亡犯条例案である。事件容疑者の中国本土への引き渡しが可能になるとして、多くの香港人が反発し、立法会での審議が始まった六月以降、百万人規模のデモが始まった。林鄭月娥（キャリー・ラム）行政長官は条例案を撤回したものの、市民の抗議活動はむしろ拡大した。単なる条例の話なのに、なぜ、香港人がここまで激しく抗議するのだろうか。

背景にあるのは、「中国化」が進むことへの香港人の懸念だろう。香港返還にあたって、中国と英国は返還後五〇年間、政治体制を変更せず、徐々に民主化を進めることで合意していた。しかし、行政長官は親中派議員で選ばれ、立法会選挙でも民主派の立候補は締め付けられている。香港の司法当局が覆面デモ禁止法は無効との判決を出すと中国の全国人民代表大会が判決を無効とする声明を出したが、二〇一九年一一月の区議選で民主化が圧勝するなど、中国政府に対する香港人の反発と警戒感が高まっている。

「暴力」「米国の作品」と報じる中国メディア

この間、中国の新聞テレビは、中国政府の立場に呼応して、香港の抗議デモについては社会秩序を脅かす「暴力」と呼び、抗議デモではなく、暴力反対を求める市民の声を伝え続けた。

中国政府は、抗議デモは米国が背後で操っているという米国介入説を繰り返した。例えば、八月の記者会見で、外務省報道官は「最近の暴力活動が米国の作品であることは誰もが知っている。米国は火中の栗を拾うようなことは止めるべきだ」と米国を非難している。これに対して米国は中国への圧力となる香港人権・民主主義法を成立させた。英国やEUは、香港当局への批判声明をたびたび出し、日本の外務省も事態への憂慮を示すなど、香港問題は国際社会を分断させる火種となっている。

この間、香港の市民や学生は、日本語や英語を交えたツイートを世界に発し、窮状を訴えた。ツイッター社は八月、「お前たちのような過激な者は香港にはいらない」などと発信を続ける九三六の偽アカウントを凍結し、フェイスブックも同様の措置をとった。背後には中国当局の関与があると両社は見ているという。その後も民主活動家らの氏名や電話番号といった個人情報の掲載サイトが出現し、活動家に脅迫電話がかかってくるなどの被害が出ている。(4)

中国国内のネット空間では国外からの情報流入が遮断されている。日本在住の関係者によると、中国本土の人々の多くは、情報の少ない香港問題に大きな関心を持っておらず、関心を持っていたとしても、香港の暴徒による混乱という見方をしていたという。中国版ツイッターの微博には、「#我々支持香港警察」などと香港当局を支持し、愛国を呼びかけるツイートが多数流れた。

「中国化」は、中国当局による監視への懸念にも表れている。抗議する香港人たちが、中国企業によるソーシャルメディアやペイアプリの利用を避けるのは、自分の情報データが中国に吸い上げられることを心配しているからだ。香港の地下鉄を運営する香港鉄路有限公司が発行するICカード（オクトパスカード）に記録された移動情報が香港の警察に流出しないよう、抗議活動に参加する時にはカードではなく、現金で切符を買うという行動も見られるという。

建国以来続くメディア統制

一九七〇年代末に改革開放政策に転じて以来、中国は世界第二の経済大国となるまで発展し、今や月に宇宙船を飛行させるほどの技術大国にもなっている。検索サービス大手の百度（バイドゥ）、ネット販売中心のアリババグループ、ソーシャルメディアを基軸とするテンセントの三社は、その頭文字から「BAT」と呼ばれ、GAFAとの間で世界のデータ市場の争奪戦を繰り広げている。

改革開放路線に転じた当時、経済成長で人々が豊かになれば、多様な意見に寛容な社会となり、言論や表現、さらに政治の民主化が徐々に進むのではないか、と期待された。しかし現実はまったく反対で、メディア統制によって、ジャーナリズム活動は圧迫されている。ネット空間でも検閲や統制が進んでいる。

そもそもこうしたメディアのあり方は歴史上、中国が初めてではない。中国社会科学院新聞研究所の孫旭培・元所長によると、その淵源は共産主義の理念にある。労働者を中心とするプロレタリア階級は、ブルジョア階級と闘争しており、メディアは闘争の道具としてとらえられた。ソビエト連邦や旧東欧諸国の共産党政権はすべて、新聞とラジオ放送を国家と政権の所有とした。

中国においても、この理論と実践が踏襲された。西側社会のジャーナリズムでは政策を吟味し、政府を批判する役割を期待されてきた。しかし一九四九年に権力を奪取した共産党政権は、新聞やラジオを党の宣伝ツールとみなし、政権に批判的な言論を認めなかった。

孫旭培氏は、新聞やテレビが何かあるたびに権力者側の主張を伝え、宣伝する道具、つまり、党の「喉と舌」として利用されてきた現実は、言論の自由や出版の自由はすべての公民にある、と定めた中国憲法と矛盾すると指摘している。指導部への批判層を弾圧した一九五〇年代の反右派闘争、無理な計画生産で多くの犠牲者を出した同じ頃の大躍進運動、多くの都市住民が地方に下放された一九六〇年代の文化大革命など、幾度かの政治経済危機において、中国メディアは政策批判の役割は担えなかった。

ネットが切り開いたメディアの自由

改革開放路線に転じた後はメディアにも変化が訪れた。アナウンサーが党や政府の方針を一方的に説明するのではなく、キャスターのコメントを入れるニュース番組が現れ、娯楽番組も登場した。新聞にも、社会の不正や地方政界の汚職を報じる記事が現れた。それでも共産党がトップダウンで新聞、テレビを指導、管理する体制には変わりはなかった。

そんな構造を揺り動かし、自由な言論空間を広げたのが、携帯電話、そしてインターネットの普及による「網民」の登場だった。友人や家族とおしゃべりし、噂話をするだけでなく、地元の役場や企業への不満をネットに書き込む。そうした行動が起点となる社会的事件がわき起こるようになった。

その初期の事例として広く知られているのが、二〇〇三年に広州市で起きた「孫志剛事件」である。デザイナーとして働いていた青年、孫志剛が暫定的居住証明書を携帯していなかったために、公安当局に拘束され、亡くなった。検死の結果、暴行によるショック死だったことを地元紙が報道。事件を知った網民たちがネットに書き込んで抗議した結果、関係者が捕まり、主犯格には死刑の判決が下された。

福建省アモイ市で進んでいた石油化学プラントの誘致計画では二〇〇七年、地元の有力者らが反対を表明。それに共鳴した市民たちはネット上の掲示板などに不満を書き込んだうえに、市政府庁舎前の広場に「集団散歩」と称して集まり、抗議の意を表した結果、建設は中止となった。

ネットを利用した不正の告発や地方政府への抗議活動は二〇〇七年をピークに全国各地で起きるようになった。不動産開発業者による不当な立ち退き要求への抗議、不審な死亡事件の徹底解明要求、賃上げの要求など、遠くの地域で起きた事件でも、ネットに拡散されて全国に知られるようになった。

興味深いのはこの間に、世論への影響力の強い「意見領袖（オピニオンリーダー）」が登場したことだ。

北海道大学の劉亜菲によると、ジャーナリストや弁護士、作家、学者など知識人、企業家、芸能人、草の根有名人などからなるオピニオンリーダーは、パソコンから発信するブログや電子掲示板が中心だった頃から生まれていたが、中国版ツイッターの微博が普及するにつれて、影響力が高まった。伝統メディアよりも深く問題を分析し、自らの意見を説得的に発信し、時には政府の腐敗や不正を追及する。そうした勇気ある行動によって、数百万ないし数千万のフォロワーを獲得したオピニオンリーダーも数多く表れ、ネット言論の力を飛躍的に強めることとなった(5)。

ネット言論の台頭を共産党政権が手をこまねいて見ていたわけではない。

ネット言論の台頭を共産党政権が手をこまねいて見ていたわけではない。

筑波大学名誉教授の遠藤誉によると、二〇〇〇年末には、胡錦涛・国家副主席が、インターネットが青年に与える影響を研究し、政治思想教育を高めるためのネット利用を促した。国家主席に就任後の二〇〇七年一月には党中央委員会の場で、ネットによるニュース、宣伝活動を重視し、ネット世論の主導権を掌握するよう求めたという。

世論誘導の能力を高める取り組みは公安部を中心に行われた。当初は、犯罪捜査や電子商取引の安全確保のためのシステム構築を行った。やがて、海外からの有害な情報の流入を防ぎ、国家の安全を確保するネット情報検閲システムに発展し、万里の長城になぞらえて、「防火長城」と呼ばれた。また、ネット上で盛り上がっている話題について、政府に都合のいいメッセージを書き込む人々が現れた。一本書くごとに五毛の報酬が支払われるとの推測から「五毛党」とも呼ばれている。注目を集める問題で政府に批判的なメッセージが集まったとしても、それを上回るほど大量の情報を発信し、世論を政府寄りへ導く作戦だ。

一九八九年の天安門事件を示す「六四事件」や、中国の民主化を求める劉暁波が起草し、後にノーベル平和賞を受賞するきっかけとなった二〇〇八年の「零八憲章」など、政治的に敏感な問題については、ネット空間から情報が削除されている。

二〇一二年一一月に発足した習近平政権は、ネット世論で主導権を握る動きを加速化させた。党・政府機関に加えて共産党機関紙人民日報、新華通信社、国営テレビ局などの官製メディアと幹部からの発信が活発になり、政府にとって好ましくない人物やニュース媒体の配信禁止や排除も起きているという。微博で約一二〇〇万のフォロワーを持ち、盛んに政府を批判したオピニオンリーダーが拘束されたのをはじめ、ブロガーや記者が多く逮捕されている。(6) 二〇一五年の刑法改正で、虚偽の情報をネットに流して、社会秩序に重大な混乱を生じさせた場合は懲役刑などを科す規定を盛り込んだ。

そんな中国のもう一つの特色は、個人の情報データをIT企業や当局が吸い上げ、利用していることだろう。各地に設置された監視カメラによって、交通違反した車はすぐ検挙され、警察は逃亡犯を多く捕まる一方、新疆ウイグル自治区では住民の監視に使われていると米国は批判している。中国版LINEの「微信」(ウィーチャット)では、利用者情報を当局に送信する趣旨の規約への同意を求めているという。

本人の社会的評価の物差しとしてしばしば使われている「信用スコア」の材料は、学歴や出身、収入やローン、通販購入、交通違反などの個人データだ。信用スコアで高得点を取れば、低金利融資や宿泊料免除などの恩典があるが、医療費の支払いが遅れたり、共産党の規律を守らなかったりすると減点されるという。安心や安全、利便性の向上と引き換えに、中国は危うい「監視社会」へ踏み込んだと言わざるをえない。

4 おわりに——課題解決を迫られる日本とアジア

プライバシー保護で三つのモデル

これまで見てきたように、ネット空間で政府や企業に収集される個人情報データの保護やフェイクニュースへの対応について、米国、欧州、中国はそれぞれ独自の手法を取っている。巨大IT企業の自主的な対策を促す米国、EUや各国政府主導で個人情報データの保護や偽ニュース対策を進める欧州、そして、共産党政権が堂々と個人情報データを活用している中国。これら三つのあり方は、プライバシーや個人情報に対する各国の文化や考え方を映し出してもいる。

米国では、個人の自由こそがプライバシーの核心的な利益であるべきと考え、政府の干渉を嫌ってきた。これに対して、ナチスによるユダヤ人迫害や旧東欧での秘密警察による監視という苦い歴史を体験してきた欧州は、人間の尊厳を守ることがプライバシーや個人情報保護の目的としてある。(7) 他方、米国の電子フロンティア財団のダニー・オブライエン氏によると、中国では、データの主権は政府が持つとの考えがある中で、人々の多くがプライバシー情報を企業や当局に渡すことに嫌悪感を抱かず、政府は情報監視によって、国民が悪事を働かないよう抑える戦略を取っている。

中国はインターネットによって監視されていることを国民に意識させているという点で、監視社会化への道を進んでいるように見えるが、実は米国では国民に見えないところで、ひそかに情報収集を行い、英国では、秘密裡にＩＴ企業に広範な協力を求めていると指摘する。米国家安全保障局（ＮＳＡ）が、テロ対策のため、電話通話記録を毎日数百万件収集していたことが発覚した二〇一三年のスノーデン事件、さらに米欧各国のサイバー対策を見ると、米国や欧州諸国が、監視社会とまったく無縁と言い切ることはできない。

東南アジアの強権支配とメディア

さて、こうした課題に他のアジアの国々や日本はどういう状況にあり、どう対応しているのだろうか。アジアでフェイクニュース対策法を制定しているのはマレーシア、シンガポール、台湾である。いずれも重大な偽ニュースを発信した者に対する刑罰を規定しているが、このうち、一番注目したいのはマレーシアの例だ。

同国では二〇一八年四月、対策法が制定され、「悪意」をもって「偽のニュースや情報」を発信、流布した人物を対象とした。すると当時のナジブ政権はあろうことか、政敵である野党党首のマハティール元首相の「立候補の妨害行為があった」という発言が偽情報という疑いで捜査、露骨な圧力をかけた。五月の総選挙に勝利し、首相に返り咲いたマハティール氏は同法の執行を停止した。一連の出来事は、偽ニュース対策が一歩間違えば、強権政権による政治・言論弾圧に使いうることを図らずも示した。

ドゥテルテ大統領率いるフィリピンでは、政権に批判的な報道を続けているニュースサイト「ラップラー」の女性編集長マリア・レッサ氏が警察の手によって幾度も逮捕されている。二〇一九年二月に逮捕された際に適用されたのが、サイバー犯罪法上の名誉棄損罪。元判事と実業家のつながりを指摘した二〇一二年の記事について、麻薬と関わりのあるとされた男性が二〇一七年になって被害を申し立てた。ラップラーは、ドゥテルテ氏支持のネット世論が偽アカウントから拡散されていることや、麻薬犯罪取り締まりで司法手続きを経ずに殺害された市民がいることを批判してきた

独裁色を強めるカンボジアのフン・セン首相も、政権に批判的な野党ばかりか、新聞、ラジオの報道に目を光らせてきた。カンボジア内戦後の一九九三年に創刊された老舗のカンボジア・デイリーは巨額の納税を要求されて二〇一七年九月、廃刊に追い込まれた。一部の記者はタイに逃れ、難民に認められたという。

日本のプラットフォーム政策はまだ途上

さて、日本では曲がりなりにも言論の自由が保障されているが、ヘイトスピーチ解消法はあっても、フェイクニュース対策法は存在しない。プラットフォーマーの自主的な対応や、新聞社やNPOによるファクトチェックに対策は委ねられている。

総務省が二〇一八年に立ち上げた「プラットフォームサービスに関する研究会」に参加しているネット大手のLINEは、研究会の場で、「フェイクニュースは言葉が先行するばかりで実態がまだわかっていない」として、官民での実態把握と情報公開、表現の自由や監視の危険性を踏まえた上での議論、利用者のリテラシー向上に官民で取り組むよう提言している。

ここに示されているように、日本のプラットフォーム政策は米欧より遅れており、課題解決への道

はまだ途上との印象はぬぐえない。

まずはヤフーニュースとLINEの対応を見ておこう。

ヤフーニュースは一九九六年七月に始まり、新聞雑誌、テレビなど約三〇〇社、五百媒体から編集者がニュースを選別し、配信数は一日五〇〇〇本に達する。フェイクニュースについては、メディアステートメントに「不正確な情報や過剰に扇動的な表現、誤解を招く情報を届けることのないよう、真摯に取り組みます」などとあるが、配信記事の内容は情報提供元の責任だとしている。掲載後、不適切だとわかった記事については「取り下げや修正を検討いただくよう依頼」するにとどまっている。

LINEのサービスは、①友達と対話するSNS、②ニュースを配信するニュースプラットフォーム、③広告の配信主体―という三つの機能に分けられる。このうちニュース配信の月間利用者は六五〇〇万人。外部の約三〇〇媒体から得た記事から編集部が配信記事を選び、校正・校閲チームがある。偽ニュースの検知、偽アカウント対策も取っている。ただ、配信ニュースには芸能スキャンダルや恋愛など、友だちと共有しやすいニュースが多く含まれ、社会的課題を掘り下げる情報が少ないことが、利用者にどのような影響を与えるのかは懸念される。

この両社は二〇二〇年秋に経営統合する予定だ。利用者数はヤフーが五〇〇〇万人、LINEが八〇〇〇万人に達し、LINEは台湾やインドネシア、タイでも普及しつつある。ネット上の通販や決済、検索など多くのサービスを手がける両社は、アジアで大きな役割と責任を担うことになる

日本の個人情報保護についてはどんな課題があるのだろうか。

個人の「尊重」を理念に制度化されている日本の個人情報保護制度の水準はEUから一定評価され、日欧間での個人データ移転は自由だ。しかし、日本の個人情報保護法は企業の情報取り扱いに関する

義務規定を並べるだけであり、個人情報を開示し、訂正し、抹消する権利、不正利用による被害から救済を求める権利、そして、「忘れられる権利」などの規定が十分ではないという(8)。

活発化するファクトチェック

日本でも新聞テレビからネットへとメディアの変革は進んでいるが、欧米とは異なり、独自の調査報道を行うオンラインジャーナリズムはまだ活発とはいえず、いまなお、伝統メディアである新聞やテレビ、雑誌が公権力の監視や社会的弱者が抱える苦悩の報道といったジャーナリズムの役割を担っている状況だ。無料でのニュース配信が日常化している中にあって、新聞テレビ業界はもちろん、フリージャーナリストやルポライターも収入減に苦しんでおり、ジャーナリズムの将来は混沌としている。

そんな中で、ニュースの真偽を見極めるファクトチェックへの問題意識は日本でも高まり、朝日、読売、毎日などの主要紙が、首相の発言や国会論議のファクトチェックを始める一方、ネットメディアのバズフィード・ジャパンは広告料欲しさに嫌韓ニュースを流し続けた若者へのインタビューを掲載するなど注目を集めた。二〇一七年六月には研究者らによって独立組織ファクトチェック・イニシアチブ（ＦＩＪ）も創設された。その後行われた総選挙や沖縄知事選挙では、多くの偽情報や根拠の薄い議論が暴露された。とはいえ、市民のメディアリテラシー教育、ＡＩの実用化、ニュースメディアと市民との連携協力など、なすべき課題は多い。

ＡＩの能力が人類の能力を超える「シンギュラリティ」が本当に二〇四五年までに到来するのかど

うか。英国の作家ジョージ・オーウェルが『一九八四年』で描いたような独裁政権と監視社会に人類は支配されるのかどうか。そうした壮大な疑問に答えるためにも、まずは、インターネットやメディアをめぐる足元の現状と課題を知り、一つひとつ解決していくことが必要だろう。

参考文献

『朝日新聞』、『日本経済新聞』（データベースを利用）。
孫旭培『中国における報道の自由——その展開と命運』桜美林大学北東アジア総合研究所、二〇一三年。
アジアプレス・インターナショナル『メディアが変えるアジア』岩波書店、二〇〇一年。

注

（1）本論文で「メディア」という用語は、通常、ジャーナリズムという社会的役割を果たす「新聞やテレビなどの報道機関」を指すが、プラットフォームを論じる際には、「ニュースや情報の伝達媒体」と広義の意味で使用する。
（2）平和博『悪のAI論　あなたはここまで支配されている』岩波書店、二〇一九年、一九三～二一一頁、および林香里『メディア不信　何が問われているのか』岩波書店、二〇一七年、一七一～一八二頁参照。
（3）須田祐子「データプライバシーをめぐる米EU関係——セーフハーバー協定とPNR協定を中心に」『成蹊大学一般研究報告』二〇一〇年三月。
（4）AFP通信『ネットでさらされる民主派の個人情報 背後に中国政府か 香港』二〇一九年一一月九日。
（5）劉亜菲『中国ネット世論形成におけるネットオピニオンリーダーの役割研究』北海道大学博士論文、

二〇一八年、四九〜八一頁参照。

（6）　劉亜菲『中国ネット世論形成における「党・政府主導型オピニオンリーダー」の発信行動と役割――「@人民日報」を例として』北海道大学国際広報メディア・観光学ジャーナル、二〇一六年、一八頁参照。人民日報の発信を分析すると、政治の腐敗不正や災害対応の遅れといった問題では、真っ向から政府を批判する「批判フレーム」ではなく、問題を反省し、教訓を今後に生かそうという「反省フレーム」を多用するなど、大衆に受け入れやすい工夫がみられるという。

（7）　宮下紘『ビッグデータの支配とプライバシーの危機』集英社、二〇一七年、一四一〜一四七頁参照。

（8）　同書、二一七頁参照。

脇阪紀行

第4章　ポスト・グローバリズムと経済連携

はじめに

第二次世界大戦の終焉とともに世界には冷戦時代が始まった。第二次世界大戦での戦勝国同士が米国・英国グループとソ連・中国グループとに分かれた対立構造が冷戦時代の象徴であった。世界は、民主主義と資本主義経済を標榜する西側諸国と民主主義と社会主義を標榜する東側諸国との対立の時代となったのである。社会主義経済はやがて貨幣の存在を否定する共産主義経済へと移行することが予定された政治経済的思想を基礎としていたのである。

両陣営の社会的理想における共通点は、民主主義であった。相違点は私有財産制の有無であった。西側資本主義経済グループにとって、私有財産制は企業家のアニマル・スピリットを背景として経済の活性化を促し、経済成長をもたらすと考えられていた。これに対して、東側諸国においては、私有財産制はやがて所得格差を生み出して、資産格差を助長し社会に不平等と貧困層を生み出すと考えられていた。社会主義の実現は平等で豊かな社会がもたらされると予定されていたのであった。

私有財産制の有無は、資本の所有者が個人であるか、共産党の指導のもとで国民所有や人民所有の組織かである。資本の蓄積の主体の管理の在り方についての相違は、市場原理の機能とその存在意義に見出されることになったのである。

本章においては、戦後の世界経済がどのようにして、東西冷戦の時代からグローバリズムの世界に変化していき、やがてポスト・グローバリズムの世界への変遷を迎えようとしているのかについて考察する。

1　戦後の世界経済と経済システムの相違

金融の目的の相違

戦後の米国を中心とした西側諸国は、これまでの世界決済システムであった金本位制を放棄して、米ドルを基軸通貨とした固定相場制度を前提とした自由貿易体制を理想とするブレトン・ウッズ体制を採用した(1)。このブレトン・ウッズ体制とは「アメリカ合衆国ドルを基軸とした固定為替相場制」であり、一オンス三五米ドルと金兌換によってアメリカのドルと各国の通貨の平価（為替相場）を一定に保つことによって財・サービスの取引としての自由貿易を発展させ、世界経済を安定させる仕組みであった[2]。

ブレトン・ウッズ体制においては、国内的には民間資本の自由な投資行動に立脚する地域間と産業間の自由な資本移動と労働力移動が前提であった。しかし、国際的には自由な資本移動と自由な労働力移動を制限したのである。これは、アダム・スミス以来強調されてきた財とサービスの自由な取引による国際貿易によって経済は相互に貿易利益を得るという考え方を背景とした「自由貿易の原則」を実現することが理想であった。

《固定相場制度》

固定相場制とは、伝統的な金本位制を背景として為替相場を一定の金の量に対して一定の平価(parity)に固定して、その変動幅を最小限度に限定する制度である。これは、外国為替市場を監督する通貨当局が為替レートの変動幅を狭い範囲に制限することを管理する義務を負う制度である。国際通貨基金（ＩＭＦ）は予め設定した平価の上下一％以内に維持するために外国為替市場に介入する義務があるという管理相場制度であった[3]。

日本は、一九四四年のブレトン・ウッズ体制下で一ドル＝三六〇円の固定相場制としたが、一九七一年のニクソン・ショックによりブレトン・ウッズ体制が崩壊した後、変動相場制へと移行した[4]。

先進工業諸国の資本は、西側陣営の協力体制強化の為に産業を育成するための社会資本の構築のための援助資金として提供された。これらの社会資本は産業社会資本として定義され港湾や空港、道路、トンネルなどの公共資本建設である。これらの援助には援助提供国内の関連企業の利益確保が伴うことは当然であった。

これに対して、ソビエトを中心とした東側諸国は、軍事協力と社会主義体制維持のための資金援助と軍事基地の提供であった。しかし、国民の生活水準や厚生水準に関係がある社会資本への投資はあまり重視されなかったのである。

日本は台湾と韓国に投資をして、各国の企業化と産業化、そして、その産業活動を助けるための生産基盤を確立していった。やがて、日本は東南アジア諸国への投資を増加させて、その国の経済開発と経済発展のための資金援助に終始していった。

自由貿易の問題と通貨の問題

以上で説明された戦後の西側諸国において生じた問題は、国家間の自由貿易の実現とそれによって生じた継続的な貿易収支不均衡の問題とそれにともなう決済通貨としての外貨の不足問題としての基軸通貨ドルと各国の通貨との平価を巡る為替相場の変動という問題であった。すなわち、各国における対外均衡と国内均衡との両立の困難さの問題であった。

しかし、基軸通貨国米国にとってこれらの問題は基軸通貨国自体の本質的な問題であり、決して回避できない問題であるにもかかわらず、そのような認識は一切ないままで、自国の貿易収支の問題を貿易収支黒字国の問題であるかのように振る舞ってきたのである。(5)

この貿易収支不均衡問題への正しい解答は、基軸通貨国を一定の国に決定することを止めて、かつてケインズ（J.M.Keynes）が提案した中央銀行の中の中央銀行の設立しかないのである。

《変動相場制度》

しかし、基軸通貨国米国の強い要望の下で、世界は固定相場制度を放棄して、変動相場制度への時代へと突入したのである。

一九七一年八月一五日のニクソン大統領が米国の保有する金の流失を防ぐために、米ドルと金の交換停止を発表した（ニクソン・ショック）。それを受けて、一九七一年一二月通貨の多国間調整（金一オンス＝三五ドルから三八ドルに、一ドル＝三六〇円から三〇八円にドル切り下げが行われた）。円切り上げである。この対応は固定相場制の維持であった。しかしこのスミソニアン体制は長続きせず、一九七三年、先進国は相次いで変動相場制に切り替えたのである。

変動相場制は一九七六年一月ジャマイカのキングストンで開催されたＩＭＦ暫定委員会で承認された。これを「キングストン体制」という。

変動相場制とは、「フロート制」とも呼ばれ、為替レートの決定を外国為替市場の需要と供給により自由に変動させる制度である。外国為替市場において外国通貨を対価とする自国通貨の売りが増えれば、自国通貨の対外価値が減価（depreciate）し、逆に外国通貨の売りが増えれば、自国通貨の対外価値が増価（appreciate）するメカニズムである。この自由変動相場を決定するための合意は、サミットやＧ10（Group of Ten）によって、あらかじめ議論されておく必要があった。

ここで、Ｇ10とは、一九六二年一〇月に国際通貨基金（ＩＭＦ）の一般借入取極（ＧＡＢ）への参加に同意した国のグループのことである。一九八四年四月にスイスが新たにＧＡＢに参加したため、現在の参加国は一一カ国であるが、名称はＧ10のままになっている。(6)

変動相場制度とマクロ開放体系モデル

この変動相場制度の時代のマクロ経済学の体系とマクロ経済均衡の在り方、マクロ経済政策の効果についての分析は、マンデル＝フレミング・モデルによってその概略を以下のように背明することができる。

Yを国民所得、Cを消費額、Tを租税収入、Iを民間投資額、Gを政府支出、Xを輸出、IMを輸入、rを市場金利、r^*を海外の市場金利とすると、開放マクロ経済体系は次の(1)式と(2)式との連立方程式体系として説明される。

$$Y = C(Y-T) + I(r) + G + X - IM(Y) \quad (1)$$

$$\frac{M}{P} = L(r-r^*, Y) \quad (2)$$

ここで、$r-r^*$は国内の金利と海外の金利の差であり、$r>r^*$の場合は資本の流入が発生し、$r<r^*$の場合には資本の流出が発生すると考える。ここが国際的資本移動を説明する項目である。この(1)式と(2)式との均衡解（図1の交点）がマクロ経済均衡として説明されるのである。以下では、マンデル＝フレミング・モデルとしての財政政策の有効需要拡大政策の効果と金融政策の有効需要拡大政策の効果について説明する。

図1．財政政策は無効

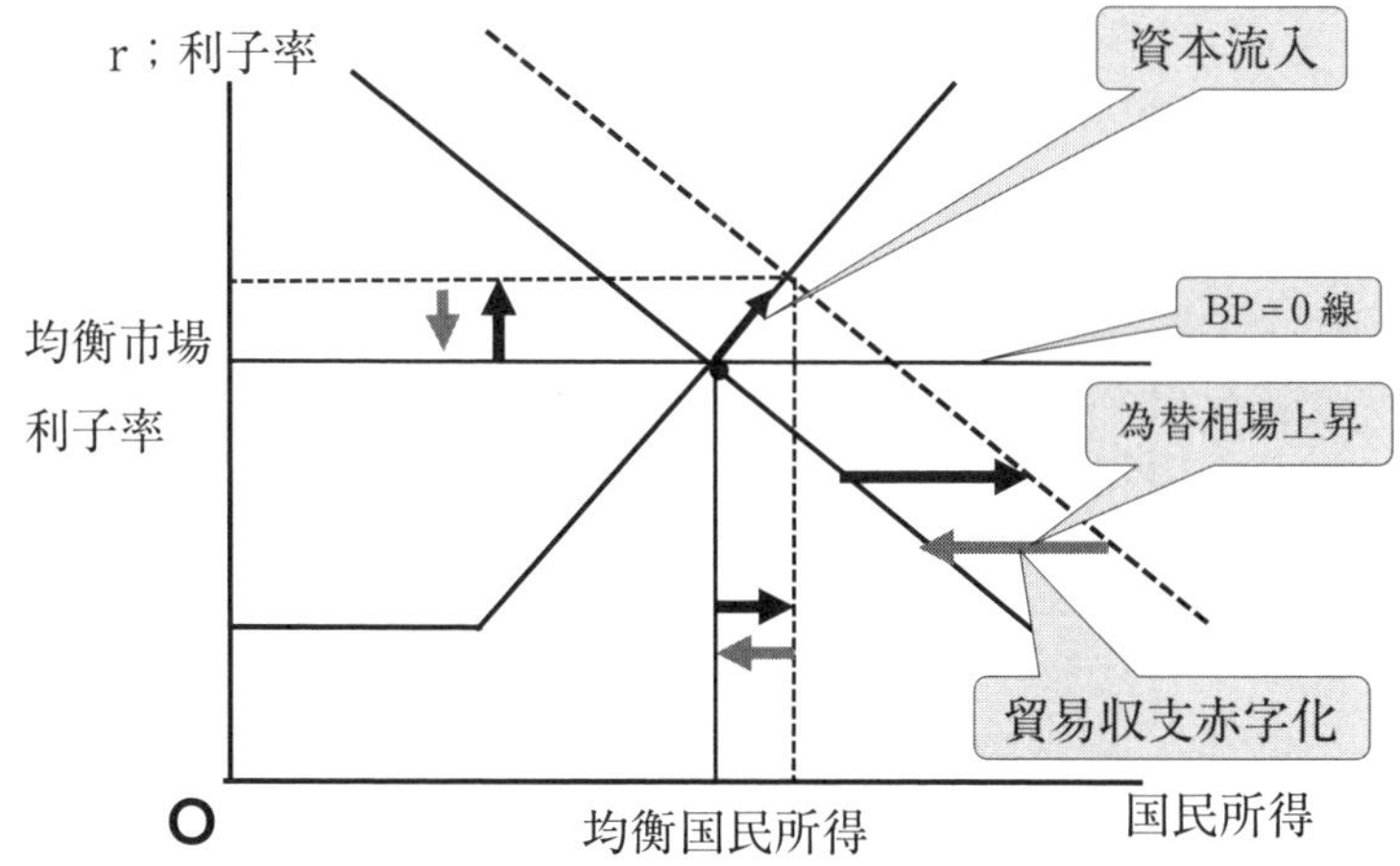

景気刺激政策→利子率上昇→資本流入→円高→貿易収支赤字化

《財政政策》

財政支出を増加させた場合、財市場の需要が増大して、国民所得が増加すると同時に市場利子率が上昇する。しかし、国内の市場利子率が世界基準の市場利子率を上回るために、国際資本が自国の通貨を買うことになるのである。

変動相場制においては、国際資本の流入は国内のマネーサプライの増加をもたらさず、国内通貨高をもたらすのである。

この関係は図1のように説明される。すなわち、財政支出によってIS曲線は右上にシフトするが、国内の市場利子率の上昇によって海外から資本が流入して邦貨建て為替相場が上昇して、貿易収支が悪化するためにIS曲線はやがて元の位置まで戻り、国民所得の増大効果は結果としては相殺されるのである[7]。

ここで、マネーサプライは増加せず、国内通貨高によって純輸出（総輸出―総輸入）が減少し国民所得が減少する。国内の市場利子率が低

図2．金融緩和政策は有効

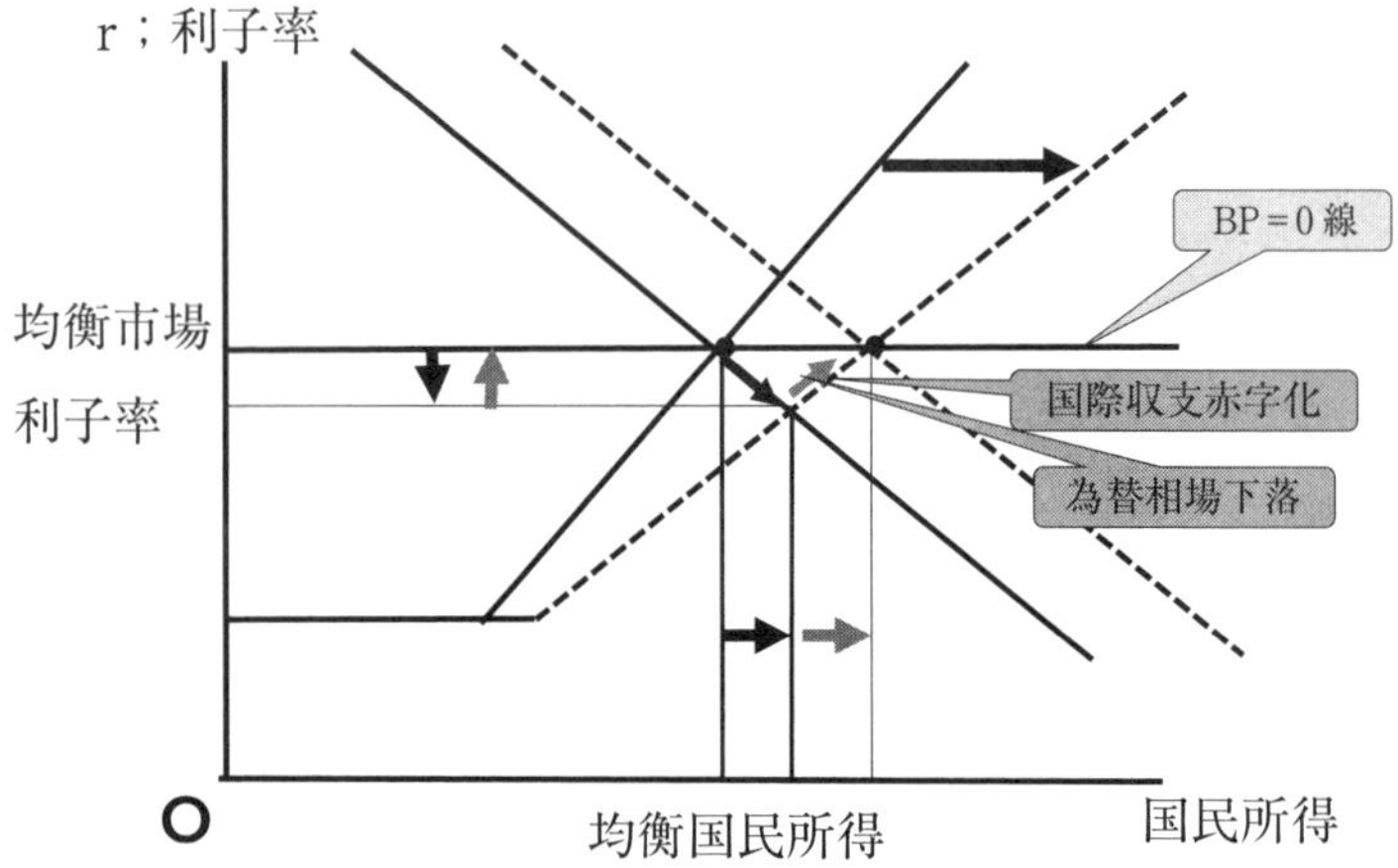

金融緩和政策　→　市場金利低下　→　資本流出　→　為替相場下落　→
貿易収支黒字化

下して世界基準の市場利子率に一致するまで低下し続け、やがて元の位置に戻るのである。すなわち、財政支出の効果は貿易収支の赤字化によって一〇〇％相殺されると説明されるのである。[8]

《金融政策》

閉鎖経済体系のマクロモデルにおいては、貨幣供給量を増加させて金融緩和政策を行った場合、貨幣供給量が増加して、金利が低下するために投資が増加して国民所得が増大する。しかし、開放経済体系のマクロモデルの場合は、自国の市場利子率が世界市場の市場利子率を下回るために、国際資本が自国の通貨を売ることになるのである。

この関係は図3によって説明することができる。すなわち、国内貨幣量の増加は国内の市場利子率を低下させ海外資本の流出が発生するために邦貨建て為替相場は下落して、貿易収支は黒字化し、ＩＳ曲線は右上にシフトするために、国内の市場利子率が海外の市場利子率と同一水準になるまで国民所得はさらに増加するのである[9]。

変動相場制においては、国際資本の流出は国内のマネーサプライの減少をもたらさず、通貨安をもたらす。この通貨安により純輸出（総輸出―総輸入）が増加し国民所得が増加し、市場利子率が上昇する。国内の市場利子率は世界基準の市場利子率に一致するまで上昇し、金融政策の効果をさらに高めることが説明されるのである。

《変動相場制度の意義》

以上の説明から分かるように、変動相場制度を採用した目的は、資本移動の自由化なのである。為替相場の日々の変動を許すことによって、国際資本は各国間を自由に移動することが許されるというのが、変動相場制度を採用してグローバリズムの時代を招聘するための重要な意義であったのである。

国際資本にとっては、その国の輸出財や輸入財の代替性や価格弾力性・所得弾力性という重要な変数には一切関心がなく、各自の資本の利益追求を目的とした資本移動の説明に終始しているのである。

このような資本の国際間の移動が自由になるという意味でのグローバルな世界経済において、各国は国内の産業構造・就業構造が為替相場の日々の変動に晒されることになるのである。このような資本移動が自由な世界においては為替相場の変化に対して反感応的で非弾力的な産業構造の経済のほうが、為替相場の変動に対して相対的に強い国として残る可能性が高くなるのである。それは独自の技術力をもった企業が多く存在する経済である。

2 グローバリズムの世界の到来

社会主義体制の崩壊とともに東側諸国は、分裂して崩壊した。東側諸国の崩壊の原因は資本力の貧弱さであり、技術力の不足であり、アニマル・スピリットの不足であったのである。

東側諸国と西側諸国との対立の結果は、経済力の格差として現れた。軍事力の格差は民需製品の普及によって洗練され、民需の市場規模に対応した工業の生産力は軍事産業の基盤となったのである。すなわち、私有財産制度を背景としたアニマル・スピリットを発揮する資本家・起業家を温存する西側諸国が民需の市場規模の巨大さゆえに技術力と資本蓄積を果たして冷戦状態を勝ち抜いたのである。

東西冷戦の結果、両グループ間の経済格差は拡大して、私有財産制を採用した西側諸国が社会主義体制を採用した東側諸国に勝利したのである。

経済力の格差が発生した原因は、技術力の格差であり、技術力の格差は豊かな社会と教育水準を背景として、投資資金投入量の格差によってもたらされたのである。投資量の格差発生の原因は市場規模と起業家のアニマル・スピリットの存在であった。

ベルリンの壁の崩壊とともにソ連邦も崩壊して、グローバリズムの世界が始まった。このグローバリズムの世界においては技術格差が顕著になったのである。この東西問題と南北問題によって生じた技術格差は資本にとっては大きな利益の源泉として現れた。

技術移転を実現するためには、資本の移動が必要である。生産規模の小さな諸国にとって低賃金労働者の活用と西側先進国の資本導入は魅力的な経済的取引であった。

これがベルリンの壁の崩壊後の世界経済のグローバリズム経済の開始であった。

3　ポスト・グローバリズムの世界の到来

関税同盟

地域の協同化は最初の段階としては、関税同盟によって実現される。関税同盟とは参加国以外の諸国に対する関税に共通の制度を適用することを伴う自由貿易地域のことである。参加国は外部地域との貿易について共通の政策を策定しているが、場合によっては異なる輸入割当を適用している。また共通競争政策も競争の障壁を回避する効果を持っている。

関税同盟の設立目的は経済の効率性の上昇であるが、このほかに参加国間でのより強固な政治的・文化的結束を図ることも含まれる。関税同盟は経済統合の第3段階目に位置づけられ、貿易協定を通じて設立される。

ヨーロッパの同盟化

ヨーロッパにおいては一九五七年にＥＥＣ（European Economic Community）[10]が設立された。その後六カ国が加わり、一九六七年には機関が欧州石炭鉄鋼共同体（ECSC）と欧州原子力共同体（Euratom）とのあいだで統合され、欧州諸共同体（EC）と呼ばれる体制に移行した。

一九九三年に欧州連合（EU）が発足した際、欧州経済共同体は欧州連合の三本柱構造の第一の柱であるとされたが、二〇〇九年のリスボン条約の発効によって廃止された[11]。

このECやEUのような共同体形成の歴史は、結局のところはフランスとドイツの二強の妥協の産物でしかなかったのである。端的に言えば両国間の戦争回避がEU結成とユーロ構築の目的でしかなかったのである。二次的目的は米ドルに対抗するためのヨーロッパ共通の通貨圏の構築であった。しかし、それはドイツ・マルクの衣替え程度の役割しか持ち得なかったのである[12]。

EUとユーロ通貨[13]の出現は、ヨーロッパ地域内の国家間の経済交流を進める重要な役割を果たすはずであった。それは、地域内の産業間分業の促進であったが、結果は、進んだ地域と遅れた地域との格差の助長と加盟国間の貿易収支不均衡と資本収支不均衡を助長するという結果を導いたのである。

しかし、各国にとってユーロに参加する条件としての自国通貨発行権の放棄と国債発行権の放棄は、各国にとっては財政赤字の補填手段の放棄であった。すなわち、国家権力と行政権の究極の放棄であったのである。

自国地域の発展のための財政政策とそれによって発生する財政赤字を補填する能力と権限を失ったヨーロッパ諸国の政府の多くは、外資の導入に頼る貧しい地域社会になってしまったのである。

《最適通貨圏》

最適通貨圏の理論の最初の提唱者はロバート・マンデル（Robert Alexander Mundell）とされてい

る[14]。しかし、一部ではアバ・ラーナー（Abba Lerner）にマンデルよりも早い研究があったと指摘されている[15]。

最適通貨圏（OCA：Optimum Currency Area）とは、地域全体で単一通貨を持つことが経済効率を最大化するような地理的な地域のことである。

最適通貨圏の概念は、多通貨の統合・単一通貨創設のための最適な特徴を説明するものである。この通貨同盟の考え方は経済統合の最終段階なのである。

最適通貨圏は通常、一つの国よりも大きい地域である。ユーロ創設の理論的背景は、個々のヨーロッパ諸国は最適通貨圏の条件を満たすには小さく、ヨーロッパ全体としては最適通貨圏の条件を満たすはずであるという認識であった[16]。

最適通貨圏が一つの国よりも小さい場合もある[17]。例えば、アメリカ合衆国の一部が最適通貨圏の条件を満たしていないのではないかとの議論もある。

《中国資本の登場》

中国の国内の資金とは、本来中国の自国民の厚生水準を上げ、雇用を増加し、産業構造を改善するために投資されるべき資金なのである。しかし、このなけなしの資金を保有するはずの国民から巻き上げた資金をレバレッジにかけて、国内の不正に集められた巨額の資金として香港・マカオでマネーロンダリングを行って、大量の投資外貨や資金に化けさせて、中国ファンドの投資先として選ばれたヨーロッパ諸国の金融機関は、やがて中国金融資本に支配されてしまったのである[18]。

ドイツ銀行とEC・EU

ＣＤＳは、“Credit Default Swap”の略であり、信用リスクそのものを売買する金融派生商品（derivative）をいう。クレジット・デリバティブの一種で、社債や国債、貸付債権などの信用リスクに対して、保険の役割を果たすデリバティブ契約のことである。

一般にＣＤＳでは、買い手は債権者や投資家で、プレミアム（保証料）を支払う代わりに、契約の対象となる債権（融資・債券等）が契約期間中に債務不履行（デフォルト）になった場合、それによって生じる損失（元本・利息等）を保証するものである。一方で、売り手はプレミアムを受け取る代わりに、万が一、デフォルトになった場合、買い手に対して損失分を支払うという仕組みである。ＣＤＳの取引で買い手が手に入れた、デフォルトが起きた場合に損失相当額を受け取る権利のことを「プロテクション」と言う。

ドイツの銀行は、海外への投資と同時に資金の多くをＣＤＳに替えて運用しているため、金融危機のリスクからは本来自由なのである。[19] ＣＤＳの買い手は、倒産や破綻などによる保有債権の信用リスクをヘッジしたい金融機関や機関投資家などであり、ＣＤＳの売り手は、証券会社や投資銀行、保険会社、ヘッジファンドなどであり、主にプレミアム収入を目当てに取引を行っている。

一度、この金融危機が世界経済において到来すると、このＣＤＳを購入した保有国には、大変な金融被害が発生するのである。その多くは、資金に余剰のあった国である。すなわち、金融危機が発生した場合に莫大な被害を被るのはこのＣＤＳ購入国なのである。[20]

《金融危機》

米国ニューヨークを発祥地とする世界の「金融危機の再度の到来」は、グローバリズムの精算の時となるであろう。焦げ付いた資金を回収するためには、健全な投資先の資金を回収することになるため国際金融における金融危機の連鎖が始まるのである。

基軸通貨の米ドルは、国内資金回収資金を提供する信用創造の力はないために、国際的には新しい基軸通貨の登場が企画されなければならなくなるのである。それは、金本位制ではなく、ケインズの指摘したような中央銀行の中の中央銀行としての役割であるだろう。

それは、国際収支の決済のために用意されるものであり、対外資産の現金化のためには、使用されない。

ＭＭＴの限界について

現代貨幣理論（ＭＭＴ：Modern Monetary Theory）とは、「貨幣は商品ではなく信頼に基づく貸借関係の記録（負債の記録）である、貨幣は銀行等が貸借関係の記録を書き込む時に創出され、返済する時に消滅するものである」と説明する。[21]

「貨幣とは政府が最初に支出するものであり、貨幣の信用とその価値は、国家の徴税権によって保証されている」という認識が基本である。

ＭＭＴの主唱者たちは、国債発行に基づく政府支出がインフレ率に影響を与える事実を前提として、変動相場制において自国通貨を有している政府は、税収ではなく、インフレ率に基づいて財政支出を調整すべきだという新たな財政規律を主張している。

通貨は政府によって公共的に独占されており、政府の税と支出および貯蓄欲求の安定化に応じて財政資産の供給を制限する際には失業を根絶するための経済政策の重要性を根拠とするケインズ経済学の流れを汲むマクロ経済学理論である。

MMTは、政府の財政政策は完全雇用の達成・格差の是正・適正なインフレ率の維持等、財政の均衡ではなく経済の均衡を目的として実行すべきであり、新貨幣の発行が政府の目的に応じた財源となると主張し、完全雇用を実現した場合のインフレーション・リスクに対しては、増税と国債発行による超過貨幣の回収で対処できると主張しているのである。

《MMT批判》

MMT論者が説明するように政府の貨幣発行能力は自由である。しかし、経済規模（代理変数として政府の徴税能力規模）によらずに財政規模を拡大するリスクは、景気の拡大過程において生じると危惧されるボトル・ネックとなるのである。

たとえば、公共事業規模が一五兆円前後であった高度経済成長時代と五兆円規模である今日の日本経済の状態を比較するとゼネコンをはじめとする建設業界の技術者等のスタッフ規模は当時の三分の一以下に減少しているのである。

このような時期に公共事業を中心とした財政規模をむやみに拡大することはインフレーションを招くだけの愚策となるのである。もしこのような財政拡大政策を提案するのであれば、建設関係のスタッフの充実を先行させなければならないのである。しかし、民間企業は将来持続的にありうる可能性の低い仕事（公共事業）の為にスタッフを一気に増やすことはないという問題がマクロ経済における自己矛盾として発生するのである。経済関係の連鎖を考慮しない帳簿上だけの議論はまさに「机上の空論」以外の何物でもないのである。

ＭＭＴ理論を背景に政策提言する人々に求められる知識は、財政規律に対する考え方の充実と社会・経済の現状を考慮したより具体的な政策提言が必要であるということである。[22]

《ケインズ経済学からのＭＭＴ批判》

Ｊ・Ｍ・ケインズ（J.M.Keynes）の有効需要の大きさは、「総需要関数と総供給関数の交点における総需要の大きさである」と定義している。

Ｎを雇用量、Ｚを総供給額、Ｄを総需要額、φを総供給関数、ｆを総需要関数とすると、有効需要の大きさは、次の(3)式と(4)式との交点の大きさとして、次の式のように説明されるのである。

$$Z=\phi(N),\ \phi'(N)>0,\ \phi''(N)>0 \quad (3)$$

$$D=f(N),\ f'(N)>0,\ f''(N)<0 \quad (4)$$

即ち、次の均衡式が成立するのである。

$$Z(N_E)=D(N_E) \quad (5)$$

図3．ケインズの有効需要の理論

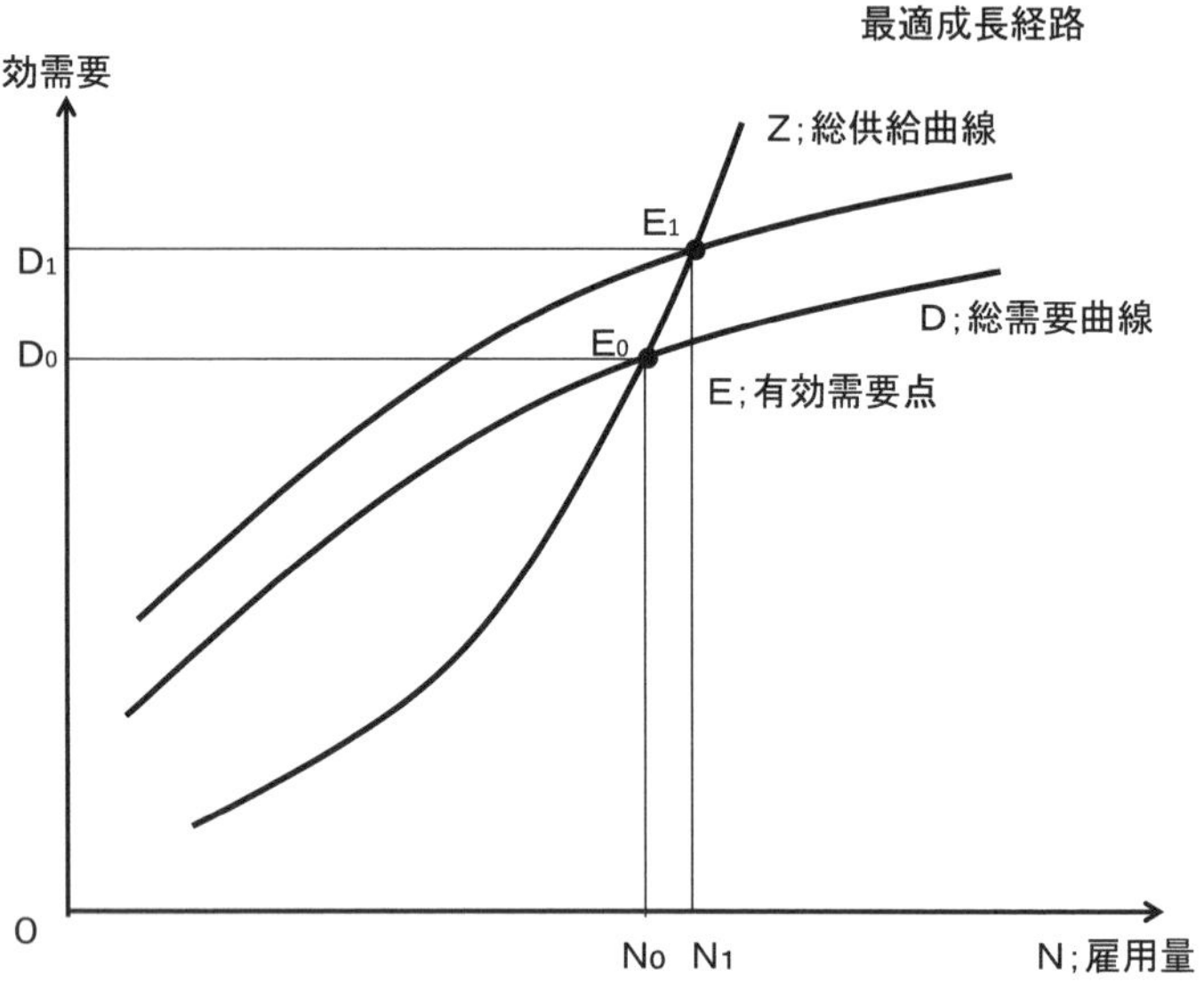

この時の総需要関数の値 $D=f(N_E)$ が有効需要の大きさであり、そのときの雇用量（N_E）が非自発的失業を伴うケインズ均衡における雇用量である。

図3において、総供給関数はZ曲線のように、総需要関数はD曲線のように、それぞれ図示される。この両曲線の交点 E_0 が有効需要点である。

ケインズ的有効需要拡大政策が採用されると総需要曲線は上方にシフトして、有効需要は総供給関数の交点として E_1 に増加することが説明される。

いま、MMT論者が説明するように政府が財政制約を意識しない状態で、財政規模の拡大政策を採用することが可能であるとしても、雇用の増加に従って労働の限界生産性が急激に低下し、総供給曲線の勾配が急激に上昇する現状においては、有効需要の増加は雇用量の増加

$(\Delta N = N_1 - N_0)$を導かず、物価の上昇だけが生じることが説明されるのである。しかも、財政政策を取りやめたのちはもとの均衡状態E_0に戻ってしまうのである。そのとき、政府には財政赤字だけが残されているのである。

4　これからの世界経済のシステム、共同体と地域連携

新しい共同体地域の形成とは、国際間においては自由貿易システムの実現とともに、金融システムにおいては、各国の貨幣発行権が保証されるシステムの構築が必要なのである。

そして、この新しく構築された金融システムにおいて、一度、金融危機が生じた場合には、その危機が国際間を伝播しない制度でなければならないのである。

ここで金融危機の伝搬の問題とは、資産家の巨大な資産が海外においてなくなることが問題なのではなく、経済活動に関係ない人々の将来の生活基盤として蓄えられた資金が一部の投資関係者の金融取引の失敗によって脅かされることに問題があるという意味である(23)。

ポスト・グローバリズムの世界とは、各国の独自の通貨発行権が保証されることであり、そして、国内資本に基づく経済システムの構築と資産の保全が可能でなければならないのである。

そして、各国の政府が努力するべきことは、国内の住民のために必要な社会資本の建設と社会システムの構築、そして国民の生活水準の改善を彼らが蓄えてきた資産によって実現されることが重要なのである。

《社会資本と民間資本の最適比率》

グローバリズムは、国内の経済状態を維持・改善するために国内の人々が働いて貯めてきた資金を活用するという社会にとって当たり前の制度が破壊されてきたことを説明できるのである。

K_Gを社会資本ストック量、K_Pを民間資本ストック量、Yを国民所得、tを租税率、sを貯蓄率、Nを雇用量、Fをマクロ生産関数、δ_Gを社会資本減耗率、δ_Pを民間資本減耗率とすると、社会資本と民間資本の蓄積率（$\dot{K}_G$, $\dot{K}_P$[24]）は、次の体系として説明される。ここで、雇用量Nは人口増加率に比例して増加すると仮定する。[25]

$$\dot{K}_G = tY - \delta_G K_G \quad (6)$$

$$\dot{K}_P = sY_D - \delta_P K_P = s(Y-T) = s(1-t)Y - \delta_P K_P \quad (7)$$

$$Y = F(N, K_P, K_G) \quad (8)$$

以上の(6)式、(7)式と(8)式は、K_PとK_Gに関する連立微分方程式体系として説明される。

$$\dot{K}_G = tF(N, K_P, K_G) - \delta_G K_G \quad (6)'$$

$$\dot{K}_P = s(1-t)Y - \delta_P K_P = s(1-t)F(N, K_P, K_G) - \delta_P K_P \quad (7)'$$

この(6)′式と(7)′式の連立微分方程式体系は、社会資本（K_G）と民間資本（K_P）の蓄積経路として、次の図4のように説明される。

図4．社会資本と民間資本の蓄積過程

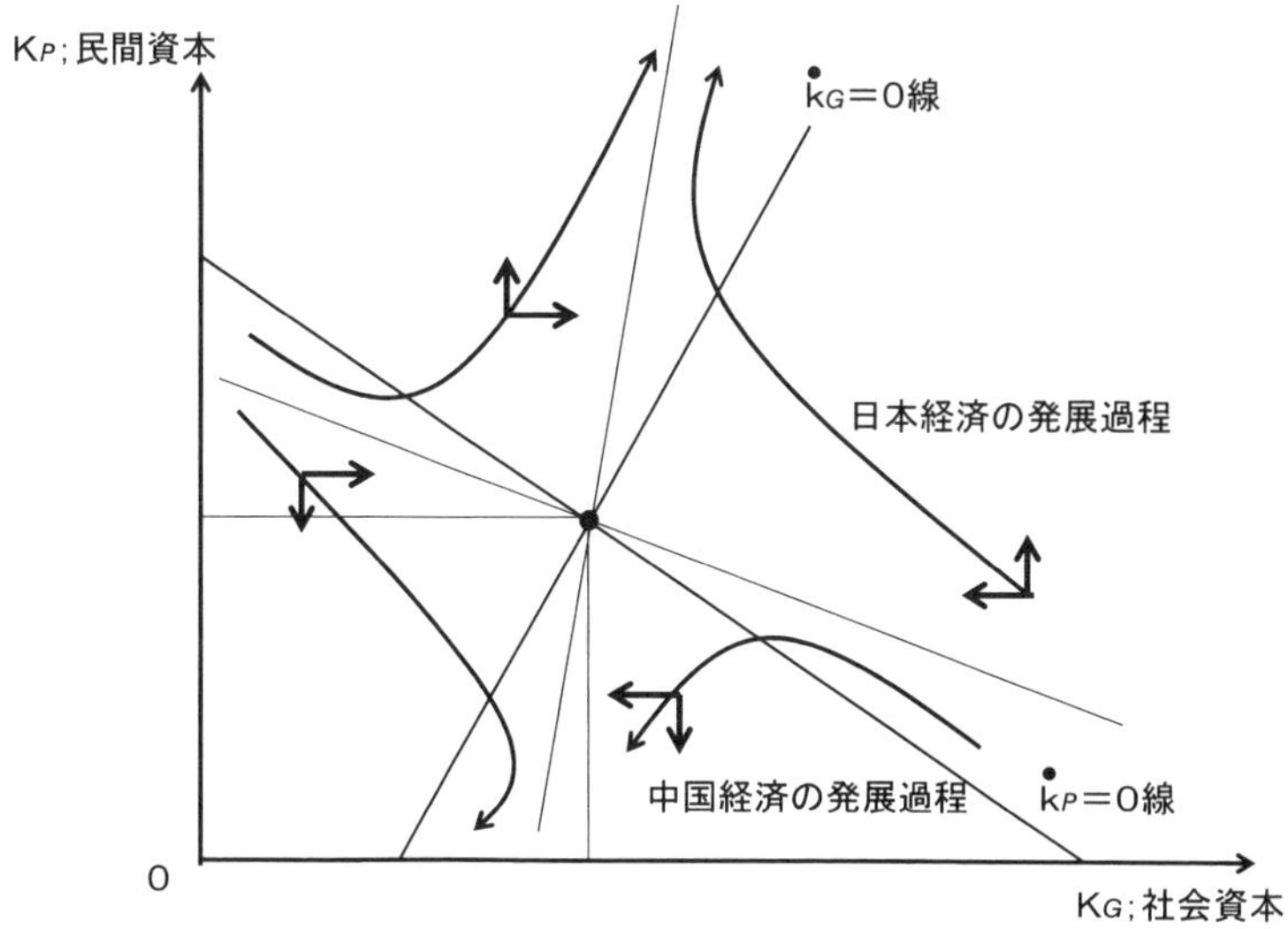

日本の明治維新以後の経済発展は、外部経済効果を優先するという意味で社会資本（政府資本）の形成から始まり、やがて民間への官営事業民間払い下げによって、民間資本の形成と競走を促していき、大正時代から昭和時代にかけて経済発展の経路を歩むことになったのである。[26]

《官営事業民間払い下げ》

明治政府は民間産業を育成するために、官営鉱山や官営工場の一部を、程々の問題を含みながらも特権的政商などに「官営事業民間払い下げ」として払い下げたのである。「官業払下げ」ともいう。[27]

官業払下げは炭坑、鉱山などから始まり、工場や一部の鉄道などに及んだ。一八八〇年代以降に進行する払い下げは、政府に必要な軍事、通信、また資金や技術を必要とする精錬、冶金などの諸部門を除き、一八九六年に生野銀山が最後に払い下げられるまで、多くの官営鉱山や官営模範工場に及んだ。

そのため、政府財政を節減する目的で実施された「官業払下げ」は、官営軍事工業部門を強化する結果になったのである。また、払い受け人に有利となった払い下げは、払い下げを受けた三井、三菱、古河その他の政商に対して、払い下げの施設を基礎に、後年、彼らが財閥に発展する条件を保証することになったのである。[28]

《中国の蓄積進路》

これに対して、中国経済は鄧小平の「南巡講話」によって、日本の経済発展の過程を模索しようとしたものの、実際には、巨額な対外投資による国内経済への負担の増大が国内の社会資本形成のための蓄積率を低下させ、同様に民間資本の蓄積率を弱体化させたのである。

このままのシステムと状態が続くならば、中国国内にバブル経済とバブル崩壊を招来して、やがて社会資本の減耗と民間資本の減耗が進んでいくことが図4のように予想されるのである。

5　むすびにかえて

かつて、カール・マルクス（Karl Marx）とフリードリヒ・エンゲルス（Friedrich Engels）は、彼らの著書『共産党宣言』において、「一匹の亡霊がヨーロッパを徘徊している、共産主義という亡霊が。およそ古いヨーロッパのすべての権力が、この妖怪を祓い清めるという神聖な目的のために、同盟を結んでいる」と記した[29]。

第二次世界大戦後の冷戦の時代からグローバリズムの時代はまさに、この「一匹の亡霊」との戦いであった。しかし、冷戦後の人々がグローバリズム経済の運営に失敗した以後の経済において、人々が、本来、理解するべき、「亡霊」とは、「資本の暴走」なのである[30]。

私有財産制と民主主義に裏付けられた資本主義経済においては、私利私欲によって自由に移動する個々人が保有する「資本」は国境を越えて、私的で、短期的で、排他的な利益を求めて、世界を徘徊するのである。

これからの経済学徒は、これまでの人々が敢えてその存在を無視していたこの「亡霊」に立ち向かうべく叡智を傾けなければならないのである。

参考文献

P・R・クルーグマン、M・オブズフェルド（山本章子訳）『クルーグマンの国際経済学 理論と政策 下 金融編』第8版、ピアソン、二〇一一年。

Federal Reserve Bank of Chicago, Is the United States an optimum currency area?, December 2001

Mundell, R. A.（1961）. “A Theory of Optimum Currency Areas”. American Economic Review 51(4): 657–665.

Scitovsky, Tibor（1984）. “Lerner's Contribution to Economics”. Journal of Economic Literature 22 (4): 1547–1571 [see pp. 1555–6 for discussion of OCA].

拙著「経済発展における社会資本の役割」一九七六年。

NAIBER,non-accelerating inflation buffer employment ratio.
カール・マルクス、フリードリヒ・エンゲルス（大内兵衛、向坂逸郎訳）『共産党宣言』岩波文庫、一九六一年、一二四〜一二五頁。
カール・マルクス『資本論』（Das Kapital: Kritik der politischen Oekonomie）

注

（1）ブレトン・ウッズ体制とは、第二次世界大戦後半の一九四四年七月、米国のニューハンプシャー州ブレトン・ウッズで開かれた連合国通貨金融会議（四五ヵ国参加）で締結され、一九四五年に発効した国際金融機構についての協定である国際通貨基金協定と国際復興開発銀行協定の総称である。

（2）このブレトン・ウッズ体制は、一九七一年のニクソン・ショックまで続き、戦後の西側諸国の経済の復興を支えた。

（3）経済規模の小さな新興国や途上国では、自国の経済成長が海外経済の動向に左右されやすく、自国から見て経済的な影響力の大きな国の通貨に対する固定相場制の選択が合理的なことが多い。

（4）固定された平価を放棄するという意味での「自由変動相場制度への移行」である。

（5）単年度で計算すると、各国の外貨準備累積総額は、基軸通貨国の貿易収支の赤字額であるからである。長期的には貿易収支黒字国の余剰外貨は基軸通貨国をはじめ以外資産として蓄積されるため、基軸通貨国の累積赤字額は諸外国の対基軸通貨国への投資総額となるのである。

（6）このグループが開催する財務大臣・中央銀行総裁会議を指すこともある。

（7）この説明はマンデル＝フレミング（Mundell-Fleming model）による説明である。

（8）　この財政政策が相殺されてその効果が無効となる過程において、金利上昇を打ち消すように海外からの国際資本の流入が起こるため、金利上昇自体は観察されないことに注意が必要である。

（9）　この説明はマンデル＝フレミング（Mundell-Fleming model）による説明である。

（10）　ＥＥＣ（欧州経済共同体）は、ベルギー、フランス、ドイツ、イタリア、ルクセンブルク、オランダとの間での経済統合を実現することを目的とする国際機関である。

（11）　欧州経済共同体の機関は、欧州連合に継承されている。

（12）　やがて、ユーロはＥＵ域内の貿易収支・国際収支不均衡の原因となったのである。

（13）　ユーロは、欧州連合における経済通貨同盟で用いられている通貨である。

（14）　Mundell, R. A.（1961）. “A Theory of Optimum Currency Areas”. American Economic Review 51 (4): 657–665.

（15）　Scitovsky, Tibor（1984）. “Lerner's Contribution to Economics”. Journal of Economic Literature 22 (4): 1547–1571 [see pp. 1555–6 for discussion of OCA].

（16）　ユーロ創設は最適通貨圏の新しい事例であり、最適通貨圏の理論基礎を試すモデルを提供すると考えられる。

（17）　Federal Reserve Bank of Chicago, Is the United States an optimum currency area?, December 2001.

（18）　この拠点は香港とマカオの金融市場であり、マネーロンダリングの根拠地である。

（19）　二〇〇八年九月のリーマンショックとその後の世界的な金融危機では、ＣＤＳ取引の不透明さから市場がパニックになった。

（20）　このＣＤＳ購入国としての被害対象国は日本も入っているのである。

(21) すなわち、金本位制度の否定である。
(22) このMMT批判の議論は、決してMMTの問題意識を批判するものではなく、政策提言の内容についての再考を促すものであることに注意されたい。
(23) 例えば、日本においては年金積立金の外資運用の問題である。これらの資金は本来国内の厚生水準を高めるための社会資本の充実に充てられるべき資金なのである。
(24) この値は年間蓄積率として定義される。
(25) 雇用量は人口の一定比率であると仮定することによって、雇用量の増加率は人口増加率と同率であると想定することができる。
(26) グローバリズムの世界とはこの国内の余剰資金を国内投資から引きはがして、より利益を生む海外の世界に投資して利益を得ようとする経済活動である。
(27) 財政緊縮の目的で一八七五年（明治八）に当時大蔵卿の大隈重信が主張したことがあるが、一八八〇年に布告された「工場払下概則」が、実現の直接の契機になった。
(28) 払い下げ条件は、政府資金の回収が目的であり、営業資本の即時納入と厳しい規定が含まれていたため、払受け希望者がきわめて少なかった。四年後に同法令は廃止され、払い下げは個別に承認される形で実現することになった。
(29) カール・マルクス著の『資本論』は、ドイツ古典哲学の集大成とされるヘーゲルの弁証法を批判的に継承したうえで、それまでの経済学の批判的再構成を通じて、資本主義的生産様式、剰余価値の生成過程、資本の運動諸法則を明らかにした。
(30) 中国における「亡霊」としての「資本の暴走」は二〇二〇年一月のコロナウイルスの拡大によって、

対外投資の機会費用としての中国国民の厚生水準を無視して来たことが露呈されたのである。

大矢野栄次

第5章 米国の「自由で開かれたインド太平洋戦略」と日本の構想

はじめに

中国の軍事力と経済力とそれを基にした世界への影響力が、米国に迫る勢いで台頭していることが、第二次世界大戦後の米ソ二極体制、および冷戦後の米国一極体制といわれる国際秩序を大きく変えようとしていることは、もはや世界の共通認識といっていいだろう。二〇一九年一二月三日、ロンドンで行われたNATO（北大西洋条約機構）創設七〇周年の記念首脳会議では、中国が初めて議題として取り上げられ、中国の影響力拡大が課題と認め、加盟国による一致した取り組みが必要という合意に至った。(1)

このNATOという米欧の多国間同盟を支える関係者が集まる一一月のカナダでのハリファック

ス・セキュリティー・フォーラムでは、ロシア関連の議題よりも中国関連の議題が凌駕した。ゲストスピーカーとして登壇したフィリップ・デイビッドソン米インド太平洋軍司令官は、現在の米中は新冷戦の下にあるのかという質問には、「違う。中国が地域の秩序に参加することが期待されている」と発言する一方で、「今や米国防総省の最大の関心は、世界の富の半分以上が集まるインド太平洋地域であり、そこでの自由や価値を守ることが米国とその同盟国に求められている」という戦略的な重要性を強調した。[2]

　実際には、米国はトランプ政権になってから、一九七二年のニクソン政権からオバマ政権まで長らく続いた対中関与姿勢を、より厳しい対抗的な姿勢に転換しようとしている。しかし一方で、アフガニスタン・イラン・シリアという中東への軍事関与に疲れた米国民が支持する「アメリカ・ファースト」というスローガンにより、世界への関与に内向き姿勢をとり、これまで国際秩序のために米国が果たしてきた役割から引いていくのではないかと世界の同盟国が心配している。国。現在のアジアにおいては、中国の影響力の増大と米国の政治・軍事のプレゼンス低下の双方への懸念が増大しているといっていいだろう。

　自国の安全保障政策の根幹を米国との同盟に置き、経済活動を中国との相互依存関係に委ねている日本にとっては、とくにインド太平洋地域において、中国の影響力の拡大と米国の秩序への関わり方が、自国の生存と繁栄に死活的な意味を持つことになる。日本の生存のためには米国との同盟関係を切り離すことはできないし、経済繁栄のためには中国という巨大な経済を容易に切り離すこともできない。日本の限られた軍事力や経済力を冷静に考えれば、米国と中国を共存させていく国際環境を、他のインド太平洋地域の諸国とともに形成していくための知恵が求められる。筆者は、安倍政権が打ち出した「自由で開かれたインド太平洋構想」には、そのような知恵が内包されていると考えている。ただし今後の日本には、その構想を実現するための具体的な戦略と政策が必要となる。本章では、米国の対中戦略である「自由で開かれたインド太平洋戦略」の長期的なトレンドを分析し、日本のインド太平洋地域における戦略的な地域構想を考える。(3)

1　米国の対中国脅威認識とインド太平洋戦略

二〇一九年六月一日に発表された米国防総省のインド太平洋戦略報告は、中国を地域の国際秩序に挑戦する修正主義勢力と規定し、「米国は地域の主権と一体性が守られるインド太平洋地域を構築するための協力を考えていく」と記述された。(4)すでに米国と中国との対立は長期化が予想され、「新冷戦」とも評されるような状況にある。

現在のトランプ政権は、軍事面で中国の軍事力を抑制し、地域や世界への影響力の拡大を食い止めるために政治・軍事的なバランシング（けん制）策を志向している。経済的にも、中国が通商や経済の国際ルールを逸脱して、「中国製造２０２５」に代表される国家ぐるみの技術開発や、経済手段を政治的な目的に使用する「エコノミック・ステートクラフト」といわれる政策の濫用などに懸念を持ち、トランプ政権だけではなく、共和・民主両党の議会や企業にも懸念が共有されている。それこそが現在のトランプ政権が中国と厳しい貿易戦争を行っている理由でもある。

軍事面においても経済面においても、中国が米国の圧倒的な優位を脅かす存在である限り、米国の指導者は、長期に渡り対中バランシング策を取り続けるというのが、長期的な見通しといっていいだろう。一方で、米中の「新冷戦」は、一九五〇年代から八〇年代まで続いた、ソビエト連邦と共産圏に対する冷戦とは性質が大きく異なる。大きく違う点は、かつてのような対共産圏の封じ込め政策というものが、現在のアジアではあまり効力を発揮しないことが予想されていることだ。例えば、米国がグローバルな経済ときわめて密接なサプライ・チェーンで繋がっている中国経済を孤立（デカップリング）させる封じ込め政策を、冷戦下のように再度採用できると考えている米国の関係者は少ない。

例えば、前述のカナダのハリファックス・セキュリティー・フォーラムの対中政策についてのセッションで、司会のギデオン・ローズ、フォーリンアフェアーズ編集長が、会場の聴衆に対して、中国に対して封じ込め政策をとるべきだ、と考えている人は挙手してくださいと尋ねたところ、米国・カナダ・欧州の外交・安全保障の専門家からなる二〇〇人ほどの聴衆の中で挙手をしたのはわずか三人だけであった。(5)

また二〇一九年一〇月、マイク・ペンス副大統領は、米国のシンクタンク、ウッドロー・ウィルソンセンター主催の第二回目となる対中演説において、「米国は現在、中国を戦略的かつ経済的なライバルと認識している」として、明確に中国に対抗する姿勢を示し、中国国内の人権状況、製造業への補助金、知的所有権の侵害、東シナ海、南シナ海などでの拡張的な行動、台湾への圧力、香港民主化への圧力、米国世論への影響力の行使などへの強い批判を行ったが、一方で、中国経済を世界から切り離すデカップリング（分離）政策については否定的で、以下のように発言した。

「トランプ政権が中国からのデカップリング（分離）を求めているのかと問う人がいる。答えは明確なノーだ。米国は中国への関与と、中国の世界への関与を求めている。しかし、公正さ、相互尊重、国際的な通商ルールに一致した関与だ」。

一定の条件を付けながらも、ペンス副大統領は、中国に対して、かつての冷戦期の対共産圏への封じ込め政策はとらないと宣言している。その背景には、中国がすでに米国に次ぐ世界第二位の経済に成長して圧倒的な影響力を持ち、それを切り離すという行為は、米国と世界の経済に大きな打撃を与えてしまうという現実的な認識がある。指導者の経済政策の成果が常に厳しく判断される大統領選挙では、米国経済へのダメージとなる選択は、トランプ大統領だけでなく、いかなる大統領候補も取り得る政策ではない。

また、米中経済の相互依存関係が簡単には断ち切れないことに加え、中国の世界（アジア、太平洋島嶼国、中東、アフリカ、欧州、中南米）への貿易・投資・経済援助を通じての影響力は、かつてのソ連の比ではなく、中国が米国抜きの経済圏を作って機能させ、むしろ米国が影響を失ってしまうリスクが懸念されているほどだ。[6]

そうなると、米国の長期的な対中戦略も、冷戦期とは大きく異なるものとならざるを得ない。二〇一九年七月三日、米国の一〇〇名近くの影響力のあるアジア専門家が、「中国は敵ではない」（China is not an enemy）という公開書簡を『ワシントンポスト』紙に掲載した。この公開書簡は、「中国の近年の問題行動、例えば、国内の抑圧、私企業への国家の管理強化、通商合意の非遵守、他国の世論への意図的な影響力行使とアグレッシブな外交政策は、世界に深刻な挑戦を突き付けている」と考え、これらに対して、米国は効果的で断固とした対応が必要だとしている。一方で、この公開書簡は、「現在の米国の中国へのアプローチは、基本的に建設的ではなく逆効果である」と考え、米国は同盟国やパートナー国とともに、中国が参加できる余地を残したより自由で繁栄した世界を作るべき、という方向性を示した。彼らは、「中国の役割に対する敵か味方かというゼロサム的アプローチは、中国を現状のシステムから離脱させ、米国と袂を分かち、米国の利益に反するもう一つの世界秩序の盟主にさせるだけだ」と考えている。(7)

2 「アメリカ・ファースト」と対中強硬策は矛盾しない

現在、トランプ大統領およびトランプ政権は、二〇一六年の大統領選挙中からのスローガンである「アメリカ・ファースト」を標ぼうし、米国が不必要に世界の紛争に関わらないようにするという政策を取っている。これは、米国が冷戦期に共産圏の拡大に対抗するために、世界中の反共政権に援助をし、時には、ベトナム戦争のように直接の軍事介入を行った「トルーマン・ドクトリン」とは、まったく逆方向の動きに見える。

「トルーマン・ドクトリン」とは、米国の冷戦政策の公式な始まりとみなされるトルーマン大統領による一九四七年三月一二日の議会演説に端を発している。これは、世界を「自由な諸国民」と「少数の意思が多数者に強制される地域」に分け、前者が勝たなければ、後者に転落すると述べ、それまでの長い米国の孤立主義を大転換させる国外への援助・介入を正当化するものであった。この時は、直接には、共産圏の最前線に位置するギリシャとトルコへの財政・軍事援助をこれまで行ってきたイギリス政府が、財政的に疲弊して米国に肩代わりを求めてきたために、トルーマン大統領が、長期的な反ソ連政策を進めるための絶好の機会と考えて議会の支持を求めたものである。[8] この演説に議会が説得され、長期に渡る米国の自由主義陣営への軍事・財政援助が開始された。

しかしながら、現在のトランプ政権は、二〇〇一年九月一一日のイスラム過激組織「アルカイダ」による米国での同時多発テロをきっかけに始まったアフガニスタン、イラク、シリアでの米国の重い軍事負担からの脱却を求めて、「アメリカ・ファースト」政策を進めている。例えば、ポンペオ国務長官は二〇一九年五月一一日に、カリフォルニアのクレアモント・インスティテュートでトランプ政権のアメリカ・ファースト外交を理念的に補強する演説をしている。彼は、米国の建国の父達の基本理念、特にジョン・クインシー・アダムズ大統領（国務長官としてモンロードクトリンを起草）の外交理念により、トランプのアメリカ・ファースト外交の歴史的な連続性と基本理念を説明している。

ポンペオ氏によれば、J・Q・アダムスの外交理念は、現実主義（Realism）、抑制（Restraint）、尊重（Respect）の三つから成り、一八二一年のアダムス自身の言葉である「我々は怪物を退治するために外国にはいかない」（She（America）goes not abroad in search of monsters to destroy）に示すとおり、米国は「トルーマン・ドクトリン」以降の世界的な軍事関与を縮小する方針を明確にした。実際に、ポンペオ氏は、過去の国務長官、マデリーン・オルブライト（民主党クリントン政権）、コンドリーザ・ライス（共和党ブッシュJr.政権）、ヒラリー・クリントン（民主党オバマ政権）達の外交政策は、二一世紀の新植民地主義ともいうべき冒険主義だと批判している。そして第二次世界大戦後の米国人はマッキンダーやスパイクマンのような地政学者の影響を受けて、国際的な冒険主義となったが、今後は抑制を持って、それ以前に戻るべきだという考えを示した。[9]

一方で、ポンペオ氏は、米国の世界における圧倒的な優位性（supremacy）が失われるような状況や、本国防衛を危機に晒すようなことがないように、米国の対外関与は、戦略的かつ選択的であるべきだと指摘する。同演説の中で、米国は、より戦略的に重要な地域に焦点を集中させており、民主的な価値を共有する国家と協力し、そうではない中国やロシアのような国からの防衛を考えていると明確に述べている。[10]

これは、リアリズムに基づく国家防衛の論理からみれば、当然の帰結とはいえるだろう。特に軍事面においては、世界における中国との覇権争いに敗れ、インド太平洋地域の安全保障における米国の優位性を失うことは、米国の領土防衛への大きなリスクとなるからだ。千島列島、日本列島、琉球諸島、台湾、フィリピン諸島にかけて南北に連なるいわゆる第一列島線は、中国からみれば、自国の海軍の太平洋への進出を阻む大きな壁である。[11] 一方で、米国にとっては、中国の人民解放軍がこの壁を越えて太平洋を自由に行動できるということは、米国本土の防衛、特に西海岸に直接の脅威を突き付けるものだ。第一列島線と米本土の間には海以外に阻むものがない。

歴史に例をとれば、一九四一年一二月の日本軍の真珠湾攻撃の直後、パニックに陥った米国西海岸の住民が、日本海軍の実力を過大評価して、日本軍からの直接の軍事攻撃に疑心暗鬼になった事実がある。第二次世界大戦中に中華民国の軍事顧問に就任したジョセフ・スティルウェルは、真珠湾攻撃当時、西海岸に住んでいたが、攻撃の四日後に、「日本の主力艦隊はサンフランシスコの沖合一六四マイルにあり」という誤情報を「阿呆みたいに信じて」何をなすべきかを空想したことを、正直に日記に書き留めている。[12] この時代に比べ、軍事技術がはるかに進んだ現在では、中国海軍が太平洋を自由に活動できるような状況は、米国民にとっては、到底、許容できない事態であると想像できる。

そして、先のポンペオ国務長官の演説にみるように、現在のトランプ政権の内向き姿勢は、あくまでも、アフガニスタンやシリアなどの米国の防衛にとって優先順位が低い地域に「不要な」資源を使っている軍事のオーバーストレッチに批判的なのであり、自国の領域防衛の重要性は今後も変わらない。自国の防衛に直接の脅威になる対象に対処することは、まさに「アメリカ・ファースト」であり、それこそが、トランプ政権がインド太平洋地域の安全保障を重視している大きな理由といえるだろう。

3　米国防総省の「自由で開かれたインド太平洋」の戦略的合理性

トランプ大統領の「アメリカ・ファースト」のスローガンや多国間関係を軽視して二国間関係を重視する基本姿勢とは、かなり趣きの異なる内容を示しているのが、米国防総省が二〇一九年六月に発表した「インド太平洋戦略報告書」である。ここでは、中国のインド太平洋地域への軍事・政治・経済的な影響力拡大に対抗して、既存の地域の共通の秩序とルールを維持するために、米国が地域の主要なアクターと積極的に協力すべき理由が列記されている。しかも、既存の国家安全保障戦略（二〇一七年）や国家防衛戦略（二〇一八年）で、協力の重要性が謳われてきた日本・韓国・オーストラリア・フィリピンなどの伝統的な同盟国だけでなく、地域の他のパートナー国を、国別に具体的に記して協力の必要性を発信している。

例えば、同盟国の次に協力関係を進めていくべき相手としては、シンガポール、台湾、ニュージーランド、モンゴルが挙げられ、南アジアでは、米国はインドとの重要な軍事協力を継続していると記述され、スリランカ、モルディブ、バングラデシュ、ネパールとの新しいパートナーシップも列記された。そして、東南アジアとのパートナーシップとして、ベトナム、インドネシア、マレーシアという南シナ海で中国と領海紛争を抱えている国に加え、ブルネイ、ラオス、カンボジアという中国の経済援助への依存度の高い国家もリストに含まれている。太平洋島嶼国とのパートナーシップにも言及し、さらには地域に関心を持つ、フランス（南太平洋に領土を持つ）、カナダ（北極海に利益を持つ）、イギリス（旧宗主国として地域に影響力を持つ）も加えられている。(13)

このような多くのステークホルダーの羅列は、単なる外交上のリップサービスではない。なぜなら、南アジア、東南アジア、太平洋島嶼国への中国の経済援助やビジネスを通じた影響力が近年とみに拡大しており、それが米国の地域での軍事プレゼンスによる政治的・経済的な影響力を阻んでいる状況が現出しているからだ。

中国のインド・太平洋地域での軍事・政治・経済における影響力の幅広い拡大に対して、同戦略文書では具体的に懸念を表明している。例えば、中国が国際法を無視して埋め立てた南シナ海のスプラトリー諸島の人工島に、習近平国家主席が軍事化はしないと約束しながら、対艦弾道ミサイルを配備していることや、日本の施政下にある尖閣諸島に公船を送り続けて、力による現状変更を図っていることなどである。そして中国の軍事力による地域への威嚇的な強制力の使用に対して、強い警告を発している。(14)

また、中国が被援助国に対して、返済のできないような無理な経済援助や投資を行い、返済の代わりに軍事アクセスを担保するという、スリランカのハンバントータ港にみられるような「債務の罠」といわれる事例を挙げて、経済手段によって戦略的目的を達成しようとする行動にも、大きな懸念を示している。[15] そして、二〇一八年一〇月に成立したBUILD法という新しい開発援助資金を特記して、米国自身の開発援助への取り組み拡大も示している。[16]

これらに加え、これまでの米国の安全保障戦略文書には例をみない、インド太平洋地域のネットワーク形成のための具体的な提案が示されているところが、この戦略文書の柔軟さと新しさであり、中国の影響力拡大に対抗する米国の真剣な問題意識が伺われる部分である。この項目の冒頭では「インド太平洋地域の共通の安全保障は、米国の軍事プレゼンスと、同盟国とパートナーのネットワーク強化によりもたらされる相互運用性と調整機能により、継続されていく」と宣言している。そして具体的には、日米韓、日米豪、日米印の三つの多国間協力の重要性、およびASEAN、東アジアサミット、ADMMプラスなどの東南アジアを中心とする多国間協力の重要性が続く。[17] 最後にまとめとして、「地域の統合」にとって「インド太平洋諸国の安全保障関係が死活的に重要」とし、「国防総省は同盟国とパートナーが安全保障関係を相互に結び付けることを推進していく」とも記述している。[18]

このように、米国が安全保障戦略の一環として、地域の経済統合を積極的に支援している事実は、過去の米国のアジア政策と比較すれば、革命的といっていいほどの大きな変化を示している。かつては、ハブ・アンド・スポークと形容される複数の二国間同盟を中心に考え、米国は地域の経済統合についで積極的にプロモートをするどころか、むしろ否定的な態度をとってきた。それを一八〇度転換するほど、米国は、中国の地域への影響力拡大を深刻に懸念している。

これらの戦略的な発想は、おそらく、二カ国間での「ディール」を好み、多国間の枠組みには関心を示さないトランプ大統領自身の考えではなく、国防総省とワシントンの専門家の考え方が影響している。ただしトランプ大統領自身にとっても、これらの対中圧力形成は、自身の最重要課題である中国との貿易交渉で有利なディールを得るためには、有用だと考えているのだろう。

結局のところ、米国防総省が、インド太平洋における同盟国とパートナー国を重視する戦略文書を発表したことは、中国の拡大する影響力に対して、自国だけの軍事力、経済力では対抗できない、という率直で現実的な認識の反映といえる。そもそも、ソ連との冷戦において米国が勝利したのも、欧州とアジアにおいて、グローバルな同盟国との共闘に成功したため、という経験も影響しているはずだ。

加えて、この戦略文書が、同盟国とパートナーを重視し、インド太平洋地域における地域統合を推進するといった一貫した合理性に貫かれているのは、二〇一八年末で退任したマティス前国防長官の影響もある。文書の中に、マティス氏が二〇一八年六月一日のシンガポールでのアジア安全保障会議（シャングリラ・ダイアローグ）で発言した「米国は戦略的な依存ではなく戦略的なパートナーシップを求めている。同盟国とパートナーとともに、米国は地域の安全、安定、経済的な繁栄を維持していくことにコミットしていく」という内容が引用されているからだ。[19]

マティス氏と関係が近く、共著もあるコーリー・シェーキー英国際戦略研究所（ＩＩＳＳ）副所長は、フォーリンアフェアーズ誌で、より直截的にトランプ政権を批判しながら、同盟国を重視することが、米国の利益であるという問題意識を提起している。シェーキーは、トランプ政権は、米国が手を引けば、同盟国は前に出ざるを得なくなると考えているようだが、実際には、米国が手を引けば同盟国はさらに後退し、むしろ前に出てくるのは敵対勢力だと指摘する。そして、中国共産党は南シナ海に軍事基地を建設し、国連海洋法条約（ＵＮＣＬＯＳ）を踏みにじり、中国企業への技術移転を外資系企業に強いることで、世界貿易機関（ＷＴＯ）のルールを踏みにじり、「権威主義的資本主義」というブランドを確立して、「法の支配が求める制約や市場経済にはつきものの変動リスクを回避して、欧米の豊かさだけを手に入れようとする」国々に模倣されていると指摘する。結局、トランプ大統領は同盟関係に疑問を投げかけたことで、むしろ困難な課題に直面しているとして、同盟国重視こそが米国の長期的戦略だと主張している。[20]

トランプ大統領の言動はともかく、少なくとも、国防総省のインド太平洋戦略文書は、明確にこの同盟重視の姿勢を反映している。そして、同盟国だけでなく、パートナー国とともに地域の統合を支持するというリベラルな発想が含まれていることで、この戦略文書は、共和党、民主党問わず、トランプ政権以後の政権にも、超党派で引き継がれていく可能性が高い戦略だと考えていいだろう。

4　日本の「自由で開かれたインド太平洋構想」とは？

前述の米国防総省のインド太平洋戦略で、最もその役割が期待されている同盟国は、日本である。同盟国の項目でも、真っ先に記述され、日本との同盟関係が米軍のインド太平洋地域での活動を支え、地域の安定の要石になっていることが記述されている。しかも、ここで記述されていない重要な事実がある。それは、最初にインド太平洋地域という広い地政学的な概念を定義して重要性を提起したのは、米国ではなく、日本だということだ。これは多くの米国人の専門家や関係者は十分に認識している。

日本政府が現在掲げている「自由で開かれたインド太平洋構想」の嚆矢となったといわれているのが、二〇一六年八月にケニアのナイロビで行われたＴＩＣＡＤ Ⅵ（第六回アフリカ開発会議）の開会における安倍首相の基調演説だ。この演説で、首相は、日本のアフリカの開発援助へのこれまでの成果と今後の展望という具体的な例を挙げた後に、太平洋とインド洋の連結性（connectivity）を強調する以下の一節を入れている。

「アジアの海とインド洋を越え、ナイロビに来ると、アジアとアフリカをつなぐのは、海の道だとよくわかります。世界に安定，繁栄を与えるのは、自由で開かれた二つの大洋、二つの大陸の結合が生む、偉大な躍動にほかなりません。日本は、太平洋とインド洋、アジアとアフリカの交わりを、力や威圧と無縁で、自由と、法の支配、市場経済を重んじる場として育て、豊かにする責任をにないます。両大陸をつなぐ海を、平和な、ルールの支配する海とするため、アフリカの皆さまと一緒に働きたい。それが日本の願いです。大洋を渡る風は、わたしたちの目を未来に向けます。サプライ・チェーンはもう、アジアとアフリカに、あたかも巨大な橋を架け、産業の知恵を伝えつつある。アジアはいまや、他のどこより多く、民主主義人口を抱えています。アジアで根づいた民主主義、法の支配、市場経済のもとでの成長――、それらの生んだ自信と責任意識が、やさしい風とともにアフリカ全土を包むこと。それがわたしの願いです。アジアからアフリカに及ぶ一帯を、成長と繁栄の大動脈にしようではありませんか」(21)。

この演説の中にみられる、アフリカを「力や威圧と無縁で，自由と，法の支配，市場経済を重んじる場」に育てるというメッセージは、安倍政権のアジア諸国へのメッセージにおいても、共通のものであり、先にみた米国のインド太平洋戦略のメッセージとも一致する。例えば、二〇一八年一一月一四日に開催された日ＡＳＥＡＮ友好協力45周年記念・第21回日ＡＳＥＡＮ首脳会議共同声明での共同宣言でも、以下のような一節がみられる。

「我々は、様々な課題に直面しているインド太平洋地域の平和、安定及び繁栄を促進する重要性を強調する。我々は、ルールに基づき、ASEANの一体性と中心性、包摂性、透明性といった主要な原則を包含し、ASEAN共同体の創設プロセスを補完する、自由で開かれたインド太平洋地域を促進するとの見解を共有する。これに関連し、ASEAN首脳は、「積極的平和主義」及びインド太平洋においてインド洋と太平洋を橋渡しするというASEANの極めて重要な役割を再確認する、自由で開かれたインド太平洋に係る政策を通じたものを含む、地域及び国際の平和，安定及び繁栄を確保するためにこれまで以上に積極的に貢献するとの日本の意図並びに日本のASEAN連結性への継続的な支援に満足をもって留意する」。[22]

上記の宣言における「積極的平和主義」とは、安倍政権が二〇一三年に定めた国家安全保障戦略で定義した概念で、日本は平和国家としての歩みを堅持しながらも、国際政治経済の主要プレーヤーとして、国際協調主義に基づき、我が国の安全だけでなく、アジア太平洋地域の平和と安定、国際社会の平和と安定及び繁栄の確保に積極的に寄与していくというものだ。[23] これにより、日本は、インド太平洋地域の諸国に対して、これまでも大きく評価されてきた開発援助に加え、安全保障分野を含む能力構築支援なども、積極的に行っていく意思を表明した。

具体的な例としては、防衛省と海上自衛隊がベトナム海軍に対して行っている潜水医学協力がある。これは海上自衛隊が培ってきた経験や知見をベトナム海軍医学院の臨床および研究能力の向上のために提供するもので、これまで継続して行ってきた。しかも二〇一九年三月には、日米連携の取り組みとして、ベトナム北部ハイフォンでのセミナーに、米国から医官・潜水士・衛生要員の四名も参加している。[24]

5　なぜ米国はアジアの地域統合支持に舵を切ったのか

トランプ大統領の発想や言動はともかく、国防総省のインド太平洋戦略は、積極的に地域の経済統合を後押ししている。これは、過去の米国の政権ではあり得なかったことだ。なぜなら、中国の台頭以前のアジア太平洋地域においては、アメリカの軍事・政治・経済の存在感は圧倒的であり、むしろ地域統合は、米国の影響力を損ないかねない要素と考えられていたからだ。

例えば、一九九〇年代初めにマレーシアのマハティール首相は、ＥＡＥＣ（東アジア経済共同体）構想を提案したが、これに対して米国は強い反発を示した。宗像直子経済産業省製造産業局繊維課長（当時）は二〇〇七年の経済産業研究所への寄稿の中で、当時の日本は米国との安全保障関係とアジア地域との経済利益の板挟みの中で、「日本は米国に安全保障を依存しており、その米国が反対している以上、ＥＡＥＣに賛同することはできない」という命題が反論を許されないものになっていたと回想している。そして当時、彼女は「かつて欧州統合を応援した米国は、いかなるアジアの統合にも反対し続けるのか」という素朴な疑問を持った。当時の結論は、「日本が進める東アジア経済統合は、この地域を前向きに変化させる営みであり、アジアから多くの富を抽出し日本を同盟国とする米国にとっても利益になること、そして、日本は信頼に値するパートナーであること」を米国に向けて説得することであった。[25]

当時は、日本の経済力のアジアへの影響力が圧倒的で、米国からは、中国ではなく、むしろ日本が地域の潜在的なライバルと見られていた。しかしバブル経済崩壊以降、日本経済への米国の脅威感が無くなり、日本が対米安全保障協力を積極的に進めてきたために、米国からの日本への信頼は、大きく向上したのである。しかし宗像氏だけではなく、当時の誰もが想定していなかった、中国経済の圧倒的な成長と影響力の拡大、そしてそれに対する米国の脅威認識の現出こそが、結局のところ、現在の米国に、東アジアそしてインド太平洋地域の経済統合に対して、前向きな態度を取らせる要因といえる。

付け加えれば、この米国の中国への「対抗の論理」こそが、宗像氏の疑問、「かつて欧州統合を応援した」米国の動機だったのである。一九五〇年代より、東西冷戦の文脈の中で、米国は、ソ連を中心として東ヨーロッパに広がる共産圏ブロックに対抗するために、西ヨーロッパの経済力を統合により強化することを支援してきた。これは、軍事的なＮＡＴＯという多国間同盟の形成と同時進行で行われていた。冷戦下、米国はソ連への対抗上、欧州との同盟関係強化と同時に域内の経済統合を支持したのである。[26]

そして今や、かつてのソ連を中心とする共産圏ブロックに負けず劣らず、脅威の対象となった中国の影響力拡大を前にして、米国は、日本のような同盟国とパートナー国を重視し、東アジアそしてインド太平洋地域の経済統合を支援する方向に動いている。この米国の認識の変化は、今後の日本が「東アジア経済統合」あるいは「自由で開かれたインド太平洋」を考えていく上で、大きな歴史的な転換点であると考えるべきであろう。

6 日本の長期的なインド太平洋戦略はどうあるべきか

トランプ政権の現在の「自由で開かれたインド太平洋戦略」にも、国際関係論の二つの軸でもあり、冷戦期の米国の対欧政策の二つの軸でもある、リアリズム（現実主義）とリベラリズム（自由主義）が貫かれている。対欧政策でのリアリズムとは、軍事バランス上、ソ連と共産圏ブロックに対抗するためにNATOを結成して、パワーバランスを維持しようとしたことであり、リベラリズムは、共産圏に対抗するために自由貿易、国際金融、経済統合などにより欧州経済を強化したことだ。この表裏一体となったリアリズムとリベラリズムこそが、第二次世界大戦後の欧州の範囲を超えて世界の自由主義陣営の経済成長の基礎となったブレトンウッズ体制を支えたといってもいいだろう。

現在のインド太平洋地域でも、米中の長期的な対抗関係が生まれ、かつての欧州での冷戦のような対立状況が現出していると考えられる。ただし、現在のアジアが、かつての西ヨーロッパの米国の同盟国と異なるのは、米国に対抗する中国の経済や地域への影響力が、封じ込め政策（containment）により切り離されるどころか、むしろ米国以上に、インド太平洋諸国の経済に深く浸透していることである。したがって、米国は冷戦期と同様な政策を採用できないのである。

このような状況だからこそ、米国の同盟国としての日本の役割は大きいといえる。そして日本の戦略にも、リアリズムとリベラリズムの両面が要求される。まずはリアリズムである。それは、軍の近代化と拡張と続ける中国との軍事バランスに対抗して、日本を防衛し、地域の安定を維持するために、中国への米国の懸念が最大になっている現在のモーメンタムを逃さずに、日本独自の防衛力の向上と日米同盟の機能と信頼性をさらに向上させることだ。特に、日米同盟の機能の向上は、東アジアでの対中軍事バランスを維持し、中国が地域において軍事的な冒険をするリスクを減らす効果がある。日本は、米国とともに対中脅威認識を共有しており、インド太平洋地域で、中国が国際ルールや慣行を無視する拡張的な軍事行動を抑止していくことは、地域の安定を望む諸国からも、期待されている。

しかし一方で、経済を含めた総合的な影響力を考えれば、今や日米だけで中国に対抗できるほどの力はない、という厳しい現実も認識しておく必要がある。しかも、米国流の経済リベラリズムへの期待と魅力は、中国の圧倒的な経済成長という実績と、具体的にその経済援助の恩恵に預かっている諸国にとっては、冷戦期ほど大きくはない。まして「アメリカ・ファースト」を標ぼうし、自ら築き上げた自由経済・自由貿易のルールを破っているトランプ政権に対してはなおさらである。

長期的にみれば、日米両国は、ルールに基づく地域の経済統合を進め、そのルール体系を遵守する方向に中国を近づけ、その行動を国際協調的なものに誘導していくことが共通の利益となる。それは、地域全体からも歓迎されるものだ。そこで日本のリベラリズムに基づく政策が必要となる。それは日本が、インド太平洋諸国への開発援助、能力構築支援、ルール形成などの国際公共財への負担を引き受けていくことである。

日本は、米中と比肩できるほどの経済力や軍事力は持っていないが、米国とその同盟国やパートナー国と協力して、地域諸国を誘導していくだけの信頼の蓄積はある。しかも、大きく水を開けられているとはいえ、米中に続く世界第三位の経済大国には、それなりの影響力がある。

直近では、地域の公共財への貢献、そして将来的には、自由経済のルールに基づく経済統合も視野に入れて、政策を遂行する必要があるだろう。それは、経済的な恩恵だけではなく、相互依存に支えられた地域の安定という安全保障上の恩恵をもたらすだろう。

さらに、リベラリズムに基づく東アジアあるいはインド太平洋諸国の経済統合への貢献は、将来の米中関係の変化に対応するヘッジ策（保険）ともなり得る。長期的に考えれば、米国は将来に渡って中国への対抗・競争を強化していくと考えられる。しかし短期的には、一時的な妥協として、米国が中国に対して、ソフトな関与政策を取る可能性も排除はできない。一九七二年のニクソン大統領による中国への電撃訪問からの米国の対中政策の歴史を振り返ると、一定の方向性に落ち着いた時期は短い。一九七二年に、それ以前の封じ込め策（containment）から関与策（engagement）に転換した後も、対中強硬と対中協力を繰り返してきた。[27]

日本は、一九七二年のニクソンショックで経験したような、米中接近の可能性にも備えておく必要がある。単純な米中軍事対立というシナリオだけに沿った直線的な日米同盟強化という発想は戦略的なものではない。その意味でも、日本のインド太平洋諸国との関係強化と地域経済の統合促進への貢献は、重要なヘッジ策ともなり得る。バランス・オブ・パワーのリアリズムだけではなく、経済統合のようなリベラリズムの裏打ちは、戦略的にも妥当なものなのだ。

7 日本独自のソフト・パワー戦略の可能性

日本政府の「自由で開かれたインド太平洋構想」は、リアリズムとリベラリズムの二つの軸を兼ね備えている。[28] リアリストの要素は、自身の軍事力の能力を構築し、米国との緊密な同盟機能を深化させることで、中国の軍事力による冒険主義を事前に防ぎ、自国の安全と権益を守ることである。リベラリズムの要素としては、日本がアジア・太平洋島嶼国・アフリカなどの諸国に対して、経済開発の援助を継続し、日本自身の活動や地域への能力構築支援を通じて、地域の安定のための公共財を提供することである。

この二つの軸を持つ日本の積極的な地域政策は、リベラルな国際秩序を維持するための資源の構築に寄与する。これらの活動を、オーストラリア、台湾、インド、モンゴル、ＡＳＥＡＮ諸国、そして長期的には韓国も含む地域諸国とともに、米国が支えてきた公共財を共同で負担するような体制を構築することが日本の大きな戦略目標となるだろう。それにより、米国の軍事関与が不公平な持ち出しだと不満を抱いている内向きの米国有権者を説得して、米国の政策を持続的なものにする効果もあるだろう。

日本の「自由で開かれたインド太平洋構想」は、トランプ政権の国防総省の「自由で開かれたインド太平洋戦略」の方向性と整合性があるのはすでに見た。さらには、トランプ政権後を睨んでも、日本の現在の構想は、トランプ政権に批判的な民主党の専門家の戦略観とも相反しない。例えば、民主党のオバマ政権で、東アジア太平洋担当国務次官補を歴任したカート・キャンベルと国務省政策企画局長を歴任したジェイク・サリバンは、フォーリンアフェアーズ誌への寄稿で、米国の対中アプローチについて、トランプ政権を批判しながら重要な指摘をしている。それは、トランプ政権の政策は、中国の世界での存在感が高まる中、「ライバルとの二国間関係の文脈において特定国を評価する」という冷戦によくみられた認識上の弊害に陥っていることだ。具体的には、トランプ政権の一部が、アフリカに関する演説で中国に対抗することばかりを述べていることで、「ワシントンは自国のことと北京との抗争という文脈でしかみていない」という印象を各国に与え、協力関係構築にマイナスになっていることである。

彼らは、米国の国益と価値を高めるには、中国の地域でのイニシアチブに反射的に反応するよりも、各国に独自の条件で関与していくスタイルのほうが有効だと考えている。具体的には、中国の一帯一路構想において、米国とそのパートナー諸国は、あらゆるインフラ開発をめぐって中国と対抗するのではなく、各国の進歩にもっとも貢献できる質の高い投資に焦点をあわせて、地域に協力するほうが効果的だと提案している。[29]

彼らは、中国による国家主導型投資が予算超過、不透明な決定、賄賂、環境汚染、劣悪な環境汚染などの問題を引き起こして、地域諸国が反発しているからこそ、その心を掴むチャンスがあると考えている。実際、東南アジア諸国は、今後の米中競争の中で、米中の板挟みになることを警戒している。

例えば、ASEAN（東南アジア諸国連合）は、米中対立が激化する中、自らの戦略的自律性の確保を目指して、米国でも中国でもないASEAN独自の「インド太平洋」概念を提示して、「第三の道」を選択した。二〇一八年四月のシンガポールで行われたASEAN非公式首脳会議では、「インド太平洋協力」戦略での①包括性、透明性、総合性、②地域のすべての国々の長期的な利益に適う、③平和、安定、繁栄を維持するためインド太平洋諸国の共同の取り組みに基づく、④国際法とＡＳＥＡＮ中心性の尊重、の四点を強調した。また二〇一九年六月二三日、ＡＳＥＡＮ首脳会議は「インド太平洋に関するＡＳＥＡＮの見通し」で、「中国囲い込み」（encirclement）に対する婉曲的な参加拒否、ＡＳＥＡＮ中心性とＡＳＥＡＮの多国間協力枠組みの重要性の再確認、安全保障ではなく経済へのフォーカスという三点を示して、米国と中国の間でバランスをとろうとしている。[30]

ここに、日本が、米国と戦略を共有しながらも、米中両国とは異なる独自のポジションで、インド太平洋諸国に向き合う地域構想へのヒントがある。諸国に対して、自分たちが米中対立のための道具だと思わせないために、米国と足並みを揃えながらも、東南アジア、南アジア、太平洋島嶼国の地域の経済発展により密着してきた日本の存在を生かす道があるはずだ。それは、日米による軍事力と経済力のハード・パワーを上手に使いながら、インド太平洋諸国からの支持と協力を引き出すソフト・パワー（価値観等への魅力で共感を得る力）戦略といっていいだろう。米中のパワーバランスが大きく変化しているインド太平洋地域においては、日本の構想力が将来の姿のカギを握っているといっても過言ではない。

注

（1）「ＮＡＴＯ首脳、ロシアの脅威や中国への対応で一致　対立も顕著に」『*Reuters*』二〇一九年一二月五日 https://jp.reuters.com/article/NATO-summit-idJPKBN1Y82JZ.

（2）“Halifax Chat with Admiral Phillip Davidson,” at the Halifax Security Forum 2019, November 23, 2019, https://halifaxtheforum.org/forum/2019-halifax-international-security-forum/saturday-november-23/#agenda

（3）日本政府が「インド太平洋」と呼ぶ地域は、インド洋沿岸の東アフリカ、中東、インド、東南アジア、そして太平洋を取り囲む日本、東南アジア、オーストラリア、太平洋島嶼国、米国のグアム・ハワイや西海岸を含む地域と考えられる。外務省ウェブサイト「自由で開かれたインド太平洋とは」（二〇一九年一一月二一日）参照。https://www.mofa.go.jp/mofaj/gaiko/page25_001766.html

（4）U.S. Department of Defense, *Indo-Pacific Strategy Rehttps://www.mofa.go.jp/mofaj/gaiko/page25_001766.htmlport*, June 2, 2019, pp.7-20., https://media.defense.gov/2019/Jul/01/2002152311/-1/-1/1/DEPARTMENT-OF-DEFENSE-INDO-PACIFIC-STRATEGY-REPORT-2019.PDF

（5）"Plenary Session 2- Values Trade: Our Way or the Huawei," at the Halifax Security Forum, November 22, 2019, https://halifaxtheforum.org/forum/2019-halifax-international-security-forum/friday-november-22/#agenda.

（6）ジェームズ・ドビンズ「米国抜きでも国際秩序は死なず」『ウォール・ストリート・ジャーナル』（日本語版）二〇一八年七月二五日、https://jp.wsj.com/articles/SB10360345411573113586804584368092147936068

（7）M. Taylor Fravel, J. Stapleton Roy, Michael D. Swaine, Susan A. Thornton and Ezra Vogel, "China is not enemy," The Washington Post, July 3, 2019.

（8）久保文明『アメリカ政治史』有斐閣、二〇一八年、一四五〜一四六頁。

（9）Michael P. Pompeo, "A Foreign Policy From the Founding," May 11, 2019, https://www.state.gov/remarks-at-the-claremont-institute-40th-anniversary-gala-a-foreign-policy-from-the-founding/

（10）Ibid.

（11）　Andrew F. Krepinevich, Jr. *Archipelagic Defense: The Japan-U.S. Alliance and Preserving Peace and Stability in the Western Pacific*, Sasakawa Peace Foundation, Japan-US Program, August 1, 2017, https://www.spf.org/jpus-j/img/investigation/SPF_20170810_03.pdf

（12）　ジョセフ・スティルウェル（石堂清倫訳）『中国日記』みすず書房、一九六六年、一三頁。

（13）　U.S. Department of Defense, *Indo-Pacific Strategy Report*, p.21.

（14）　Ibid., p.8.

（15）　Ibid., p.9.

（16）　Ibid., p.10.

（17）　Ibid., pp.45-48.

（18）　Ibid., p.49.

（19）　Ibid., p.4.

（20）　コーリー・シェーキー「米外交と同盟関係を支える価値――アメリカ・ファーストのコストは何を意味するか」『フォーリン・アフェアーズ・レポート』二〇一八年九月号

（21）　「ＴＴＣＡＤⅥ開会に当たって・安倍晋三日本国総理大臣基調演説」於ケニア・ナイロビ、ケニヤッタ国際会議場、外務省ウェブサイト、二〇一六年八月二七日、https://www.mofa.go.jp/mofaj/afr/af2/page4_002268.html.

（22）　「日ＡＳＥＡＮ友好協力45周年記念・第21回日ＡＳＥＡＮ首脳会議共同声明での共同宣言（仮訳）」外務省ウェブサイト、二〇一八年一一月一四日、https://www.mofa.go.jp/mofaj/files/000420504.pdf.

（23）　国家安全保障会議「国家安全保障戦略」二〇一三年一二月一七日、p.3. http://www.kantei.go.jp/jp/

kakugikettei/2013/__icsFiles/afieldfile/2013/12/17/20131217-1_1.pdf.

(24)「能力構築支援事業　ベトナム」防衛省・自衛隊ウェブサイト、二〇一九年三月、https://www.mod.go.jp/j/approach/exchange/cap_build/vietnam/h310311.html.

(25) 宗像 直子「東アジア経済統合の歴史と展望」『*Research & Review*』経済産業研究所、二〇〇七年三月、https://www.rieti.go.jp/jp/papers/journal/0703/rr01.html.

(26) 坂出健「マーシャルプラン期におけるアメリカの欧州統合政策」『経済論叢別冊　調査と研究』（京都大学）第22号、二〇〇一年一〇月、https://repository.kulib.kyoto-u.ac.jp/dspace/bitstream/2433/44520/1/22_10.pdf.

(27) ジェームズ・マン『米中奔流』共同通信社、一九九九年。

(28) 外務省ウェブサイト「自由で開かれたインド太平洋に向けて」二〇一九年六月、https://www.mofa.go.jp/mofaj/files/000407642.pdf.

(29) カート・M・キャンベル、ジェイク・サリバン「封じ込めではなく、米中の共存を目指せ―競争と協調のバランスを」『フォーリン・アフェアーズ・レポート』二〇一九年№11、六八頁。

(30) 庄司智孝「ASEANが考える『インド太平洋』――アメリカ戦略文書への回答」笹川平和財団ＩＩＮＡ（国際情報ネットワーク分析）ウェブサイト、二〇一九年七月一二日、https://www.spf.org/iina/articles/shoji_07.html.

第6章　EUの外交と21世紀の対中関係

はじめに

この章ではEUの外交と対中関係を考察することを目的とする。前半ではEUの対外関係の発展とその特色を説明をし、後半ではEUの経済部門に焦点を当て、近年対米関係と同等の地位と影響力を持つようになった中国との間で起きた貿易摩擦と、中国の一帯一路戦略を事例に取り挙げ、EUの対中経済外交を考察する。

特に、中国の強大化と国際政治における欧州の存在感の喪失を背景にして、EUは、加盟国間、およびEUと加盟国の間で、国際政治での立ち位置や対中国政策を巡り、対立を招いている。それは貿易問題に止まらず、民主主義、法治、多元的自由というEUの基本的価値をも脅かしている。本章ではＥＵと価値を共有する日本の対ＥＵ連携強化の必要性を強調していきたい。

1　ＥＵ固有の外交（対外関係）とは何か

ところで、一般に「対外関係」もしくは「外交」は、防衛（軍事）領域の権限と共に、主権国家の権能である。伝統的に安全保障や軍事領域では国家がもつ役割は極めて大きい。例えば、世界の二〇一八年の軍事支出額は大幅に増加傾向にある。[1] 米国のトランプ大統領の単独主義と中国の覇権主義の動向が合わさって、各国とも軍事力の強化に力を入れている。

世界で最も危険とされる朝鮮半島の情勢を当事者としてカバーする韓国の有力紙、朝鮮日報は、「Jane's Defence Budget report」を引用して、世界一〇五カ国・地域の二〇一八年の軍事支出は一兆七八〇〇億ドルであると伝えた。主要国家別では、米国は前年比七％増の七〇二五億ドルで一位、二位は中国で前年比八・六％増（二〇七六億ドル）。ＥＵでは、二〇二〇年一月にＥＵを離脱した英国（五八四億ドル）、フランス（五三六億ドル）、ドイツ（四四五億ドル）と続く。ちなみにロシアは五一六億ドル、日本（四五一億ドル）、韓国（三九一億ドル）である。[2]

ここに見られるように、国家が外交の究極の目的である軍事・防衛に極めて大きな権限を持ち、支出していることが分かる。だが、経済の相互依存が進む二一世紀にあっては、国家にあっては、外交の範囲も拡大している。経済外交という如く、我が国の事例をいえば、経済産業省が経済、通商に限定した形ではあれ、対外関係を扱っている。

二一世紀も二〇年を経た現在、経済の相互依存が進み、関税・貿易一般協定（GATT）から発展的に名を改めた世界貿易機関（WTO）の下で多国間の通商関係も進化し、通商のみならず環境問題も世界的課題となっている。二一世紀にあっては、外交や対外関係は国家の独占物ではない。国際組織も独自の意思に基づき、外交を行う。国際連合やEUといった国際機関による独自の外交も展開されている。[3] ここにEUの外交を考察する意味がある。

2　複雑なEU外交とその主体――その二重性

ところで、欧州では一九五〇年のシューマン・プランと一九五二年の欧州石炭鉄鋼共同体の創設に始まる欧州統合運動の実践部隊というべきEUが圧倒的な力を持つに至った。このEUも外交権能を有する。

EUでは、加盟国外交とEUの外交が併存する。そのことから、EUの外交は、往々にして両者の意識的な区別もなく漠然と語られることが多い。EUの外交はEU基本条約を第一次法源とするEU法で規定され、そこで移譲され、あるいは委任された権限に基づくものであり、加盟国の外交とは峻別される必要がある。とはいえ、外交の結果に至る過程では、加盟国やEU機関の利害が錯綜し、重層的に実践されるがゆえに、両者は厳密には区別できない性格を負っている。EUは国家の「連合」をはるかに超えた「連邦」的制度を各所に内含しているが、依然として、欧州連邦に完全には至っていない過渡的状況がこの二元的状況を生んでいる。[4]

ＥＵの外交を理解することの困難さは、ＥＵでは加盟国が二七もあり、しかも別個に国際統合組織のＥＵがもつ固有の機関が存在することに起因する。ＥＵの加盟国を別にして、統合組織としてのＥＵだけに限定してみても、各国政府の利益を代表する欧州理事会があり、他方、国家横断的な欧州議会が存在し、さらには行政府としての欧州委員会がある。統治構造における加盟国の政府機関とＥＵの機関との二重性はＥＵの政策の全局面に現れる。

例えば、予算では加盟国の個別の国家予算があり、別途ＥＵの独自の予算が存在する。法の分野でも加盟国の国内法と国内裁判所があり、他方ＥＵ法と、その最終解釈者としてのＥＵ司法裁判所が存在する。

外交においても、この二重性が貫徹されている。

現在ＥＵでは欧州委員会の副委員長を兼務する外務安全保障上級代表（High Representative of the Union for Foreign Affairs and Security Policy）が存在し、その下に一六〇を超える国家に対してＥＵ外交の出先機関であるＥＵ代表部がおかれている。「ＥＵ外務省」という言葉で語られる機構である。ＥＵ外務省という表現についていえば、二〇〇五年のフランスとオランダの国民投票での否決を受けて消え去るに至った欧州憲法条約では、この文言が明記されていた。現行のＥＵ条約であるリスボン条約ではＥＵ外務省の名は失われたが、その実質は右記の上級代表により、同条約に受け継がれている。

3　EU外交の形成と展開

欧州がEUを通して国家統合を深めるにつれて、EUが対外関係分野にその権限を広げていくのも、また自然なことであった。ただし、EUの外交の発展史を振り返れば、単線的な発展を見せたわけではない。フランスのドゴール大統領は一九六〇年代にEU（当時EEC）ではなく加盟国が外交の主体であるべきと考えていた。他方、EUを欧州連邦あるいは欧州合衆国として捉える思想もフランスのジャン・モネやロベール・シューマンらにあった。この両者の対立は一九六五年の「ルクセンブルクの危機」(5)として知られる対立として現れた。

簡単にいえば、この国際統合機関は加盟国の統制の下に置かれるべきものであるとする考え方であり、他方、EUは一体化し、国家を超えた存在になるべきであるとする連邦主義的構想の対立である。EUの対外関係の権限も、この激しい路線論争の中で影響を受けその実体が形成されていく。(6)

EUの対外関係の初期におけるその意味と役割については、現地欧州にあっても十分理解されているわけではない。EU（当時EEC）はその発足からして、対ソ連戦略上の必要から形成されたとフランスのE・トッド（Emmanuel Todd）は誤った認識を記している。(7)事実をいえば、一九五〇～七〇年代に活躍した著名な、国際政治学者レイモン・アロン（Raymond Aron）は、一九五〇年五月に、「閣僚理事会に提示されたシューマン・プランはいかなる意味でもソ連に対抗するものではなかった。そして冷戦の道具であるよう企図されたこともなかった」と書いている。(8)

実際ＥＵは軍事組織の北大西洋条約機構（ＮＡＴＯ）とは異なる。それは統合欧州という、政治的意図を持ちつつ、経済統合組織として創設された。実際、初期においてＥＵの加盟国は長年にわたり、ＥＵ（当時ＥＥＣ）が外交問題を扱うことに消極的であった。その証拠に、ＥＵでは一九七〇年になって初めて「欧州政治協力」（ＥＰＣ：European Political Cooperation）という機構を形成し、しかもＥＵと同じメンバーでありながら、別個に外交安保問題を扱っていた。[9]

ＥＵレベルで、経済（市場）分野と外交安全保障を一元的に扱う最初の条約上での試みは、ＥＥＣ条約の本格改正となった単一欧州議定書である。そしてＥＵでは一九九三年に発効したＥＵ設立条約（マーストリヒト条約）において、共通外交安全保障政策（ＣＦＳＰ：Common Foreign and Security Policy）として制度化されたのである。そこでは経済と市場の事項、司法内務（警察）協力、外交安保は三本の柱として形容された。[10]

この三つの柱はＥＵの関与の程度の強さの順に経済事項、司法内務協力事項、外交安保事項として位置付けられ、外交安保では全会一致を色濃く残した政府間主義を採るものとされた。しかし、マーストリヒト条約から一六年を経て発効した二〇〇九年発効のリスボン条約では、この三本柱さえ一体化された。現在では、ＥＵの共通安保政策は、共通安全保障・防衛政策（ＣＳＤＰ：Common Security and Defence Policy）と改められ、防衛分野にまで拡大している。

ただし、ＥＵには加盟国の領域に対する侵略を排除する任務はない。ＥＵの広報を表現を使えば、「ＥＵの場合、域外でいわゆる平和維持活動（ＰＫＯ）などの活動を遂行する能力に焦点を当て、サイバー対策」も含むものとされている。[11]

さらに「常設軍事協力枠組み（ＰＥＳＣＯ：Permanent Structured Cooperation）」と呼ばれる協力

も二〇一七年末から本格稼働している。兵器や装備品などを開発・生産の一体化を進め、共同開発で生産コストを適正化し、産業レベルでの国際競争力の増大が意図されている。

4　EU外交を所管する欧州対外行動庁

外交安保の実践において、欧州対外行動庁（EEAS：European External Action Service）はEU外交史上特筆に値する。二〇〇九年一二月発効のリスボン条約（現行EU条約）により、EEASが設置された。EEASを統括するのは欧州委員会副委員長を兼務する外務・安全保障政策上級代表である。上級代表は欧州委員長、欧州議会議長、欧州理事会議長、欧州中央銀行総裁と並んで、EUの五大役職の一つとなっている。

EEASは通商、開発、拡大の担当総局を除く欧州委員会の対外関係総局と欧州理事会に属していた関係事務部局を統合して創設された。初代の上級代表には二〇〇九年一二月に欧州委員会通商担当委員（当時）からの横滑りの形でキャサリン・アシュトン（英労働党出身）が就任した。二代目はイタリアのモゲリーニ女史。現在は、三代目として、スペイン出身有力政治家、ボレル元欧州議会議長が就任。彼の指揮下でEEASは、事務総長、最高執行責任者および事務次長二名の幹部の下に以下の六局が担当する。①アフリカ、②アジア、③米国、④中東、南部隣接地域、⑤ロシア、中東隣接地域、西バルカン、⑥地球規模の六つである。[12] なお、NATOとの関係では、EEASの軍事幕僚部にNATOの常設連絡チームが置かれている。[13] ただし、EUレベルでの外交と安全保障の成果については、対北朝鮮政策など実を挙げなかった分野もある。[14]

5　ＥＵの域内外交の「内政化」とＥＵの対アジア地域連携

ＥＵは政治分野、即ち外交安全保障分野でその機能を発展させてきたが、特に経済分野でその役割が大きい。ＥＵは、ヒト、モノ、カネ、サービスの自由移動が可能な単一市場の形成を目的としてきた。それゆえ欧州経済共同体（ＥＥＣ）創設の時点から、加盟国ごとに分断されていた市場を統合するため、国家的障壁の除去が、加盟国間でのＥＵの外交そのものであった。

すなわち、ＥＵを通して進められる欧州統合の中では、加盟国間に限定してのことであるが、経済部門では外交は一種、同じ到達目的を持つことで、あたかも一国の「内政」に変化した。現在、ＥＵでは単一市場確保のための競争法と通商政策をもって統一的基準で、域内は当然のこと、域外に対しても対外経済政策が展開されている。

ＥＵは、個別的には、米国や中国は当然に、そしてまた日本とも経済連携を強化しつつある。対日関係ではＥＵは経済連携協定（ＥＰＡ）を締結発効させ、日欧合わせて六億三〇〇〇万人の人口と、世界の国内総生産（ＧＤＰ）の三分の一近くをカバーする世界最大級の自由貿易圏を誕生させた。[15]

ＥＵは個別国家との協定とは別に、地域の国際組織とも連携を深めつつある。アジア太平洋経済協力会議（ＡＰＥＣ）に遅れること七年で、一九九六年にＡＳＥＭ（Asia-Europe Meeting、邦語表記「アジア欧州会合」）が創設された。これは、アジア側から参加メンバーとして二一カ国と一機関が、そして欧州側から参加メンバー三〇カ国と一機関の、合計五一カ国と二機関によって構成されている。ＡＰＥＣがアジア太平洋というその名のごとく、ＥＵをメンバーにしていないのとは対照的に、ＡＳＥＭは米国が加盟していない点で注目される。この組織は萌芽的形態とはいえ、ＥＵがそのプレゼンスをアジアに確保する象徴的動きであった。

6　通商政策における欧州委員会と総局の役割

二一世紀の現代では、軍事的な緊張もさることながら、通商上での諸措置とりわけ関税が国際関係で重要性を帯び、軍事に代わり、あるいはその代替物として機能している。いわば関税が砲弾の代わりとなっている。時代はまさに域内にあっては市場統合、競争法（独占禁止法）と域外にあっては自由貿易協定（ＦＴＡ）など通商協定という経済用語に示されるように、国家と国際組織入り乱れての摩擦と紛争のただ中にある。

「関税男」（タリフマン）を自称する米大統領トランプは、米国の国内産業保護と安全保障を理由に関税引き上げ政策の正当性を主張し、[16] 関税が双務的関係にあるということを忘れたかの如く、「関税とは実に素晴らしい言葉だ！」（Tariff Is A Beautiful Word）と豪語さえしている。[17] 二〇一八年から米中貿易戦争といわれる通商摩擦が世界経済の先行きを危うくしているが、通商摩擦は米・ＥＵ間で、そしてＥＵ中国間でも顕在化している。

特に国家による為替操作や安い労働力を通して、中国は輸出を大々的に実践している。この中国への不信感を背景にし、関税、総量規制、強制的な技術供与、知的財産の盗用などをＥＵや米国は問題視している。こうした中国の動きに対しては、米国では通商代表部（ＵＳＴＲ）が、そしてＥＵでは、欧州委員会が大きな権限を行使している。

欧州委員会はフォンデアライエン新委員長の指揮の下、職員総数三万人余を擁し、ＥＵの各種政策領域での行政を担っている。その組織は、政策領域を扱う三〇の総局（ＤＧｓ）のほか、行政事項を扱う執行機関など、五三の部署を数える。通商総局（ＤＧ ＴＲＡＤＥ）はＥＵ域外に関連してＥＵの政策に責任を有しており、競争総局（ＤＧＣＯＭＰ）、域内市場・産業・起業・中小企業総局、（ＤＧＧＲＯＷ）なども必要に応じて、関わる。[18]

通商総局が扱う政策領域については現下の対米、対中摩擦に見られるように、もっとも多忙な総局の一つである。外交安保という政治的事項は前出のＥＥＡＳが、経済通商では欧州委員会の関係総局がとそれぞれの権限において対応しているのである。

7　ＥＵ・中国間の通商摩擦―太陽光製品の反ダンピング課税問題と「一帯一路」へのＥＵの対応

中国の影響力は二一世紀のこの時期の国際関係で特筆されるべきものである。中国の影響力は、地球という物理的空間を超えて、サイバー空間と宇宙空間にまで拡大している。この状況を受け、中国をけん制する意味を込めて日米はインドを重視したインド太平洋戦略へとシフトさせている。

ＥＵはこの点で、欧州内での統合深化を巡る内部の路線論争にエネルギーを割かれ、米国の一国主

EU・日本・米国・中国の経済人口規模

	EU28カ国	日　本	米　国	中　国
面積（万km²）	424	36.5	914.5	938.6
人口（2017年、億人）	5.06	1.26	3.26	13.88
国（域）内総生産（名目GDP、2015年、米ドル）	16兆3,264億	4兆3,824億	18兆367億	11兆2,262億

（出所）EU Mag. April 2017 および World databook 2017.

義への傾斜と共産党独裁の中国の強大化という地政学的な変動に対する世界戦略の構築に遅れを来たす状況にある。

欧州委員会は、中国に対しては、二〇一九年に『EU中国―戦略的概観』を出し、EUの対中戦略の練り直しを提案している。[19] 事実、通信インフラでの中国の進出は目覚ましい。バンク・オブ・アメリカ・メリルリンチによると、中国の通信機器大手、華為技術（ファーウェイ）は三三〇億ドル規模の世界移動通信インフラ市場の三一％を支配している。二〇一九年五月三〇日、米政府がファーウェイを禁輸リストに載せたのはまさにこの故にであった。中国の進出は地球上にとどまらず、宇宙にも拡大しつつある。『日本経済新聞』は「中国版GPS網、世界最大　一三〇カ国で米国製抜く」と伝えた。[20] 同紙によると中国が開発した衛星が二〇一八年に米国製を抜き、世界の三分の二を超す国の上空で最も多く稼動している。また、中国製に対応したスマートフォンや自動運転用の受信機も急増しており、宇宙のインフラ網を広げている。この中にあって、EUの対中国通商状況も緊張を深めている。[21]

中国の経済成長は鄧小平の指導体制の下で、一九七八年一二月に開催された中国共産党第一一期中央委員会第三回全体会で承認された改革開放路線をもって始まった。その後、四〇年余の時を経て、世界的大国へと変貌させた。二〇一五年のEU側資料では、左表にあるように、名目GDPは

ＥＵの一六・三兆ドル、米の一八・〇三兆ドルに対して一一・二兆ドルである。

中国の欧州を含む世界的な影響力の増大は同国の貿易の拡大に比例している。かつてのわが国とのＥＵの貿易摩擦の歴史を追うように、ＥＵ側の対中貿易赤字の累積過程で、ＥＵ・中国間の貿易紛争が先鋭化した。二〇〇七年六月、ＥＵは中国の貿易黒字について、マンデルセン欧州委員が中国の対ＥＵ輸出を「耐え難い」（intolerable）傾向と述べていた。(22)

中国の世界経済への登場は、二〇〇一年における世界貿易機関への加盟で本格化したが、中国は加盟時に、「非市場経済国」の地位を受け入れていた。すなわち中国には、ＷＴＯにおける市場経済国（ＭＥＳ：Market Economy Status）」認定問題が存在する。ちなみに中国は、加盟から一五年で自動的に市場経済国になったと主張。市場経済国と認められれば、貿易相手国による反ダンピング（不当廉売）措置を抑制できるが、今もって、中国は市場経済国に認定されていない。

中国はＥＵを相手取りＷＴＯでの市場経済国の認定問題で争ってきたが、ＷＴＯでは米ＥＵ側が勝利している。ＷＴＯの決定は、中国の輸出品に対して状況に応じて、反ダンピング関税を課す余地を加盟国に認めることになる。逆を言えば、市場経済国と認められれば、貿易相手国による反ダンピング措置を抑制できる。ちなみに欧州議会は二〇一六年に中国の「市場経済国」認定に反対の決議をしている。(23)

この時期、中国の世界規模での対外輸出の急増があり、日米とも通商摩擦を起こしていた。日中間では中国によるレアアース輸出規制を巡るものが、その一例であった。二〇一二年三月には、米国、ＥＵと共に、中国のレアアース輸出規制をＷＴＯに提訴し、二〇一四年八月に中国の規制はＷＴＯ協定違反という判決を得ている。(24) そうした状況下でＥＵと中国の間で、二〇一三年に太陽光パネルを巡る熾烈な対立が起きた。以下見ていこう。

事例Ⅰ：太陽光産製品をめぐる反ダンピング課税問題

太陽光はCO_2を排出する化石燃料に対する新世代の代替エネルギーとして注目され、各国で開発と生産が進んでいる。EUでも中国でもこれは同様である。EU加盟国についていえば、二〇一三年段階で、二万五〇〇〇人を雇用していた。この太陽光と製品でEUと中国間の通商摩擦が深刻化し、全面対立へと発展した。特に欧州委員会は中国に対し、制裁関税を実施した。

この問題ではEU加盟国が分裂した。英国、ドイツ、オランダ、スウェーデンなど一七カ国は、EUによる対中反ダンピング課税に反対し、他方、南欧の国家を中心に伊、仏など一〇カ国が課税賛成とその立場が完全に割れた。これに対して欧州委員会は、分裂する一方の側、すなわち南欧を主体とする中国への反ダンピング課税に全会一致で賛成を表明した。(25)

EUと中国の貿易額は、二〇一三年の中国商務省の調べで四六〇〇億ドルに上っていた。ちなみに、二〇一二年の日中間の貿易総額は三三三六億六四四二万ドル（ジェトロ）であり、EU・中国間の貿易は日中間の規模を遥かに超えていた。二〇一二年の中国の太陽光関連製品の対EU輸出額は二一〇億ドル（約二兆一千億円）、中国業界の雇用者は四〇万人と試算されていた。(26) 太陽光製品については、EUに先立つ米国と中国の係争があり、二〇一二年一〇月に米商務省は中国製太陽電池について、同国産業のダンピングを最終認定していた。(27)

他方、中国側はEU側に対しては米国以上に強硬姿勢を取り、ドイツのメルケル首相への猛烈な働

きかけを行い、ＥＵの分断と欧州委員会への圧力を強めた。(28)
二〇一三年五月二七日、ベルギー出身で通商問題担当のデフフト（Karel De Gucht）欧州委員は中国の陳健・商務次官と非公式協議を行った。そこで、同委員は翌二八日、欧州議会の国際貿易委員会で「中国は加盟国に圧力をかけることはできるが、私にそうしようとしても時間を無駄にするだけだ」と言明した。(29)

中国の激しい圧力の存在を語るものであった。欧州委員会は中国に対する反ダンピング課税をけん制するドイツなどの動きと、中国のＥＵ内分断化の動きの双方に屈しない立場を示した。

六月に入り、ＥＵと中国の太陽光関連製品を巡る対立は他の産業領域に拡大し、ＥＵと中国の通商上での全面紛争の様相を呈した。すなわち、ＥＵ産ワインに対するダンピングの調査を明らかにした。太陽光パネルの課税に賛成しているフランスを狙い撃ちにしたものであった。太陽光製品を巡る問題は、農産物のワインに飛び火した。ＥＵ側は、これは報復だとして抗議した。これに対して、中国側は太陽光パネルの措置への報復ではないとの立場を示した。(30)

ちなみに欧州委員会によれば、中国がＥＵ諸国から購入したワインは七億六三〇〇万ユーロで、そのうちフランスが五億四六〇〇万ユーロ、スペインは八九〇〇万ユーロ、イタリアは七七〇〇万ユーロであった。(31)

欧州委員会はこれに対抗して、六月二八日、中国産石素材についてダンピング調査を開始した。ＥＵでのこの分野の市場規模は年間四億八〇〇〇万ユーロ（六億二四〇〇万ドル）で、中国の輸入は約九％を占めていた。中国は、間髪を入れずに、ＥＵの化学物質に反ダンピング課税で応じた。中国商務省は、ＥＵから輸入する化学物質トルイジンに一九・六〜三六・九％の反ダンピング課税を適用すると発表し、これを二八日から実施し、五年間適用するとした。[32]

太陽光パネルをめぐる係争と報復は、他の産品に飛び火し、EU・中国の全面対立の様相を呈した。七月に入り、中国はEU向け太陽光パネル輸出への制限緩和を主張し、EUと中国は、太陽光パネルのダンピング問題で和解に向けて動いた。EUの通商担当のデフフト委員は七月二三日、中国の太陽光パネルのダンピング問題で中国側と和解に達したと発表し、欧州委員会は八月二日、これを承認した。[33]

もっとも、EUの太陽光パネルメーカーは、この妥協に強い不満を示した。中国製品に対して厳しい姿勢を求めていた生産者はこれに強い怒りを示したのである。[34] 二〇一三年八月下旬、厳しい報復合戦の後、EUと中国は、太陽光パネルのダンピング問題で最終的に和解した。ワインについても、中国は、欧州産ワイン・ダンピング調査をめぐりEUとの協議に入ることに同意した。

加盟国がEUの反ダンピング課税を巡り激しく対立しているなかで、欧州委員会は独自の判断で中国側に対峙した。EU外交は加盟国外交の総和ではないことを示した事例であった。そして同時に、国際統合機関EU独自の対中国通商政策の展開で、注目すべき事件であった。

事例Ⅱ：中国の「一帯一路」へのEUの対応

EUの対中関係の第二の事例としては、現下の中国の最大の世界戦略である「一帯一路」構想を取り上げる必要がある。すでにEUと加盟国がその対象として存在し、いわゆるチャイナ・マネーが遅れたEU地域に深く浸透しつつあり、EUにとっても地政学的挑戦となっているからである。まず一帯一路戦略についてみておこう。

一帯一路戦略は、Belt and Road または One Belt One Road Initiativeと表記されている。二〇一三年に習近平国家主席が提唱し、二〇一四年一一月に中国で開催されたアジア太平洋経済協力首脳会議で広く各国にアピールされたシルクロード経済圏構想である。一帯一路は世界規模での中国主導によるインフラ整備と物流、そして中国の覇権を拡大していくことを目的としている。

「一帯」とは陸路での欧州との接続、「一路」とは海路でアフリカまでの接続を言う。その昔、中国と欧州を結んだシルクロードを模したものである。まとめれば、中央アジア経由の陸路「シルクロード経済ベルト」と、インド洋経由の海路「二一世紀海上シルクロード」を通した巨大経済圏を構築する中国の世界戦略である。[35]

これはこれまでの国際経済および国際政治の地政学的構造にも影響を及ぼすものである。

経済産業省による「中国の対外貿易投資」に関する分析によると、一帯一路の関係国との貿易額は、二〇一七年で中国の輸出総額の二八・一%、輸入総額の二四・七%を占め、一帯一路関係国合計で収支を見た場合、中国の二二〇一・四億ドルの黒字となり、対EU収支の一二九五・四億ドルを超え、対米収支の二七八八・一億ドルに迫る規模となっている、と分析している。[36]

一帯一路の経済および地政学的影響については、国境を接しているロシアにとっても脅威である。ロシア専門家の木村汎はこのプロジェクトについて、ロシア主導の「ユーラシア経済連合」を台無しにし、旧ソ連を構成し、ロシアの勢力圏であった五つの共和国からなる中央アジアにたいする政治的、経済的影響力の低下を招く、とロシア内部の危機的見解を紹介している。[37]

EUとの関係でいえば、一帯という陸路は、EUの中・東欧諸国を含み、海路では、ギリシャとイタリアがその対象となっている。しかも、一帯一路構想は欧州のかつての勢力圏であり植民地であったアフリカ諸国まで、着実に伸びてきている。

EUにおいては、この構想の問題は二つある。第一は経済的、政治的に遅れた東欧バルカン諸国を取り込み、EUの沿海部の諸港湾施設への巨額な投資を通して、EUが分断される危険である。第二は、中国の政治経済体制の西側との非対称性に由来する不公正貿易に対する危惧である。敷衍していえば以下になる。

第一の点では、一帯一路の構想に参画する国家群は着実に増加する傾向にある。二〇一八年にソフィアで開催された会合は七回目を迎えていた。この計画に参加する国家は一六あった。すなわち、一一のEU加盟国と五つのバルカン諸国がそれである。EU加盟国の一一カ国をいえば、ブルガリア、クロアチア、チェコ、エストニア、ハンガリー、ラトビア、リトアニア、ポーランド、ルーマニア、スロバキア、スロベニアである。またバルカン五カ国とは、アルバニア、ボスニア・ヘルツェゴビナ、マケドニア、モンテネグロ、セルビアである。これらはすべてEU加盟の申請国である。

EU経済の専門家である田中素香はこれについて「これらの国家の人口は一六五〇万人。一六カ国の所得水準（国民一人当たりGDP）はEU先進国の半分から一〇％程度と低く、中国は新興国同士の『南々協力』と位置づけている。」[38]と論評している

二〇一八年以降の動きについてさらに触れれば、ギリシャが八月に覚書を中国と交わし、一二月にはポルトガルも中国と覚書を交わした。二〇一九年三月二三日、イタリア訪問中の習近平国家主席はコンテ首相との間でも一帯一路に関する覚書を交わした。ハンガリーやイタリアをはじめ、これらの国々は、中国の投資を歓迎し、国内経済の立て直しのため積極的にこれを受け入れている。

イタリアは、独仏伊というEUの三大国の一角を占める国家であり、主要七カ国（G7）の参加国である。EUのビッグ・スリーで、G7のメンバーが一帯一路に加わるのは初めてのことであった。日本経済新聞は、「中国への警戒を強めるEUの中核国を切り崩し、米国の影響力が及ばない独自の経済圏づくり」とその動きを評した。(39)

イタリアの参加は、EU加盟国とEU自体に衝撃を与えた。例えば、ドイツもフランスもイタリアの参加には警戒感を示している。ドイツは、イタリアと同様の覚書を交わすかとの質問に「EU主要国は、二カ国間の合意でなく、欧州経済地域（EEA）と大中華圏との必要な協定を望むという見解で一致している」とペーター・アルトマイヤー経済相は述べている。(40)

この発言の背景にはフランス、スペインも同様の見解を持っていることがあった。特にフランスやドイツといった域内の主要国は、外資がこの構想では公平に扱われていないとの認識で、その是正が条件であると主張していた。(41) ただし、イタリアの抜け駆けを批判するフランスは、他方で、一帯一路への統一的対処を希望しつつも、チャイナ・マネーの獲得には抜け目なく動いていた。(42)

ギリシャのアテネ近郊のピレウス港は中国の一帯一路によるEU進出の事例として語られている。ギリシャは二〇一〇年代に入り深刻な財政危機を迎えていた。そして、トロイカ（欧州中央銀行、国際通貨基金、欧州理事会ユーログループ）からの苛烈な緊縮財政要求のために、コンテナ埠頭の運営権、貨物・旅客のターミナル運営のプレウス港湾局株の売却さえ求められていた。そんな中、中国遠洋運輸集団（COSCO）がこれらを買収したのである。

中国の国有企業COSCOによる港湾施設への進出は徹底していた。ジャーナリスト木村正人はそれを可視化している。木村によると、北海に面するEU加盟国の主要港湾都市の海運施設に軒並み、

COSCOからの資本投下がなされている。資本比率順に紹介すると、ベルギーゼーブルッヘ（八五%）、スペイン・バレンシア港（五一%）、ギリシャ・ピレウス港（五一%）、仏ダンケルク港（四五%）スペイン・ビルバオ港（四〇%）、伊ヴァード・リーグレ港（四〇%）、オランダ・ロッテルダム港（三五%）、ベルギー・アントワープ港（二五%）、仏ナント、ル・アーブル、マルセイユ港（各二五%）、マルタ・マルサックスロック港（二五%）という具合である。(43)

中国の外国の港湾市場への参入については以下の特色がある。

何より財政的に国際資本からの借り受けが厳しい国家に対し、巨額な借款を組ませ、債務不履行を見越して、その権益を長期にわたり担保として確保するということである。特にピレウス港の権益の五一%が買収されたギリシャでは、政府債務残高は国内総生産（GDP）の一七九%に上っている。イタリアの政府債務残高も対GDP比で一三二%に達していた。(44)

ギリシャでは巨額の財政赤字が暴露され、ソブリン債危機からユーロ危機へと転化する深刻な経済問題を抱えたが、早くも二〇一〇年一月に、中国政府に最大二五〇億ユーロの国債購入を打診していたほどである。(45)

EU側に及ぼす第二の問題点は、中国の政治経済体制の非対称性により発生する不公正貿易についてのものである。これについては、二〇一八年四月に北京駐在のEU加盟二八ヵ国（当時）の大使がまとめたレポートが紹介されている。　アジア経済の研究者の石川幸一は四点にまとめて指摘している。

(1)一帯一路は中国企業の利益に特化し、調達での透明性の欠如で自由貿易の原則を棄損。

(2)中国のインフラ建設への借款の中国の国営建設企業による工事実施の条件付き。
(3)中国国内の過剰生産能力の解消、輸出市場の創出、原料の確保。
(4)公共調達の透明性が乏しくEU企業の排除の恐れ。[46]

この報告書については、ハンガリー大使が唯一署名を行っていない。[47] 同国は、EUの締め付けに対抗するように中国との連携を探っているかのようである。[48] 実際、同国は一帯一路に極めて積極的であり、最初に受け入れている。中国はこうして着実にEU加盟国の主要な港湾やインフラの主要企業に影響を及ぼしている。中国が着実にEU圏の経済的に最も弱い環に影響力を拡大する一方で、ユルキ・カタイネン欧州委員会副委員長（雇用・成長・投資・競争力担当）は独自に戦略目標を一〇項目にして文書化した。

その一部を言えば、外国による所有と資金調達がEU域内市場にもたらす歪曲的な影響に完全に対処するために、欧州委員会は二〇一九年末までに現行のEU法の不備を正す方法を特定する。重要なデジタルインフラに対するセキュリティー上の深刻な影響を防ぐために、第五世代（5G）ネットワークのセキュリティーに関するEU共通の取り組みを行う、などが盛り込まれている。[49]

欧州理事会のトゥスク議長と欧州委員長ユンケルは、二〇一九年四月九日に第二一回となるEUと李克強中国首相との間の首脳会議の後、ブリュッセルで共同声明を発表した。

その中で、国際法と国連を基軸とした国際関係を規定する基本的規範の尊重を再確認し、国連憲章と国際法、そして国連システムの平和と安全、開発、人権の全てを支持すると表明した。[50]

8　結　論

EUの外交は、加盟国の外交の調整機能としての「欧州政治協力」として出発し、共通外交安保政策から共通防衛政策までその形を獲得してきた。「危機は統合を進める」という格言がEUにはある。西ドイツ首相を務めノーベル平和賞を得たW・ブラントの言葉である。[51] 武器開発生産についてのEUレベルでの共同事業も進められ、また移民難民問題では欧州対外国境管理協力機関（Frontex）が改組され、強化されている。[52] EUは加盟国とEU固有の機関の権限の二重性があることを指摘したが、もし欧州理事会議長と欧州委員長の職務が一元化されれば、こうした二重性はずいぶん解消されることになるであろう。

他方、EUの対外経済関係に目をやれば、経済的に力を持ち始めたアジア地域との関係強化を深めていく必然性を持っている。その中で、弱小の潜在的なEU加盟予定国を抱えるがゆえに、統合組織EUの役割は大きくなる。ただし、インド太平洋戦略で中国封じ込めを狙う軍事大国の米国とは違い、EUにとってより重要性をもつのは、軍事戦略的というより、環境や通商政策に見られるソフトパワーである。

後半で扱ったEU中国間の太陽光製品を巡る対立では、ドイツの意思と利害とEUの行政府である欧州委員会のそれは明らかに異なり、欧州委員会は加盟国内での相対立する利害の中で、一方の側に立ってこれに応じた。EU外交は加盟国外交の総和ではないことの証明であった。EUには独自の経済外交があり、加盟国とりわけEU最大の大国ドイツをもってEUを分断し、圧力をかけるだけでは十分対処できない、というEUの対外経済政策の独自性を中国に体感させる出来事となった。

また中国の欧州でのプレゼンスが際立つ「一帯一路」については、欧州への中国の進出の速度は著しい。しかもビッグ・スリーの一角のイタリアと協定を交わすなど顕著である。特にバルカン諸国のEU加盟が政治課題に上がり始めているが、中国の西側とは違う国家資本主義に立つ経済慣行がそれらの国家に影響を及ぼし、巨額の負債に加え、EUの商取引の基準の徹底化が阻害されることが懸念されている。反EU的性向を持つオルバンのハンガリーは、中国との連携強化をEUに対する有効なカードとして活用する雰囲気がある。EU拡大は同時にEUの弱い環を広げてもいる。

EUの長年の軍事戦略上での対象であったロシアに加えて、中国との関係の重要性はさらに増してくる。この先も、西側とは違うルールでEU市場に参入を強化すれば、必然的にEUと対立する。建国七〇年を経た中国だが、ウイグル地域や香港での現下の漢民族化や民主主義への締めつけや、コロナウイルス関連情報の隠ぺいや操作の動きを見るにつけ、この政治体制が国際社会をリードできるとは思えない。

他方、西側世界では相対的に政治経済力が後退してきた米国がトランプ政権を迎えて、一国主義に傾斜し、自由貿易体制が脅かされている。なおさらEUの国際政治経済における存在理由は極めて大きいといえる。

自由貿易体制のさらなる進展に際して、わが国にとってEUが連携すべきパートナーとして存在することをいっそう認識する必要性が高まっているといえる。

参考文献

植田隆子編著『二一世紀の欧州とアジア』勁草書房、二〇〇二年。

児玉昌己『欧州統合の政治史――EU誕生の成功と苦悩』芦書房、二〇一五年。

交通経済研究所編『運輸と経済――一帯一路をどう読み解くか』二〇一八年一二月特別号。

児玉昌己・伊佐淳編『アジアの国際協力と地域共同体を考える』芦書房、二〇一九年。

鷲江義勝編『EU――欧州統合の現在』第4版、創元社、二〇二〇年。

注（使用した新聞、外電はすべて電子版による）

（1）『朝鮮日報』二〇一九年一月一六日。
（2）同右。
（3）組織原理では国連は主権国家間の協力機関という性格をもち、連邦制原理に傾斜するEUとは異なる。国連の外交については、ヨハン・カウフマン（Johan Kaufmann）の『国連外交の戦略と戦術』（原書名：United Nations Decision Making）有斐閣、一九八三年参照。
（4）EUの連邦主権については以下を参照。Leslie Friedman Goldstein, Constituting Federal Sovereignty. The European Union in Comparative Context. Johns Hopkins U.P. press. 2003.
（5）児玉昌己『欧州統合の政治史』芦書房、二〇一五年。
（6）同右。この書はEU統合における連邦主義と国家連合主義という二つの相対立する思想の葛藤という観点からEUの政治史が展開されている。
（7）E・トッド『ドイツ帝国が世界を破滅させる』文春新書、二〇一五年二一頁。

（8）'Historical Sketch of the Great Debate' in France Defeats EDC.1957. p3. ＮＡＴＯはＥＣＳＣに先立ち一九四九年に創設されている。

（9）欧州政治協力については辰巳浅嗣『ＥＵの外交・安全保障政策――欧州政治統合の歩み』成文堂、二〇〇一年。

（10）J.H.H.Weiler, Neither unity nor Three pillars : Trinity Structures of the Treaty on European Union. In J. Monar et. al., The Maastricht Treaty on European Union. European Inter university Press 1993. p.51. ただし三つの柱は完全に分離したものではなく、相互に関連性を持つ「斑多孔性」（porousness）とワイラーは当初から指摘していた。

（11）http://eumag.jp/questions/f0818/

（12）同右。

（13）「初の共同宣言で協力強化を図るＥＵとＮＡＴＯ」http://Eumag.jp/issues/c0916/

（14）例えば、ＥＵの対北朝鮮政策については、一九九四年の朝鮮半島エネルギー開発機構（ＫＥＤＯ）にコミットしていたが、失敗に終わっている。拙稿「ＥＵの北朝鮮政策――ＥＵ外交の可能性と限界」日本ＥＵ学会年報、二〇〇八年28号。

（15）「日欧ＥＰＡが発効　データ・知財のルール先導」『日本経済新聞』二〇一九年二月一日。

（16）報復関税の概念の中に「安全保障の理由」が盛り込まれたことは新しい事象ではないとはいえ、近年特に顕著である。

（17）関税の効用を彼ほど直截的に言及した政治指導者も他にはいない。ただし彼の軽薄さは関税が双務的性格を持つことを忘れていることである。「トランプ大統領、関税は『素晴らしい言葉』――政策の正当性を主張」ブルームバーグ、二〇一九年六月三日。

(18) 欧州委員会の総局もここ三〇年で一〇以上増えている。https://ec.europa.eu/info/departments

(19) EU—China-A Strategic outlook (12 March 2019) では、中国はもはや途上国ではなく「地球的なアクター」であると認識し、ＥＵが「完全に一体」(full unity) として行動すべきことを説き、外国からのサイバー攻撃に対する制裁枠組や、直接投資の監視の統一枠の新規則を説いている（二頁、一〇頁）。

(20) 『日本経済新聞』二〇一九年八月一九日。

(21) 同右。二一世紀初頭では、アジアとＥＵを扱った専門書でもＡＳＥＡＮ、ＡＳＥＭや対日の分析はされても中国は対象となっていない点で、この時期の中国経済とその地位の位相を知ることができる。植田隆子編著『二一世紀の欧州とアジア』勁草書房、二〇〇二年。

(22) EU to warn China on trade surplus. EUobserver.12.06.2007.

(23) 中国は二〇〇一年のＷＴＯ加盟時は「非市場経済国」の地位を受け入れていたが、加盟から一五年で自動的に市場経済国になったと主張している。ロイター、二〇一六年五月一八日。

(24) 「日本はどうやってレアアース紛争で勝利したのか」『東亜日報』二〇一九年七月二七日。

(25) 「ＥＵ、対中融和探る　反ダンピング課税　独英など消極姿勢加盟国間に温度差」『日本経済新聞』二〇一三年五月二九日。

(26) 「中国、仏標的か　欧州産ワインで反ダンピング調査　ＥＵへの対抗措置で〝神経戦〟」『産経新聞』二〇一三年六月五日。なお二〇一八年現在、太陽光を含む再生可能エネルギー産業での中国の雇用者数は四一〇万で世界全体の三九％。「再生可能エネルギー業界の雇用者数、世界で一一〇〇万人に」『フォーブス』二〇一九年八月五日。

(27) 米国ではダンピングの存在は商務省が、被害の存在は国際貿易委員会が認定する。http://blog.knak.jp/2012/11/post-1166.html

(28) 「独政府、ＥＵの中国への不当廉売関税に反対姿勢」『フィナンシャル・タイムズ』(『日本経済新聞』)二〇一三年五月二八日掲載。

(29) 「中国製太陽光パネルへの課税で中国の圧力に屈せず＝欧州委員」ロイター、二〇一三年五月二九日。

(30) China retaliates in EU trade dispute. EUobserver, 6. Jun 2013.

(31) Ibid.

(32) ロイター、二〇一三年六月二七日。

(33) この時期の詳細については、江原規由「中国・ＥＵの反ダンピング・反補助金調査の顛末～中国製太陽光パネル製品のケース」『国際貿易と投資』二〇一三年九三号参照。

(34) 「ロビイスト団体のEU ProSunは、この和解は欧州法に違反するものであり、市場の七〇%を現状の安い価格で中国勢に引き渡して国産メーカーに死を宣言するものだとして、ＥＵを訴えるとしている」業界サイトknak 二〇一三年七月二八日。

(35) この構想について国内の過剰生産のはけ口のためとするものがいることに対して、柯隆は「後知恵である」と述べ、オバマのＴＰＰ構想での中国排除に抵抗すると守勢的抵抗の構想と捉えている。柯隆「習近平政権のグローバル戦略、一帯一路プロジェクトの行方」『運輸と経済』交通経済研究所、二〇一八年一二月号、一一頁。この号は一帯一路の特集号となって極めて有意義である。

(36) https://www.meti.go.jp/report/tsuhaku2018/2018honbun/i2330000.html

(37) 木村汎「ユーラシア経済連合と『結合』?―ロシアの見方」『運輸と経済』二〇一八年一二月号所収、

一三九頁。

(38) 田中素香『世界経済評論』デジタル版、二〇一八年三月一二日。http://www.world-economic-review.jp/impact/article1029.html　および同「ヨーロッパは『一帯一路』をどう見ている」『運輸と経済』二〇一八年一二月号も参照。

(39) 「欧州の中国傾斜、首相外交で食い止め　５Ｇ覇権など警戒」『日本経済新聞』二〇一九年四月一五日。

(40) 「『一帯一路』、欧州はＥＥＡとして参画を希望＝独経済相」ロイター、二〇一九年四月一六日。

(41) 同右。

(42) フランスは首脳会談で計一五件、四〇〇億ユーロ（約五兆円）相当のビジネス契約も結び、このうち欧州エアバスは小型機Ａ３２０を二九〇機、中型機Ａ３５０を一〇機を中国の航空会社から受注した。「一帯一路『欧州は一体で対応』　仏大統領、中国をけん制」『日本経済新聞』二〇一九年三月二六日。

(43) 木村正人「『ロシアより怖い中国』一帯一路にＧ７の一角イタリアがなびく『債務の罠』欧州にも広がる」Yahoo!ニュース、二〇一九年三月七日。

(44) 同右。

(45) ロイター、二〇一〇年一月二七日。

(46) 石川幸一「一帯一路の地政学――一帯一路を歓迎する国と批判する国」『運輸と経済』二〇一八年一二月号。

(47) 同右。

(48) ハンガリーの特殊性については山本直「ＥＵ『共通の価値』と加盟国の法治体制：ハンガリー問題のポリティクス」『国際政治』日本国際政治学会、１８２号、二〇一五年参照。

（49）「欧州委員会、対中関係を見直し一〇の具体的行動を提案」二〇一九年三月一八日、European Union, 1995-2019. http://eumag.jp/news/h031719/

（50）http://eumag.jp/news/h041019/

（51）「端的に言って、今でもそうだが、欧州共同体の歴史は危機の総計ということができる。それは危機を通して、危機の中で発展してきた過程であると書き記すことができよう」（Willy Brandt, People and Politics: The Years, 1960-75. 1976.）。強化されたフロンテックスはEU境の管理のため、一万の要員を新たに得た。

（52）危機に応じて統治構造は整備されていくのがEUであるが、ユーロ圏グループが欧州理事会内にできたように、ユーロ圏議会やユーロ圏財務省構想も出てきている。

児玉昌己

第7章　中国の投資主導経済が世界にもたらす影響

はじめに

二〇一八年に表面化した米中貿易戦争（あるいは米中通商摩擦）は、双方が「報復」として関税引き上げ合戦でエスカレートしたり、収束の気配を見せたりを繰り返し、いまだ解決に至っていない。双方の落としどころを見つけるのが困難な情勢となっている。

また、中国の「一帯一路構想（新シルクロード構想）」は、その構想に含まれる経済圏の国に少なからず影響を及ぼしている。中国からの多額の援助や投資を享受できる国では、大規模なインフラ整備プロジェクトが進行し、更なる経済発展の期待が高まっている。一方で、中国からの多額の借り入れでインフラプロジェクトを進めた代償として、「債務の罠」が問題になっている。債務の罠とは、多額の借金を返せなくなった国が、インフラ設備の所有権や使用権を資産の貸し手国に渡してしまうことをいう。また、中国から多額の援助を得て蜜月関係になった国では、政治面でも民主主義が後退する現象が起きている。いわゆる「中国スタンダード」の世界への波及である。

本章では、これら米中貿易戦争や一帯一路構想が、少なからず中国独特の経済体制である「投資主導（依存）経済」に起因していることを考察する。中国独特の経済体制がどのように米中貿易戦争や一帯一路構想と結びつくのかを明らかにする。また、なぜ中国は投資主導経済から変われないのかも考察する。

1　投資主導（依存）経済が米中貿易戦争につながる経緯

四兆元の大判振る舞い

中国は市場経済化の導入を図った一九七八年の「改革開放」宣言以来、投資に依存した経済体制で高い経済成長率を維持してきた。改革開放後の三〇年間の平均経済成長率は一〇％近い。その投資依存が更に強まったのは、二〇〇八年のリーマン・ショックとそれに端を発した世界同時不況である。

サブプライムローン（低所得者向けの住宅ローン）の債権を証券化したリスクの高い金融商品に対して、米国の格付け会社が「安全（投資適格）」と評価し世界にばら撒いた世紀の詐欺的金融取引により、米国の信用は大きく失墜した。欧州では財政赤字問題、日本では円高もあり、日米欧が世界経済の牽引役になれない中、ＢＲＩＣＳ[1]を中心とした新興国が世界経済を牽引する役割を担うことが期待された[2]。中でも期待されたのが中国であり、世界の期待に応えるかのように、二〇〇九年に四兆元（当時のレートで約五七兆円）の景気対策[3]を講じた。その大半が公共投資である。内陸部を中心に道路や鉄道、空港、ダムなどのインフラや公共住宅、公営企業の生産設備が速いピッチで建造された。こうして、二〇〇九年以降、九・一%、一〇・三%、九・三%と三年連続で高い経済成長率を記録し、世界の期待に応えてみせた。

息切れ――「新常態」と経済課題

しかし、このような公共投資による経済効果が高止まりするはずもなく、二〇一二年に経済成長率は七・六%まで低下し、二〇一五年以降は六%台で推移している。過去三〇年間一〇%前後の経済成長率を誇った中国が、六、七%台の成長率に落ちてきたため、海外では「中国経済のバブル崩壊」ないしは「中国経済の失速」と騒ぎ立てた。当の中国政府は二〇一五年に、六、七%台の成長率を「適正な成長率」として、これを「新常態 new normal」と名づけて肯定した。高度成長から安定成長へのソフトランディング（軟着陸）の過程であるという説明である。

それと同時に、中国政府は経済課題についての認識も示しており、その認識は海外から見る中国の経済課題と概ね一致していた。一言で言えば、「市場志向化（市場の競争原理を重視すること）」である。少子高齢化問題など市場志向化と別次元の課題もあるが、当面の大きな課題は行き過ぎた過剰投資が招いた次の課題である。

①過剰投資が招いた過剰在庫・過剰生産力の解消
②過剰投資が招いた企業の債務、地方政府の債務解消
③過剰投資で肥大化した国有企業改革（「ゾンビ企業」[4]の淘汰や人員削減、汚職の撲滅など）

この三つの課題を生んだ過剰投資を抑制すること自体ももちろん課題である。それも含めてこれらの課題＝「市場志向化」である。別の標語では、「投資主導経済から個人消費主導経済へ」や、国有企業中心から「国退民進（国有企業が後退し民間企業が躍進）」などがある。こうして、公共投資とその事業を請け負う国有企業中心の経済から、市場の競争原理を重視する経済へと変化していくことを国内外が期待した。更には、市場志向化を通じて、民主化も進むのではないかという淡い期待も米国をはじめとする民主主義の国々は少し抱いていた。

「社会主義現代化強国」宣言

ところがである。二〇一七年、五年に一度の中国共産党大会で政治的独裁色を強めた習近平総書記は、今世紀半ばまでに「社会主義現代化強国」を実現すると宣言した。元より民主化には期待薄であったため政治的側面でのインパクトはそれほどなかった。しかし、経済的側面では、「市場志向化」を棚に上げ、従来どおりの国家主導の投資主導型経済体制を堅持する（あるいは延命）ととれる宣言に、欧米では驚きと失望が広がった。

この社会主義現代化強国宣言に対しては二つの解釈がある。一つは、中国が「脱欧米」を志向し、

中国独自の経済開発モデルに強い自負を持っているという解釈である。一方でもう一つの解釈は、市場志向化を目指したものの、公共投資を減らす分の穴埋めができず、また、共産党員が多い国有企業の経営陣からの突き上げもあり、従来のやり方に戻すしかなかったことへの「居直り」に過ぎないという解釈だ。筆者は後者の解釈に現実は近いと考える。

いずれにしても、「民主主義」、「資本主義」の雄としての米国を大いに刺激したのは間違いない。二〇〇一年のWTO加盟以降、中国は西側資本主義国の体制に時間をかけて近づいてくるとの期待が誤算であったという失望感と怒りが米国を中心に広がった。そして、翌年から米中貿易戦争が勃発した。

この社会主義現代化強国宣言は、実は米国への挑戦のダメ押しであったと考えられる。既に米国を結果的に挑発した中国の政策は近年いくつか見られた。それをここでは見ていく。

「一帯一路」構想

まずは、二〇一四年にAPEC（アジア太平洋経済協力）会議の場で提唱した「一帯一路構想（新シルクロード構想）」であるが、これは中国とヨーロッパを陸路（一帯）と海路（一路）で結び、そこを中国中心の一大経済圏にしようという構想である。また、それを実現するためのアジアインフラ投資銀行（AIIB）も二〇一五年末に設立している。この構想に日米は参加していないが、欧州の経済大国までもがこぞって参加している。米国抜きの一大経済圏を形成しようというのだから、当然米国の覇権に挑戦しているように見える。しかし、この構想が野心的な中華思想(5)に基づくものかは見解の分かれるところである。筆者は中国の喫緊の課題である過剰な投資による過剰在庫、過剰生産力のはけ口を海外に求めた側面が強いと考えている。過剰在庫は一時的なものであるが、過剰生産力の解消は国有企業の淘汰、大量の人員解雇を伴うもので、中国経済の「痛み」が大きい。一帯一路構想で海外での中国製品の需要が増えれば、当面は過剰生産力の問題は解消する。実際、一帯一路構想が中国の過剰生産力の解消に役立つことを中国政府筋も認めている。

「中国製造2025」

続いて二〇一五年に発表した「中国製造2025」であるが、二〇二五年までに中国は5Gなどの最先端分野で世界の製造強国の仲間入りを果たすという野心的な計画である。これには米国議会全体、親中派やハト派（穏健派）さえもが中国への警戒感を強める結果となった。特に5GやAI、ビッグデータ等の分野では米中の争いが激しかったので、技術覇権を争う最先端分野での米国への挑戦ととられた。ただ、この野心的な計画が民間企業主導のもとで遂行されるのであれば、米国は挑戦されても特にケチをつける口実がない。同様の計画を米国も日本もドイツも発表しているからである。(6)

この時点では、市場志向化を中国政府も謳っていたため、最先端分野の開発を政府の息のかかった、補助金をふんだんに使える国営企業が担うかどうかは分からなかった。しかし、二〇一七年に「社会主義現代化強国」を宣言すると、米国は補助金が沢山使える中国の国営企業との競争はフェアではないとして経済制裁を用意する結果となった。貿易戦争でヤリ玉にあがったファーウェイは国営企業でなく民間企業であるが、ネット通販最大手のアリババ同様に、中国政府と蜜に情報交換をしており、半官半民のような企業であるというのが米国の認識である。たしかに、通常の資本主義国の民間企業と、中国大手の民間企業は性質が違う。また、そもそも投資主導経済を温存すること自体が対米黒字を減らす気がないことを示している。なぜなら、国内需要を大きくして個人消費主導型経済にし、外国への輸出を抑制するという意思がないととれるからだ。さらに、先述した一帯一路構想も、「社会主義現代化強国」を掲げた以上、民間主導ではないやり方で海外展開をしていくことになり、それに対する警戒心が高まっている。つまり、「一帯一路」構想や「中国製造2025」までは我慢できたが、それを社会主義的やり方でやると宣言した時点で、米国の堪忍袋の緒が切れたということである。このように、投資主導型経済を肯定する「社会主義現代化強国」宣言がダメ押しとなって、米中貿易戦争が勃発した[7]。ここまで米国を刺激するということは中国政府も想定外であったのだろう。刺激したというより、米国が中国を攻撃する口実を与えたと言えるだろう。他にも、最先端分野の技術者を招聘する「千人計画」や、先進国での「企業買収ツアー」、米国への留学生数が断トツで一位であることや、米国でのスパイ活動等にも米国は神経を尖らせている。

2　投資主導経済の現状

際立つ投資依存

一九七八年の「改革開放」宣言以降、市場経済原理を取り入れながら目覚しい発展を遂げてきた中国であるが、他の資本主義国とは経済構造が大きく異なる。図1はGDPを支出面から見た構成比であるが、総固定資本形成が一番大きなシェアとなっている。固定資本形成とは、道路や鉄道、港湾、空港、住宅、工場設備などを建造することであり、投資の結果できたものであるので、投資の規模を見る指標である。ほとんどの国は個人消費がGDP支出の最大項目であり、平均的には六〇%前後のシェアである。日本も六〇%前後で平均的であるが、消費性向が高い米国や南米諸国などは七〇%前後である。[8]

ところが、中国は二〇〇〇年代中頃から個人消費を超えて総固定資本形成がトップシェアとなり、個人消費の割合は現在でも四割を切っている。また、図2は日中の総固定資本形成のGDPシェア推移の比較であるが、アベノミクス第一ステージでの第二の矢である「機動的な財政出動」[9]により総固定資本形成の割合は近年高まってきている。それでも二五%に及ばない。これに対し中国は、ここ数年総固定資本形成のシェアが少し下がっているものの、依然として四〇%を超える高い水準であり、リーマン・ショック以前の水準には戻っていない。四兆元の景気対策という異例の大盤振る舞いをする以前の状態に戻ってないということである。この投資依存の体質は、世界の中でも特異なものである。

中国経済の最大の特徴は、この投資主導(依存)である。中国経済の牽引役は「投資」と「輸出」と言われてきたが、純輸出(輸出―輸入)の割合は二〇〇七年に八・八%にまで高まった後、近年低下傾向であり、二〇一八年には一・八%にすぎない。実際、中国の輸出依存度は近年下がり続けている。[10]ピーク時の二〇〇四年は三〇・五%だったが、二〇一八年には一七・七%と大幅に下がっており、世界の中でももはや輸出依存度の高い国ではない。[11]ただし、この数値を額面どおりには受け取れない。というのは、中国の輸出品における国内の付加価値比率は年々高まってきており、名目の輸出額だけを見て輸出依存度が大幅に下がっているとは言えないからだ。OECDが出すTiVA(Trade in

図１　投資依存の中国経済

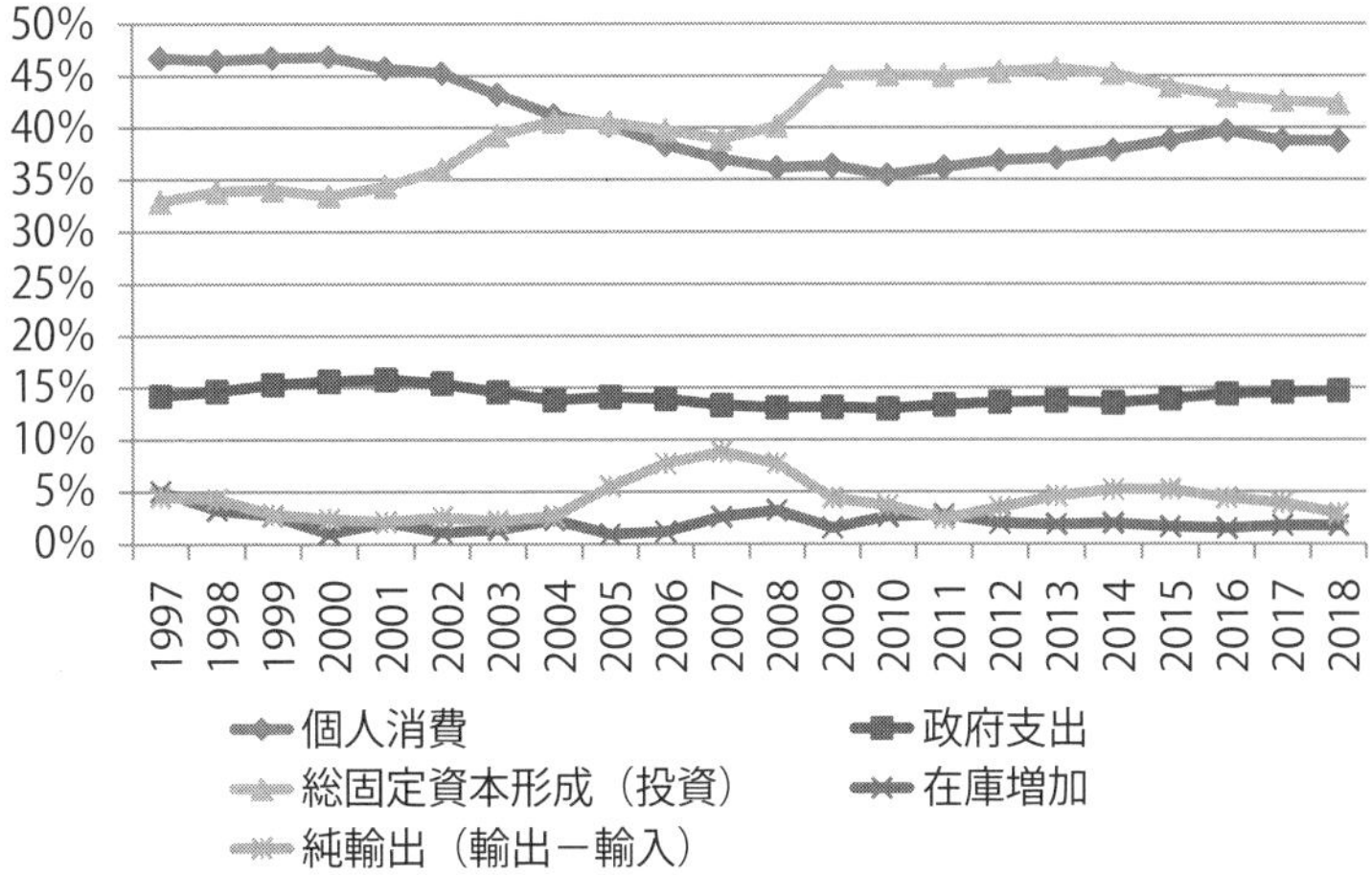

（出所）ADB key indicators 各年版より作成。

図２　ＧＤＰに占める総固定資本形成（投資）割合の日中比較

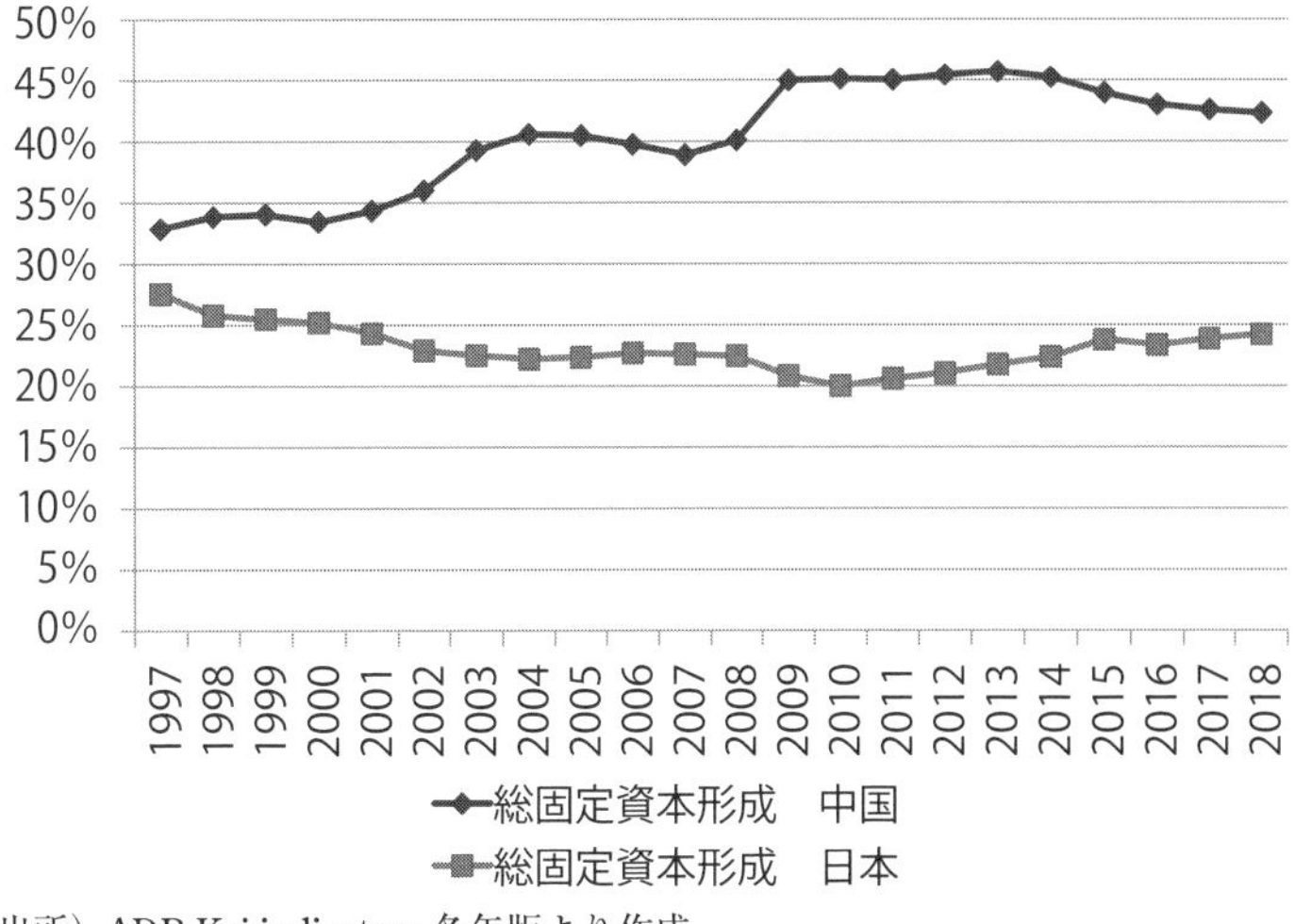

（出所）ADB Kei indicators 各年版より作成。

Value Added）統計は、付加価値ベースでの貿易データである。これは簡単に言うと、一万円の輸出品のうち三〇〇〇円が外国からの部品で組み立てられていたら、輸出額としては七〇〇〇円を計上するという統計の取り方である。それによると、二〇〇四年から二〇一六年（二〇一六年が最新データ）にかけて、中国の輸出品に占める国内での付加価値比率は、六一・八％から八三・三％にまで高まっている。この付加価値ベースで輸出依存度を計算しなおすと、二〇〇四年から二〇一六年にかけて一九・七％から一四・五％への下落となっていて、先述した名目上の下落率ほどではない。とはいえ、実質的にも輸出依存度が低下しているのは間違いない。よって、中国経済の特徴の二大柱である投資と輸出のうち、輸出依存度が顕著に下がる中、投資依存だけがあまり変わらず際立った特徴であり続けいている。

二〇一七年に「社会主義現代化強国」宣言で、投資依存体質を改める気がないことを表明した中国政府であるが、投資依存による課題がその前から明らかになっていた。前節でも述べたように、①過剰生産力、②民間企業・地方政府の借金膨張、③国有企業改革、の課題である。他にも投資依存が引き起こす問題として、不動産バブルやそれに付随するゴーストタウン（「鬼城」[12]）問題などもあるが、ここでは、過剰生産力問題と借金問題について考察する。

過剰生産、過剰投資を「過剰」ではなくする施策

過剰生産力問題では、一帯一路構想で、中国の外に生産物を供給することで問題を緩和しようとしていることを既に指摘したが、他にも過剰生産力問題を緩和する大きな国内政策が存在する。それは

中国政府が二〇一四年に発表した「国家新型城鎮（都市）化計画」と呼ばれる一大プロジェクトである。この計画では、都市化率を常住人口都市化率と戸籍人口都市化率の二つに分けてそれぞれの目標を立てている。常住人口都市化率は、二〇一二年の五二・六％から二〇二〇年までに六〇％前後、戸籍人口都市化率は、二〇一二年の三五・三％から二〇二〇年には四五％前後に引き上げ、一億人を都市戸籍に転換しようとする壮大な計画である。この計画により中国各地で農村を都市化するという試み[13]が進行中である。

その先駆けというかパイロットプロジェクト[14]のような形で一足先に始まったのが、二〇一〇年八月から重慶で始まった新型都市化政策である。一〇年間で重慶市の都市戸籍者を三三％から倍の六六％にまで引き上げ（数にして一千万人）、現状の農村戸籍者二千万人、都市戸籍者一千万人を逆転させるという計画である。やり方は、農村戸籍者から土地を没収し、その土地に「安置房」と呼ばれる無料のマンションを設置して提供するだけでなく、近くに工業団地を整備し、そこに企業を誘致し、元農民に職まで提供しようとするものである。このプロジェクトの難点は、近くに整備した工業団地に思うように企業が入居しないことである。いくらマンションが無料で提供され、社会保障も都市戸籍者のそれに変わるとしても、職がないのでは社会保険料を納めることも難しくなる。これならば、食べていくのに困らない農地を保有していた方がマシだとして、都市戸籍への転換を拒否する者も少なくない。それでも、二〇一八年全人代政府活動報告では、常駐人口都市化率が過去五年間で五二・六％から五八・五％に達したと順調な進捗具合が報告されている。

さて、この新型都市化計画が過剰生産力の緩和とどう関係するのかということであるが、新型都市化計画には公共住宅建設やインフラ整備など莫大な投資を必要とするプロジェクトが数多くある。過剰生産力が問題視される鉄鋼やセメントなどの分野において、一帯一路構想での海外の需要増に加え、国内でも新型都市化計画で需要が増えれば、過剰生産力の解消として国有企業を淘汰したり、人員を大幅に削減したりするリストラを最小限に抑えられる。また、過剰生産力を生み出した投資自体も、新型都市化計画で大規模な需要が生じる。こうして、新型都市化計画は引き続き中国の過剰投資、過剰生産力を温存させるプロジェクトとしての性格を帯びる。

また、新型都市化計画には他の目的もある。中国経済の大きな課題である経済格差の是正である。「和諧社会」というスローガンが二〇〇〇年代から掲げられているが、これは「調和のとれた社会」という意味で、環境問題なども含む言葉だが、その主眼は貧富の格差の是正である。新型都市化計画により実質的に都市部と農村の経済格差を是正したいことに疑いを持つわけではないが、統計上、職がなくても都市戸籍に転戸した低所得者が都市戸籍者にカウントされることにより、都市部の所得水準が下げられ、都市部と農村部の経済格差が縮まったように一時的には見えることになる。つまり、新型都市化計画は、経済格差の緩和と過剰生産力の緩和の両方に寄与する政策として都合がいい。

民間・地方政府の借金膨張——シャドーバンキング問題

前節で元農民を安置房（無料マンション）に住ませると述べたが、その原資はどこから来るのであろうか。実は、地方政府が委託する投資会社（「融資プラットフォーム」という）に銀行が融資をし、その資金で安置房と工業団地を整備する。算段としては、工業団地に入る企業から使用料と税金を得て、銀行に返済するだけでなく、安置房の住民に対する社会保障の財源も賄う。しかし、現実には企業誘致が進まず、シナリオが崩れ、借金を返せないケースが続出している。新型都市化計画と無関係のプロジェクトでも、地方政府は財源の乏しさから銀行借り入れを拡大させて財政悪化を招いていた。四兆元の景気対策のうち三兆元は地方政府が負担させられたためである。しかも、その地方政府の大規模プロジェクトに絡んで民間企業も大規模投資をしたため、三兆元をはるかに超える規模の大規模投資になっていた。

さらには、財政悪化により銀行から融資を受けられない地方政府が融資プラットファームを自ら設立し、高利回りの「理財商品」、「信託商品」とよばれる投資信託のような金融商品を販売し、機関投資家や個人投資家からお金を集め、無理な投資プロジェクトが遂行されるケースが続出した。地方政府に限らず、この銀行を介さない資金調達のあり方を「シャドーバンキング（「影の銀行」）」という。採算のとれないプロジェクトに投じられた莫大な資金が焦げ付き、出資者が大損するケースが中国各地で報告された。シャドーバンキングの規模はみずほ総研究の試算では二〇一四年に三四兆元（五四一兆円）に達しており、そのうちいくらが焦げ付いたかは不明である。中国政府はシャドーバンキング問題をうやむやにし、政府関係のサイトからシャドーバンキングを意味する「影子銀行」という言葉を一時期全て削除したが、借金自体が解消したわけではない。近年では家計の債務も膨張しており、中国の企業・政府（地方政府を含む）・家計の総債務は膨れ続け、二〇一九年八月一七日の国際金融協会（ＩＩＦ）発表によると、債務総額が第１・四半期に四〇兆ドルを超え、ＧＤＰの三〇三％に達している。

このように莫大な借金をしてまで投資を続けてきたが、中国政府は投資主導の経済政策を見直す気はないようである。二〇一九年三月五日の全国人民代表大会（全人代）では、金融政策に加えて、財政政策として大規模インフラ投資と減税を組み合わせると発表し、その規模が四兆元程度であることから、「新四兆元対策」とも呼ばれている。

3 そもそもなぜ中国は投資主導経済なのか

ここではそもそもなぜ中国は投資主導経済なのかに関して考察する。元々社会主義国であり、公共投資等が多いため投資主導経済であるのでは、と推測するかもしれない。しかし、元々投資の割合が高く個人消費の割合が低かったわけではない。図3は図1のGDP支出項目のうち総固定資本形成と個人消費だけを取り出し、期間を一九八三年まで遡及したものである。これによると、改革開放が始まった当初の一九八三年、中国のGDPを支出面からみると、投資（総固定資本形成）の割合は二八・八%、個人消費の割合は五三・六%であり、この当時の方がノーマルな資本主義国の割合に近い。ところが、市場経済の導入を進めていく過程での長いスパンで趨勢的に投資の割合が高まり、一方で個人消費の割合が下がっていったのである。つまり、市場経済化を進めるにつれ、ノーマルな資本主義国のGDP構成比からは乖離していったということである。これをどう解釈したらいいのだろう。

一つは、直接投資の受け入れが激増したことであろう。実際、一九九二年の南巡講話、二〇〇一年のWTO加盟を機に直接投資が激増するが、それにより総固定資本形成の割合も高まっている。そこから更に一段押し上げたのは四兆元の景気対策である。

図３　長期の総固定資本形成と個人消費の推移

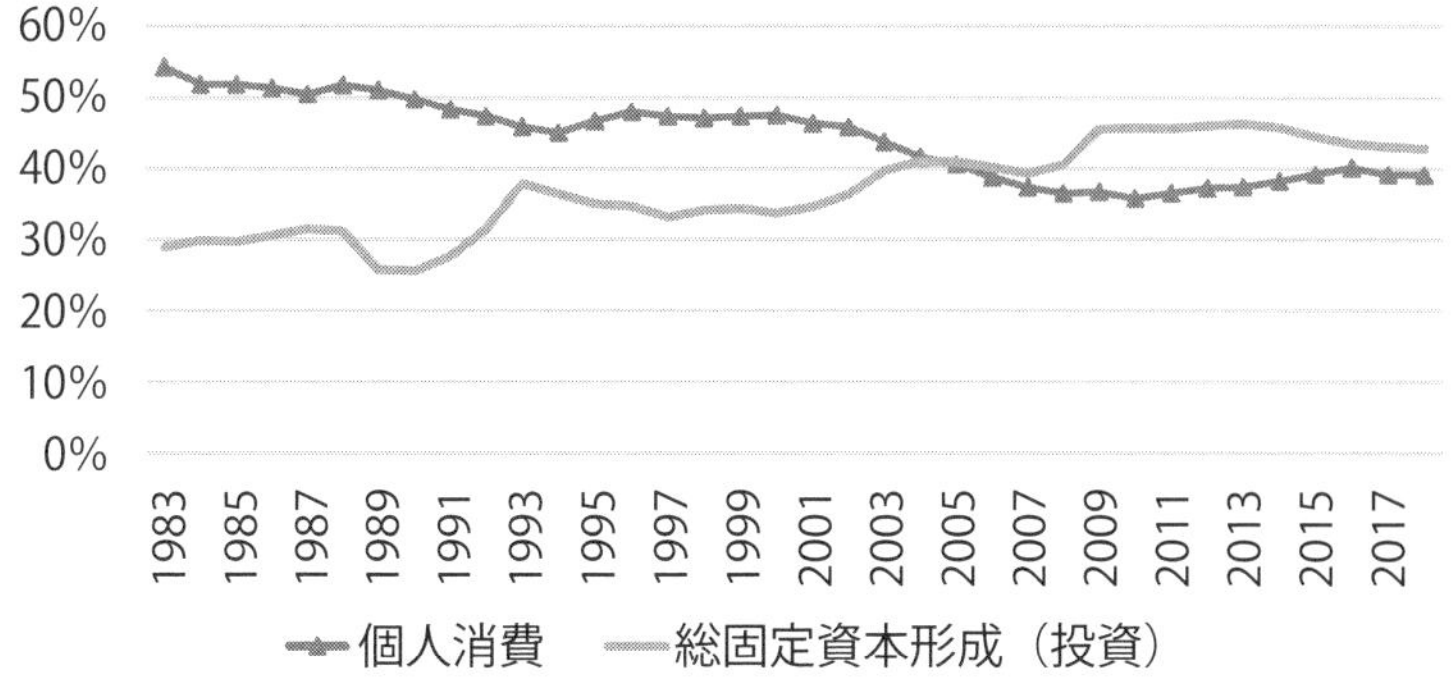

（出所）ADB Key indicators 各年版より作成

世界一高い貯蓄率

もう一つは、高い貯蓄率が投資の原資となっていることである。図４は家計貯蓄率の比較であるが、中国の貯蓄率の高さが際立っている。家計貯蓄率は、可処分所得からどれだけが貯蓄に回されたかを示すものである。中国では二〇〇〇年代以降に貯蓄率が上昇し、可処分所得の三分の一以上を貯蓄に回していることが分かる。中国よりも貯蓄率が高いのは強制貯蓄制度を採用しているシンガポールだけである。シンガポールを除けば実質的に中国が世界一貯蓄率の高い国である。

貯蓄率が右肩上がりなのは、高度成長と関係していると思われる。日本の高度成長期にも貯蓄率は右肩上がりになり、安定性長期の一九七五年にピークを打ち、それ以降の趨勢は低下に転じた。高度成長期には可処分所得が増え、貯蓄に回せる余裕が出てくる。家計が逼迫していればそもそも貯蓄に回す余裕などない。また、急激に社会の生活水準が上がっていく最中なので、物価も上昇することから、教育や医療サービスを受けるにも貯蓄がないと不安にな

図４　家計貯蓄率の推移比較

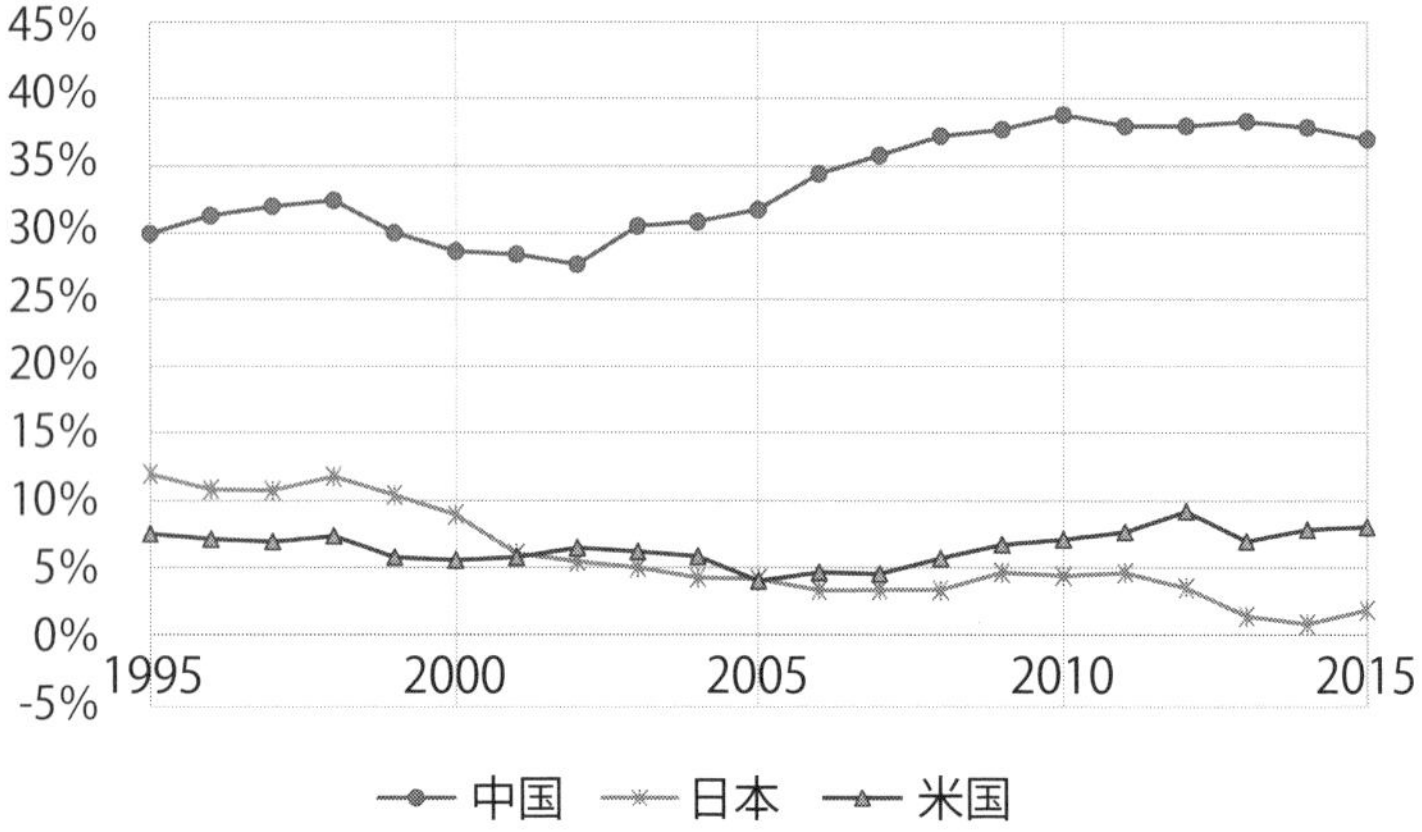

（出所）OECDデータより作成

る。よって、高度成長期には貯蓄率が高まる傾向にある。

しかし、中国の場合、貯蓄率の絶対水準自体が高い。日本の貯蓄率はピーク時でも二〇％台前半である。中国の貯蓄率の絶対水準の高さが何に起因するのかに関しては諸説あるが、基本的には将来不安への備えとして貯蓄することが原因と考えられている。将来不安というのは、先述した年金だけでなく、住宅、医療、教育にかかる支出も大きいことから貯蓄志向が高まると考えられる。なお、中国の高貯蓄率は都市と農村、年齢層に関係なく、まんべんなく高い。この高貯蓄率が高い投資割合の大きな要因となっている。また、貯蓄率が高いということはその分消費が減るわけで、それが個人消費の割合の低さに結びついている。

少子高齢化の進行

中国の高貯蓄率の背景には、一人っ子政策と少子高齢化の進展がある。一九七九年に始まった一人っ子政策は、食糧生産の増加が人口増加に追いつかないことを危惧して導入されたものである。少数民族には適用されないが、漢民族が二人目を生むと罰金が課される。そのため、戸籍登録しない「黒孩子（ヘイハイズ）」と呼ばれる子が存在し、二〇一〇年の中国政府の国税調査では、一三〇〇万人と推計されている。一人っ子政策の下では、親の老後の面倒を見るのは基本的に一人の子供となる。子供に負担をかけたくないと思うのが親の心情であり、また、老後の年金制度も充実していないため、貯蓄をして老後に備えることが高い貯蓄率につながっている。

一人っ子政策だけでなく、それに伴う少子高齢化の進行も高い貯蓄率と関係している。国連の定義では、六五歳以上の人口が七％を超えると「高齢化社会」、一四％を超えると「高齢社会」、二一％を超えると「超高齢化社会」と呼ぶ。中国は二〇〇〇年から高齢化社会に突入し、二〇二五年から高齢社会になると推測されている。日本は既に二〇〇七年から「超高齢化社会」になっており、中国の高齢化の進行スピードは大体日本と同じぐらいである。中国では二〇一二年に初めて労働力人口が減少し、労働需給が逼迫したことから、工業化の過程で農村から供給される余剰労働力がいなくなる「ルイスの転換点」と呼ばれる段階まできたと推測されている。これを受けて二〇一三年に一人っ子政策を緩和し、夫婦のうちどちらかが一人っ子であれば第二子の出産を許可した。続いて二〇一六年には一人っ子政策を廃止しているが、出生率に大きな変化は見られず、少子高齢化の進行スピードには影響がないと推測される。

国連の「世界人口予測　２０１７」では、中国の生産年齢人口のピークは二〇一四年となっており、それ以降は生産年齢人口が減少する「人口オーナス（負荷）期」に突入することになる。人口オーナス期とは、生産年齢人口が減少し、労働力の投入では経済成長できず、税収や社会保険料収入も減り、社会保障が維持しにくい状態の時期を指す[15]。社会保障の中でも特に年金制度が成り立ちにくくなる。

中国の公的年金

中国の公的な年金制度は、「養老保険制度」と呼ばれる。近年整備が進み、公的年金の加入率はだいぶ高まったが十分なものとは言えない。都市部では都市職工基本養老保険と公務員養老保険があり、いずれも強制加入であり、両者合わせて二〇一七年一二月時点で三億八三〇〇万人が加入している。これに加えて、都市・農村住民基本養老保険があり、任意加入ながら五億一三〇〇万人が加入している[16]。全部合わせれば九億人近くの加入者になる。しかし、都市・農村住民基本養老保険は低額の保険料負担ゆえ給付額もとても低い。二〇一六年のデータで都市従業員基本養老保険の月額平均受給額が二三六二元なのに対して、都市・農村住民基本養老保険の月額平均受給学はわずか一二〇元にすぎない[17]。また、農村部や都市部の非就労者への保障が行き届いていない。そのため、老後の生活資金として貯蓄をしようとする傾向が強い[18]。

このように中国の投資割合の高さは、世界でも最も高い貯蓄率がその原因になっている。その貯蓄率の高さは、少子高齢化とそれに伴う社会保障不安からきている側面が強い。

4　おわりに

これまで、中国独特の経済体制である投資主導経済と米中貿易戦争や一帯一路構想がどのように関係しているかを考察してきた。一見無関係に見える、中国が関係する国際問題と国内の経済体制が実は密接に関係していることをみてきた。

ただ、ここで誤解が生じないように断っておくと、筆者は中国の特異な投資主導経済をステレオタイプ（固定観念的）な上から目線である欧米の経済学的観点から「前近代的で不合理なもの」と糾弾しているわけではない。韓国が通貨・金融危機に見舞われた時も、欧米の投資家は、起亜自動車を潰せないのは“too big to fail”（大きすぎて潰せない）が理由で、市場原理に反しているとして通貨アタックを仕掛けた。しかし、リーマンショック後に米国は潰れそうなＧＭ（ゼネラルモーターズ）に対して“too big to fail”を理由に韓国と同じ国有化を講じてこれを救済した。これは一例にすぎないが、欧米からアジアを見る際にこのような上から目線の「アジアは遅れている」という先入観が入るのは珍しくない。そのような先入観で中国を遅れている国とは見なさない。

中国の投資主導経済には二つの側面がある。一つは、最先端分野を国が補助金等で積極的に支援するいわゆる「ニューエコノミー」分野。５ＧやＡＩ、ビッグデータの活用などの分野であり、中国政府が多額の補助金を国有企業や大手民間企業に供与していることを米国は問題視している。それだけ中国の最先端分野でのキャッチアップが目覚しいということであり、それへの警戒心である。一部の分野では、もはやキャッチアップ段階を超えている。最先端分野が集中する深圳は、米国のシリコンバレーよりも資金の出し手や取引相手、技術を見つけやすく起業しやすい環境であると言われている。一方で、投資主導経済により温存されるいわゆる「重厚長大」のオールドエコノミー分野も依然として大きい。鉄鋼やセメント、造船などの過剰生産力、国有企業改革が叫ばれて久しい分野である。このニューエコノミーとオールドエコノミーが混在する二重経済で成り立っているが中国である。ニューエコノミー部門だけで経済を引っ張って行くのは無理である。特に雇用創出の観点から無理である。よって、現実的な対処として、非効率であろうと政府が公共投資を先導してオールドエコノミー部門も延命させる。そのためには引き続き大規模な投資を続けていく他有効な手段がない。このような国内事情から「社会主義現代化強国」を宣言したのだが、ニューエコノミーの分野に中国政府が肩入れすることを正当化するかのような宣言に米国が強く反発した。これは中国政府も誤算だったと思われる。

米中の最先端分野の覇権争いはこの先も続くし、中国の投資主導経済も当分は継続せざるを得ないだろう。ただし、その大規模投資の原資が貯蓄の規模を超えて行われれば、持続可能性は低くなる。中国が投資主導経済から個人消費主導経済へと徐々に変化していくなら、米中貿易摩擦は和らいでいくことが予想されるが、見通しは明るくない

参考文献

イアン・ブレマー（有賀裕子訳）『自由市場の終焉――国家資本主義とどう闘うか』日本経済新聞出版社、二〇一一年。

石川幸一・馬田啓一・清水一史編著『検証・アジア経済』文眞堂、二〇一七年。

石川淳一『習近平の中国経済――富強と効率と公正のトリレンマ』ちくま新書、二〇一九年。

遠藤誉『米中貿易戦争の裏側――東アジアの地殻変動を読み解く』毎日新聞出版、二〇一九年。

大越匡洋『北京レポート――腐食する中国経済』日本経済新聞出版社、二〇一六年。

関志雄『中国「新常態」の経済』日本経済新聞出版社、二〇一五年。

木内登英『トランプ貿易戦争――日本を揺るがす米中衝突』日本経済新聞出版社、二〇一八年。

児玉昌巳・伊佐淳編『アジア統合の経済学』日本評論社、二〇一四年。

黒岩郁雄『東アジアの国際協力と地域共同体を考える』芦書房、二〇一九年。

胡鞍鋼・鄢一龍・唐嘯・劉生龍・段景子著『2050年の中国――習近平政権が描く超大国100年の設計図』日本僑報社、二〇一八年。

榊原英資『世界を震撼させる中国経済の真実』ビジネス社、二〇一五年。

唱新『AIIBの発足とASEAN共同体』晃洋書房、二〇一六年。

唱新・坂田幹男『東アジアの地域経済連携と日本』晃洋書房、二〇一二年。

末廣昭『新興アジア経済論――キャッチアップを超えて』岩波書店、二〇一四年。

田中道昭『GAFA×BATH　米中メガテック競争戦略』日本経済新聞出版社、二〇一九年。

田村秀男『検証　米中貿易戦争――揺らぐ人民元帝国』マガジンランド、二〇一八年。

日本経済新聞社『習近平の支配』日本経済新聞出版社、二〇一七年。

平川均・町田一兵・真家陽一・石川幸一編著『一帯一路の政治経済学：中国は新たなフロンティアを創出するか』文眞堂、二〇一九年。

三尾幸吉郎『3つの切り口からつかむ図解中国経済』白桃書房、二〇一九年。

南亮進・牧野文夫編『中国経済入門〔第三版〕――世界第二位の経済大国の前途』二〇一二年。

注

(1) 二〇〇〇年代前半にゴールドマンサックスが規模の大きい潜在力のある新興国（ブラジル、ロシア、インド、中国）の頭文字を取り、総称して「ＢＲＩＣｓ」と名づけた。当初は単なる呼称であったが、その後ＢＲＩＣｓ会議が定例化しているため、経済協力の枠組みとなっている。オブザーバー参加だった南アフリカ共和国が正式メンバーとなってから現在の「ＢＲＩＣＳ」という表記になっている。

(2) 途上国の発言権が強まったことにより、世界経済の重要な事項は、Ｇ7でなくＧ20で話し合われるようになった。

(3) 四兆元のうち、中央政府が一兆元、地方政府が三兆元を負担せねばならず、これが地方政府の借金体質につながった。また、投資規模は四兆元にとどまらず、民間もこれに便乗したためもっと大きく膨れ上がった。

(4) 本来は競争原理により淘汰されているはずなのに、雇用問題や中央政府との癒着などにより生き残っている国有企業を指す。

(5) 中国が世界の中心であり、周りの衛星国は中国に朝貢するものだという考え方。昔の朝貢貿易がその表れである。

(6) 二〇一一年発表のドイツの「インダストリー4・0」が有名であるが、これは製造業のデジタル化、コンピューター化を図る計画のことである。「第四次産業革命」という言葉もある。「中国製造２０２５」

は「中国版インダストリー4・0」と言われている。

（7）米中貿易戦争の真の目的は対中赤字の削減でなく、最先端分野での中国潰し、あるいはただの選挙対策（中国叩きで没落した米国の中間層からの得票を狙う）という意見もある。どれが真の目的かはトランプの胸の内のことなので分からないが、上記の三つの効果を複合的に狙えるものとしてしかけたものと解釈できる。

（8）税金や保険料などを引いた所得を「可処分所得」といい、そのうち消費に回す割合を消費性向という。

（9）これは要するに「積極財政」のことで、公共投資を多くやるということである。その大義名分として、「国土強靭化計画」を掲げている。これは日本全国で古くなったインフラ設備を造り替えたり、補修・修繕するというものである。老朽化したインフラ設備の整備は先進国共通の課題である。

（10）輸出依存度は、総輸出額／名目GDP×一〇〇で計る。

（11）UNCTAD統計から計算。二〇一八年の中国の輸出依存度一七・七％という数値は、統計のある二〇七カ国中一二二位である。同年の輸出依存度は、日本（一四・七％）、米国（八・一％）、韓国（三八・六％）、台湾（六〇・一％）、タイ（四九％）、マレーシア（五八・一％）などとなっている。中国の輸出依存度は日本や米国よりは高いものの、他の東アジア勢（東南アジアを含む）の中では低い方である。

（12）ゴーストタウン（「鬼城」）とは、大規模マンションに人があまり入居していない状態の比喩である。夜に見ると明かりが少なく不気味なことからこのように名づけられた。実需の見誤りだけでなく、居住目的でなく投資目的で買う人が多いことも原因である。ただし、商魂たくましい中国ではゴーストタウン自体を見せ物として活用する動きもある。

（13）この計画は、農村を都市化するやり方以外にも、都市部の農村戸籍者に都市戸籍を取らせたり、農村から近い都市に農民を移住させたりと、一様でなくケースバイケースである。
(14) 実験的に先行して行われるプロジェクトのこと。
(15) 逆に「人口ボーナス期」は、生産年齢人口が増加し、経済成長し易く、社会保障も成り立ち易い時期である。
(16) データは人力資源・社会保障部発表内容。出所は財務省・中国財政部(二〇一八年)「日中両国の公的年金制度についての研究レポート(仮訳)」。
(17) データの出所は同レポート。二〇一六年通期の為替レートは一元=一六・三八円(IMF)であるから、一二〇元=一九六五円にすぎない。
(18) ある調査によれば、中国の老後の生活の主な収入源としては年金が四七・一%で日本の六五・四%と比べて低い(データは注16と同じ。出所はニッセイ基礎研究所、二〇一八年)。その分、貯蓄が重要になってくる。

松石達彦

第8章　中国における都市化のゆくえ
――「収縮都市」に着目して

はじめに

中国は、半世紀にわたって日本やその他の先進国とは異なる独特な都市化を経験してきた。計画経済時代の「反都市化」政策、改革開放後の農村から都市への労働移動による急速な都市化、インフラ建設を主とした都市空間の急速な拡張、農村から都市へのさらなる人口移動を誘導する「新型城鎮化政策」である。改革開放後の都市人口は一貫して増加してきた。しかし近年、別の側面での都市問題が大きく登場してきた。それは、都市人口の減少や都市人口密度の低下をメルクマールとする「収縮都市」と呼ばれる問題であり、一般的に経済の低迷（Wiechmann & Pallagst, 2012）、就業率の低下（Reckien & Martinez-Fernandez, 2011）、空き家率・空き店舗率の増加（Couch & Cocks, 2013）人的資本の流失（Anja, 2016）などの社会問題をもたらす。

中国で初めて「収縮都市」の問題が提起されたのは、二〇一九年四月に国家発展開発委員会が発表した「二〇一九年新型城鎮化建設の重点任務」（以下、「重点任務」とする）である。「重点任務」では一部の都市人口や都市人口密度が低下傾向にあると警鐘を鳴らし、規模の拡大を追求する盲目的な都市開発の抑制を求めるとともに、都市市街地の中心部に人口と公共資源を集中させることで、「痩せていても強靭な」都市を目指すという指針が示された。同時に、移動や居住のみならず就業、教育、公共サービスの提供において差別してきた戸籍制度[1]が一段と緩和され、農業戸籍者の非農業戸籍取得の制限について、一〇〇万～三〇〇万人の都市では全面的に撤廃、三〇〇～五〇〇万人以上の都市では大幅な緩和、五〇〇万人以上の特大・超特大都市でも戸籍取得枠が拡大された。中国における近年の都市化政策における論点は、農村から都市への人口移転、都市移転者に対する社会保障制度の整備、土地使用権の市場化、都市インフラ開発等が主に取り上げられてきた中で、新たな視点が提示されたことになる。

そこで本章では、まず、「収縮都市」とは何かについて説明し、それが都市の発展に伴ってなぜ出現するのか、その原因を考える（第1節）。その上で、中国の都市化の現状と都市化政策を概観する（第2節）。そして、中国の「収縮都市」の現状と原因について考察し、議論が中国ではどのように展開されているのかを見る（第3節）。最後に「収縮都市」の形成と、現行の都市化政策との関係について検討を加える（第4節）。そこからは、新たな段階に入った中国の都市問題の論点が見えてきそうである。

1　「収縮都市」とは

「収縮都市」は一般にどのような背景によって形成され、どのような状態に達するとそう呼ばれるのだろうか。ここでは、「収縮都市」を生成する要因とその基準をめぐる議論を整理する。

「収縮都市」には、明確な定義はない。もともと第二次世界大戦期に米国で長期にわたって見られた都市経済の停滞、都市人口の流出、空き家の増加を描写するために使われ始め、一九八〇年代にHäußermann（1988）によるドイツの事例研究によって世界的に注目を集める。先行研究の多くが都市の人口減少あるいは都市の人口密度の低下を挙げ[2]、人口が少なくとも一万人以上の都市で、二年以上人口が流出しており、流出人口が総人口の一〇％以上に達するか、あるいは一年の流出率が一％以上、過去四〇年間の人口流出が二五％以上であれば「収縮都市」であるとしている。また国連（二〇一八年）によると一九九〇年代には世界の主要都市の四分の一が人口減少を経験し、一九九六〜二〇〇一年には、欧州の二二〇の都市のうち半数の人口が減少しておりポーランド、ルーマニア、ロシア、ウクライナなどのヨーロッパ諸国の都市、日本と韓国の都市を事例に、低出生率によって都市人口が減少する過程として紹介している。

　人口減少や人口密度の低下の原因として、低出生率の他に指摘されるのが、産業構造の変化と都市のスプロール化である。加茂（二〇一六年）では、都市の収縮は単に低出生率が引き起こしているわけではなく、一九九〇年代以降の脱工業化とグローバル化の進展が重要な要因であるという。すなわち、一方では金融業や情報産業の中心地がさらなる集積を進めて世界都市と呼ばれるにまで成長し(Sassen, 1991)、あるいはイノベーション産業の集積地として発展するシリコンバレーや深圳市のような新たな成長都市が生まれている。それとは対象に、旧来の重厚長大型産業を主要産業とする都市は、住民や企業の流出に直面し、都市人口が低下する。収縮都市の現象とは、情報産業やイノベーション産業の集積によって膨張する世界都市と同時代に起こりうる、対になる現象である(加茂、二〇一六年)。その代表的な例がドイツのライプツィヒ、フランスのパリに代表される古い工業都市、米国のラストベルト、日本の大牟田市や北九州市、夕張市等の石炭生産都市である。

2 中国における都市化の推移と特色

中国では、一九六八年の改革開放以降、現在に至るまで、すさまじい勢いと規模で、都市建設が進められ、都市の様相は一九九〇年代以降劇的に変化した。高層ビルが林立し、高速道路が全土に張り巡らされ、地下鉄も多くの都市に造られ延長された。都市間に高速鉄道が走り、多くの人々の住環境は改革開放後大幅に改善された。また都市の中心部には大型のショッピングセンターや高級ブランド店が建ち並び、人々の旺盛な消費意欲を満たしている。こうした都市化の様相は、北京や上海などの沿海地域の大都市に限ったことではない。内陸部の中小都市でも同様の光景が広く見られる。

しかし、中国においても上述のように、「収縮都市」の出現が懸念されている。そこでここでは中国の「収縮都市」の特徴をみきわめるために、これまでの中国の都市化の過程を整理しておこう。こ

図1　都市化率と工業化率の推移

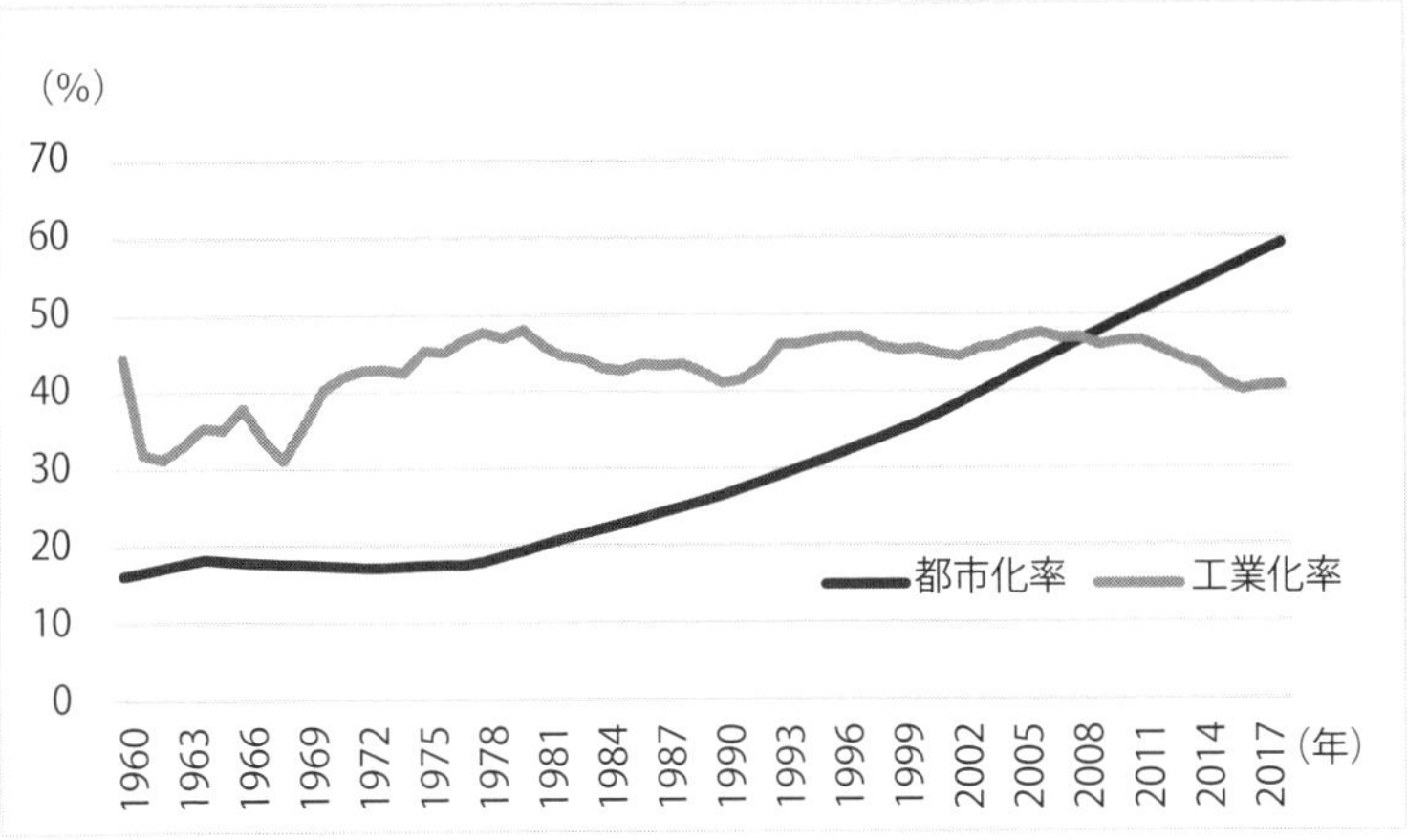

（出所）世銀データより筆者作成。

こでは中国の都市化率の推移、人口移動の特徴、政策的背景に着目する。

急速な都市化と三大都市圏への人口流入

中国の都市化水準を数値でとらえてみよう。農村から都市への人口移動は、どの国でも工業化が進むにつれて見られる現象である。中国も例外ではなく、一九七八年の改革開放以降、市場経済化が進むと大規模にかつ高スピードで農村から都市への労働移動が活発化する（図1参照）。一九七八年には人口のわずか一八％しか都市に居住していなかったが、その四三年後の二〇一八年には人口全体の五九％を都市人口が占めるまでになった[3]。

ここで、中国に急速な都市化をもたらした農村から都市への出稼ぎ労働について、簡単にまとめておこう。二〇〇〇年代までの人口移動は、東部地域の三大都市圏を流入先とした集中型であり、流入者は貧しい西部・中部地域の農村や「鎮」（日本語の町

図２　省別流出入超過率（2015年、2005年）

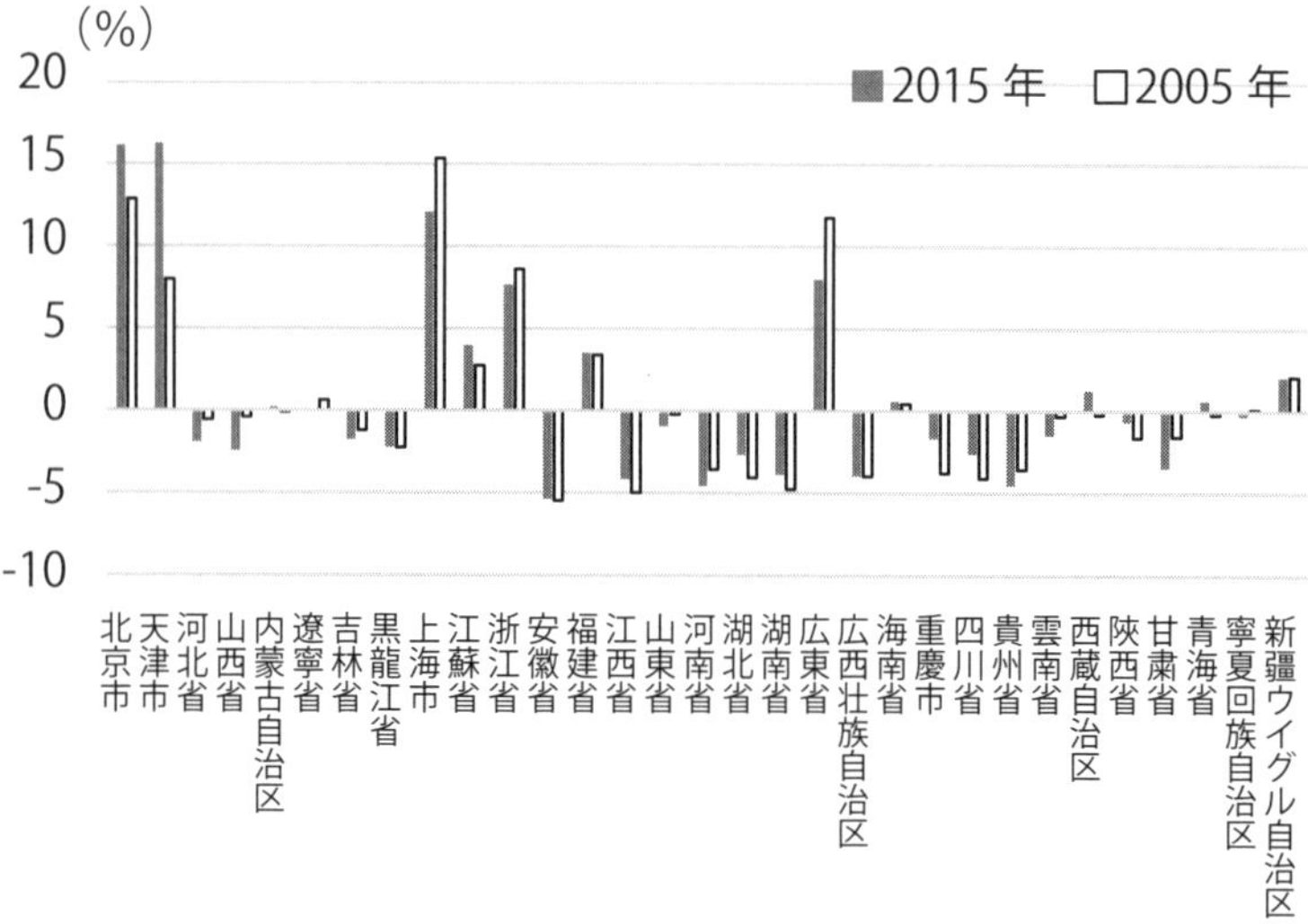

（出所）『中国全国人口１％抽様調査』（2005年版、2015年版）を用いて筆者作成。
（注）流入超過はプラス、流出超過はマイナスで表される。

に相当する）の出身者だった。二〇一〇年以降次第にこうした傾向に変化が現れる。東部地域一辺倒だった流入地は、中部地域、西部地域へと分散し、これまで主に高所得地域で多くみられた省内移動が中所得地域（省市区）でも活発化している。

図２に二〇一五年と二〇〇五年の省別流入超過率を示した。流入超過だったのは、北京、天津、上海、江蘇、浙江、福建、広東、新疆ウイグル自治区である。特に三大都市圏すなわち、京津冀都市圏（北京、天津、唐山など）、長江デルタ都市圏（上海、南京、蘇州、杭州など）、珠江デルタ都市圏（広州、深圳など）の超過率がとりわけ高い。その他の省では流出者が流入者を上回る流出超過である。最も流入超過率が高く二〇〇五年から二〇一〇年にかけて超過率を大きく増加させた北京と天津の付近に位置する河北や山西では、同一〇年間で流

出超過率のマイナス幅が拡大している。また上海や広東の流入超過率は高いものの、同一〇年間で超過率を下げる。これと連動するように、上海や広東の出稼ぎ労働者の送り出し地域として指摘されている四川や重慶や湖南や湖北の流出超過率は、縮小している。

沿海部大都市への人口集中の緩和は、近年の都市化政策の反映を表している。以下では中国の都市化政策についてみていこう。

都市化の特徴と政策的背景

中国の都市化の進展においては、中央政府あるいは地方政府が果たした役割が大きい。とりわけ、改革開放政策が急加速する一九九〇年代以降の都市化は、一言でいうならば、中央政府や地方政府が繰り広げる地域開発戦略を実施に移す現場であり、また自由な人口移動を阻害してきた戸籍制度改革を行う「プラットフォーム」でもあった（穆、二〇一八年）。ここでは計画経済時代から近年に至るまでの都市化の特徴、またそれをもたらした政策的背景について、四つの段階に分けてまとめておこう。

第一段階――計画経済時代の「反都市化」政策

一般に都市化は工業化や近代化を伴うが、中国では建国以降、高い工業化率を維持しながらも、都市化率は低く抑えられてきた。都市化率が工業化率に追いつくのは、二〇〇九年になってからである（図1参照）。背景には、一九五六年から実施されている戸籍制度の下での「反都市化」政策がある。

中兼（二〇一二年）は、毛沢東が「反都市化」政策を採用した理由を以下の四点にまとめている。第一に、食糧生産の確保・拡大を目指した。生産性が低い当時において、労働力を減らすことはできなかった。第二に、対立しているソ連や米国からの侵攻に備えるために都市人口の増加を抑制した。第三に、都市生活は社会主義精神あるいは革命精神が萎えさせる。都市の知識人や幹部を農村で再教育をするために農村に送った。第四に、都市のインフラが不十分であり、農民の都市への大量流入は、住宅、教育、医療、交通など様々な面に支障をきたすと考えた。

第二段階——改革開放後の膨大な人口流入による都市化

市場経済化の進展とともに、移動人口の総数は、一九九六年の一五〇〇万人から、二〇〇〇年には四〇〇〇万人へと急増する。移動者の多くを占めていた農村からの出稼ぎ労働者は、主に建設業やサービス業で就労し、都市経済の成長を支えた。そのため出稼ぎ者の都市への流入は、一国の経済発展のためには不可欠であるという認識に次第に変化する。ただし、戸籍制度政策による移動の管理制度は維持され、農村からの出稼ぎ労働者は、都市での就業、住宅、教育、社会保険などあらゆる面において都市戸籍を持つ住民と同等のサービスを受けられず差別の対象となった。この時期の出稼ぎ労働者の多くは、工場労働者の場合は、寮に住み、その他は家賃の安い都市周辺部のアパート等に住んでいた。かつて日本の高度成長期に都市近郊で地方出身者のために供給された公団住宅のような居住場所は、この時期の中国の出稼ぎ労働者には与えられなかった。彼らは都市戸籍を持たず、定住することが許されない農村戸籍者という「身分」だったからである。

第三段階――地方政府による過度な都市開発

一方で「土地の都市化」は急速に進んだ。多くの都市で広い道路、大きな広場が過度に整備され、新市街地、開発区、工業団地がほとんどの町に建設された。

都市開発が過度に進行した要因について、陸大道（二〇〇七年）は、地方幹部の認識の甘さ、土地収用費用が市場価格よりも低く設定されてきたこと、地方幹部が所管の地方のＧＤＰの増減によって評価される成果主義を挙げる。成果主義は地方政府を激しい企業誘致競争にさらし、工業用地は格安の地代あるいはただ同然で貸し出された（罗云辉、林洁、二〇〇三年）。二〇〇六年に国務院が発表した《土地調整コントロールの強化の関係問題に関する通知》によって、工業用地の地代の決定方法は、それまでの地方政府と企業との協議から、入札・競売・公示（「招拍挂」制度）」になり、また最低価格水準が示され最低価格よりも下回ってはいけないとされたが、地代は依然として最低価格かそれよりもわずかに低い価格で取引されてきた。こうして地方政府はますます開発を進めた（蔡继明、熊柴、高宏、二〇一三年）。

中国の憲法では、都市の土地は国家所有であり、農村の土地は集団所有で定められている。都市の土地は、都市建設用地と未利用用地があり、農村の土地は、農業用地、農村建設用地、未利用用地に分けられる。農村建設用地は農民の宅地、農村の公共サービスとインフラ施設、郷鎮企業の用地としてのみ使用できる。都市の土地使用権は、譲渡・相続・賃貸・抵当権の設定が可能であるが、農村の土地は、食糧安全保障の観点から一定の農地を保全するためとして、使用権の譲渡は禁止されてきた。

しかし、一九八〇年代に郷鎮企業が淘汰されてくると、その遊休地が増える。また農村建設用地は、農民の住宅や公共施設、郷鎮企業の用地としてしか利用できないために、利用効率が低いと指摘されていた。さらに農地についても地方政府は郊外地域で農民から安価に取得し、それをディベロッパーに高値で販売して利ざやをかせぎ暴利を得る手法が広く見られ、住人のいない「鬼城」（ゴーストタウン）が数多く建設された。

第四段階――「人の都市化」

二〇一四年に導入された「新型都市化政策」では、それまでとは異なる新たな視点が盛り込まれている。すなわち、「人の都市化」である。中西部地域の中小都市を中心に、農村戸籍者が都市戸籍を取得するための条件が大幅に緩和され、二〇一八年には都市戸籍を取得した農村戸籍者は九〇〇〇万人を超えた。これによって、投資主導から消費主導型への経済構造の転換が期待されているが、問題も少なくない。教育、インフラ、住宅保障等で生じる地方政府の財政負担が改革の最大の壁であると指摘されている（経済参考報、二〇一四年八月一日）。

ところで中国の都市化、具体的には農村から都市への膨大な数の出稼ぎ労働者の労働が生み出したものとして、蔡・熊・高（二〇一三年）は、出稼ぎ労働者が得た給与収入、企業が出稼ぎ労働者の就業から得た利潤、政府が出稼ぎ労働者から徴収した各種管理費用および、出稼ぎ労働者が就労した企業からの税収を挙げている。三つめについては、地方政府が直接得られる収益である。地方都市で働く出稼ぎ労働者が確保できる限り、出稼ぎ労働者の市民化の費用は賄えるはずである。企業からの税収のみならず、都市民化した農民の土地の移転収益も期待でき、また農地の大規模経営によって生産性の向上も期待できる。

しかし、地方政府にとって、「人の都市化」の金銭的なインセンティブは低い（蔡・熊・高、二〇一三年）。多くの出稼ぎ労働者は、地域を跨いで移動する。そのため市民化のコストをだれが負担するのか、その仕組みが構築されていない。出稼ぎ労働者の市民化のコストとして、出稼ぎ労働者の送り出し地域の土地の移転収入は使えない。

3　中国における「収縮都市」

ここまでみてきたように、中国は近年積極的な都市化政策によって都市人口の増加を図り、実際に都市化率は急速に高まった。にもかかわらず、なぜ都市人口の減少や人口密度の低下が指摘され始めているのだろうか。まず先に、中国の「収縮都市」について全体像を把握し、次に中国における「収縮都市」形成の原因を検討してみよう。

「収縮都市」の現状

中国においても既に「収縮都市」の出現が指摘されている（劉・超・呉、二〇一七年）。例えば劉・謝・洪・陳（二〇一九年）では、二〇一一年から二〇一六年（あるいは二〇一五年）の都市人口密度の変化を調べ、その変化率が一・〇以下の都市を「収縮都市」として測定した結果、その数は三二九都市のうち一九・四％を占める六四都市にのぼっている。また劉・楊（二〇一七）は二〇〇〇年と二〇一〇年の二回の人口センサスの常住人口データを比較し、地級市と県級市の双方を合わせた一八〇都市のうち、地級市の二六・七％、県級市の三七・一六％が「収縮都市」であるとしている。[4]劉・張・呉（二〇一七年）では、上述の二回の人口センサスを用いて地級市以上の都市を計測し二八七都市のうち二九・六二％の八五都市を「収縮都市」と判定している。

これらの先行研究から、「収縮都市」は主に東北地域、長江経済ベルト（重慶、四川東部、湖北、貴州、安徽、福建等）の都市に集中していることがわかっている。それでは、いかなる人口規模の都市が「収縮」しているのだろうか。ここでは、都市人口の規模と人口密度の関係について、『中国城市統計年鑑』のデータを用いて検証してみよう。中国における行政上の市は、「地級市」[5]と「県級市」[6]に分けられるが、本報告では「地級市」を対象とし、都市人口として「市轄区戸籍人口」を、市街地面積の指標として「市轄区面積」を用いる。

まず、全二九八都市を、都市人口の順位規模によって、六つのグループに分けて考察する。六グループとは、中国を代表する北京と上海（Ⅰ）、天津や広州など省都クラスを主体とする三〇〇万人以上の都市（Ⅱ）、二〇〇万人以上の西安や南京など省都を含む都市（Ⅲ）、一〇〇万人以上の都市（Ⅳ）、五八万人以上の都市（Ⅴ）、五八万人未満の都市（Ⅵ）である。図3に都市規模別人口密度と人口規模の関係を示した。

全都市の二〇〇九年から二〇一七年の八年間の市轄区戸籍人口の増加率は、二五・四％であったが、人口規模が三〇〇万人以上のⅡグループでは九〇％の増加率、Ⅳグループでは二一％、Ⅴグループではマイナス一一・九％、Ⅵグループではマイナス二八％であり、全体として、人口規模が大きい町の

図3　都市人口規模別の人口密度と市轄区戸籍人口の関係

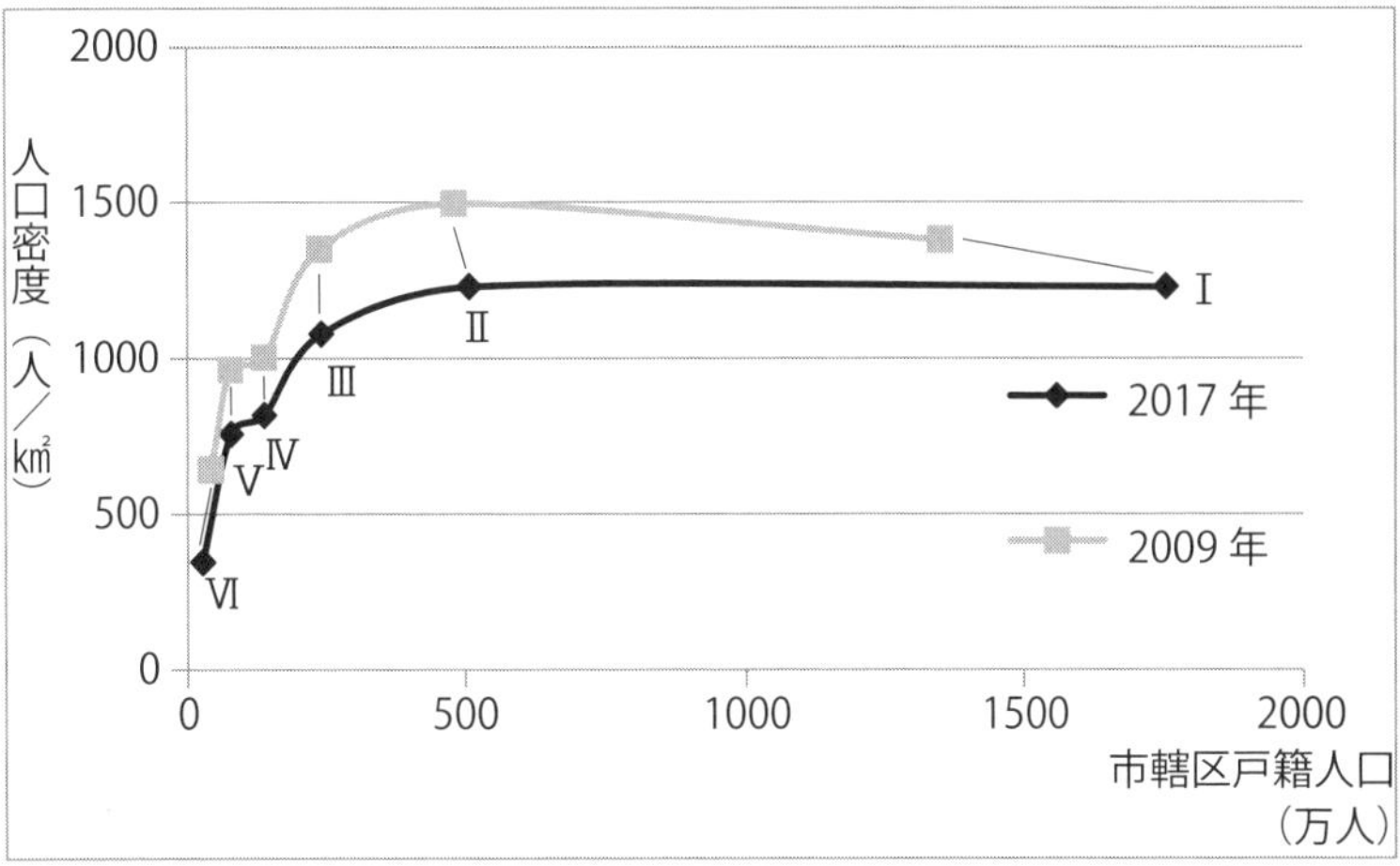

（出所）『中国全国人口１％抽様調査』（2005年版、2015年版）を用いて筆者作成。

人口増加率が大きい。

一方、同期間の市轄区面積増加率は、五四・三%であった。グループ別に市轄区面積増加率をみると、Ⅱグループが一五〇%で最も大きく、次にⅥグループが七七%と続く。その他のグループも二〇%から五〇%程度で増加しており、人口規模に関係なく市轄区の面積は一様に増加している。

その結果、市轄区の人口密度は全てのグループにおいて年々低下している（図3）。特にⅡグループとⅢグループの人口規模の中程度のクラス及びグループⅣの最小規模のクラスにおいて、人口密度の低い市轄区が急速に形成されている。

「収縮都市」の出現の要因

上述のように、人口が中小規模の都市では、人口増加率がマイナスにもかかわらず、都市部の面積は年々拡大した。なぜそのようなことが生じたのだろうか。以下、都市縮小の要因について章・

表1　中国の「収縮都市」形成の主な要因

類型	内容	典型的都市、事例
人口構造の変化	高齢化、低出生率	広安、自貢
	人口流出	広安、自貢
経済的変化	脱工業化	内江、鶴壁
	経済不振	呂梁
	インフラ整備	高速鉄道沿線都市
空間的変化	郊外化	無錫旧市街
環境の変化	自然災害や砂漠化	徳陽
	資源枯渇	阜新、伊春
政治的変化	政府の失敗	「空城」、「鬼城」

（出所）章・米・黄・銭（2018年）を参考に、筆者作成。

米・黄・銭（二〇一八年）を参照し、人口構造の変化、経済的変化、環境の変化、空間的変化、政治的変化の五つに分けて整理する（表1）。

第一に、人口構造の変化である。「収縮都市」を生み出した最も基本的な要因が、人口の減少と高齢化であろう。中国の総人口は二〇一九年末で一四億人と予想されている。当面は人口増が続き、二〇二八年の一四億四二〇〇万人をピークに減少に転じる見通しを発表している。また、一部の研究者は二〇一八年にはすでに中国は人口減少局面を迎えたとする[7]。六五歳以上が人口に占める比率は一八年末に一一・九％と前年比〇・五％上昇した。高齢化が進展するなかで人口誘導政策を伴った都市化に警鐘を鳴らすのが郭他（二〇一二年）である。郭他（二〇一二年）は四川省の小都市の都市化を事例に挙げ、若年層が流出する一方で、流入者の多くが農村の高齢者であることから、小都市が加速度的に高齢化していると指摘している。

第二に、経済的変化である。経済発展の過程で産業構造の転換が起こり、それに対応して産業の優位性が変化する。それまで優位であった産業が優位性を失い、その産業に属していた従業員が容易に職業転換できずに長期的な失業状態に陥る。中国では紡績、機械、石炭、軍需、軽工業、化学工業が不況に陥りやすい産業と言われてきた。例えば石炭の産地である山西省では呂梁（山西省）を含めて長期にわたって石炭を生産してきた。しかし二〇〇八年の金融危機以降石炭の価格の下落によって中小規模の炭鉱は経営崩壊の危機に陥り、さらに中国国家安全生産監督管理総局が指示した小規模炭鉱の整理削減によって、大規模な失業者が発生し人口が流出した。また経済のグローバル化の進展も都市人口の変動に大きな影響を与える。輸出企業が多く集積する東莞市（広東省）は、人口の大多数を出稼ぎ労働者が占める特殊な都市である。

第三に、空間的変化である。無錫市旧市街地（中心域区）では郊外化による人口密度の低下が顕著である。周辺には工業団地を中心とする複数のニュータウンが建設され、行政と商業施設もニュータウンに移転している。高速鉄道の駅も、旧市街地を避けてニュータウンに立地する。さて、郊外化による中心市街地の人口減少は、次のようなメカニズムでどこの国にでも生じる。規模の経済や集積の経済の効果によって集約的な都市が形成されると、集積の利益が最も大きい中心市街地には、最も地価が高く、中高層ビルの商業施設やオフィスビルが立地する。中心市街地の周囲には、地価負担力の低い住宅が、さらに地下負担力の低い農地は、都市の外延部に立地する。モータリゼーションが進み、またより安い土地や住宅を求めて郊外化が進展し、都市空間・機能は拡散・拡張する。ところが、景気後退や産業構造の転換による雇用の喪失や人口の流出、あるいはライフスタイルや価値観の変化に伴う出生率の低下も加わり、都市の人口減少が続く。市の中心部は空き店舗や空き家が増え、最終的には公共サービスの提供が縮小される。

第四に、環境的変化である。鉱山資源に依存して発展してきた地方で資源の枯渇に直面すると、労働者が失業し、人口流出圧力となる。例えば、石炭を産出し、電力を発電しきた阜新市（遼寧省）は、一九八〇年代から一九九〇年代にかけて経済発展したが、二〇一〇年以降は遼寧省の中で最も経済発展水準が低く、一人当たりＧＤＰ水準は遼寧省平均の半分にも満たない。失業率が高く、地方財政が困窮しているため再就職支援事業への財政投入が難しく（施二〇一四年）、人口流出に歯止めがかからない。また豊富な森林資源を有した伊春市（黒竜江省）は、二〇〇〇年から二〇一〇年の間に人口が八％減少する。建国以降林業の町として栄え、人口一〇〇万人以上の都市に成長するが、その後一九九〇年代に過剰伐採で資源が枯渇する。二〇一三年には商業伐採は完全に禁止され、人口流出が続いた。

第五に、政治的背景である。上述のように地方政府は新都市や新区の建設、あるいは団地の建設によって域内総生産（ＧＲＰ）の増大を図る。同時に中央政府の指示に従って都市化率を上昇させ目に見える成果を示そうとする。地方政府はさらに、広大な土地の使用権を農民から相場よりも安く買い取り、開発業者に高く販売することで利益を得ることが。しかし実際に売却できずに人口が希薄な「鬼城」を作り出す。

どの国においても、産業政策の変化や景気の変動があれば、経済的要因、空間的要因、環境的要因によって人口や人口密度の変動は生じる。それに対して、急速に高齢化する人口構造は中国の一人っ子政策がもたらした結果であり、また「鬼城」などの乱開発は、「地方政府の失敗」であるといえよう。政府の失敗はきわめて中国独特の要因である。

4　おわりに――「収縮都市」と開発の関係

以上、中国における都市化の進展と「収縮都市」の規模、特色、形成要因を概観してきた。このことから、中国においても「収縮都市」が広くみられること、また「収縮都市」の形成要因として一般的に指摘されている、集約的都市構造の形成やモータリゼーションの浸透に加えて、地方政府による乱開発や中国特有の人口誘導政策もまた、挙げられることがわかった。

さて、中国において「収縮都市」の問題の解決に関する議論や提言は、人口減少・人口密度が低下する中小都市が、いかに産業構造の転換を果たし、あるいは企業誘致に成功し、都市に人を集めるか、という点に集中している。そのために工場団地や新しい市街地の整備など、さらなる開発が目指される。大幅な人口増加がない限り、どこかの都市で人口集積があれば、それは必ず他の都市の人口流出をともなうゼロサムゲームである。これは、中西部地域における中小都市の建設とそこへの人口誘導を目的とする「新型都市化政策」を意識したもので、抜本的な「収縮都市」対策とは言えない。むしろ更なる都市人口密度の低下を招き、悪循環に陥りかねない。

外部経済や集積のメリットに基づいたコンパクトな都市づくりは、「収縮都市」の増加を避けるためにも不可欠である。その意味で中西部の中小都市に人口を誘導しようとする「新型都市化政策」のあり方とその影響には十分に注意を払っていく必要があるといえよう。

参考文献

穆尭芋「地域開発と都市化――地方主体の地域発展戦略を中心に」岡本信広編『中国の都市化と制度改革』IDE－JETROアジア経済研究所、二〇一八年。

施錦芳「資源枯渇型都市の貧困問題」『社会科学研究』第66巻第1号、二〇一四年、五～一六頁。

曽我謙悟「二つのポストモダン都市像」加茂利男・徳久恭子編『収縮都市の政治学』岩波書店、二〇一六年。

加茂利男「収縮都市をめぐる政治と行政」加茂利男・徳久恭子編『収縮都市の政治学』岩波書店、二〇一六年。

中兼和津次「ルイス・モデルと中国の転換点」『開発経済学と現代中国』名古屋大学出版会、二〇一二年。

发展改革委「《2019年新型城镇化建设重点任务》的通知」二〇一九年三月三一日、http://www.gov.cn/xinwen/2019-04/08/content_5380457.htm、二〇一九年一一月一日参照。

国务院发展研究中心「新型城镇化〝新〞在何处?」『经济要参』二〇一三年第二二期。

国务院发展研究中心「新型城镇化与旧型城镇化之比较」『管理学刊』二〇一四年第六期。

刘春阳・杨培峰「中外収縮城市动因机制及表現特征比較研究」『現代城市研究』二〇一七年第三期。

刘王博・张学良・吴万宗「中国収縮城市存在生戸率悖沦鸣――基于人口总量和分布的分析」『经济学动态』二〇一七年第一期。

罗云辉・林洁「苏州、昆山等地开发区招商引资中土地出让的过度竞争――对中国经济过度竞争原因分析的一项实证」『改革』二〇〇三年第六期。

蔡继明・熊柴・高宏「我国人口城市化与空间城市化非协调发展及成因」『経済学動態』二〇一三年第六期。

郭晓鸣等「中国城郊农村新型城市化模式探析」二〇一二年一二月五日、http://www.zgxcfx.com/Article/52044.html、二〇一九年二月二五日参照。

张学良・张明斗・肖航「成渝城市群城市收缩的空间格局与形成机制研究」『重庆大学报』二〇一八年第六期。

章昌平・米加宁・黄欣卓・钱杨杨「收缩的挑战――扩张型社会的终结还是调适的开始?」『公共管理学报』二〇一八年第四期。

「戸籍改革要啃教育住房〝硬骨头〟」『经済参考報』二〇一四年八月一日。

Anja, B. N. (2016), "Tackling human capital loss in shrinking cities：Urban development and secondary school improvement in Eastern Germany", European Planning Studies24(5),pp.865-883.

Couch, C. & M . Cocks(2013), "Housing vacancy and the shrinking city：Trends and policies in the U K and the city of Liverpool", Housing Studies28 (3), pp.499-519.

Reckien, n & C. Martinez-Fernandez(2011), "Why do cities shrink?", European Planning Studies19 (8) ,pp.1375-1397.

United Nation, Dept. of International Economic and Social Affairs(2018) "World Urbanization Prospects：The 2018 Revision" (ST/ESA/SER. A/420). Available at：https://population.un.org/wup/Publications/Files/WUP2018-Report.pdf.

Wiechmann, T & K. M . Pallagst(2012),"Urban shrinkage in Germany and the USA：A comparison of transformation patterns and local strategies", International Journal of Urban and Regional Research 36(2), pp.61-80.

Häußermann H., Siebel W, *Die Schrumpfende Stadt und die Stadtsoziologie* Soziologische Stadtforschung. Opladen:Westdeutscher Verlag, pp.78-94.

注

（1）戸籍登記条例として一九五八年より施行。農業戸籍か非農業戸籍に区別される。戸籍上の区別や登録された出生地によって、社会保障や公共サービスの内容が異なる。また都市から農村への戸籍の移転も厳しく制限されてきた。都市に移り住む農村出身の出稼ぎ労働者は、その戸籍の転出入が認められず、就業、賃金、住宅などで差別を受ける。そのため戸籍制度は社会的な権利の不平等を損なっていると問題視されてきた。

（2）例えばニューヨークに本部のある Shrinking City International Research Networkでは、人口一万人以上の都市で、人口流出が二年以上続き、構造的な経済危機に直面している都市を収縮都市と定めている。

（3）この都市化スピードはかつて日本の経験、すなわち一九二〇年から一九六〇年までの四〇年間で起こったものに近い。この間に日本の都市人口は、全体の一八％から六〇％に膨らんだ（日本長期統計総覧）。

（4）同様の方法で収縮都市を測定した張・張・肖（二〇一八年）では、九〇都市（地級市以上）となっている。誤差が生じた原因は不明。

（5）「地級市」は、中国の地方行政単位。「地区」、「自治州」、「盟」とともに二級行政単位を構成する。省と県中間に位置する。

（6）「県級市」は、中国の地方行政単位。「県」と同じ区分にある市。「地級市」を含む地級行政区の下に位置する。

（7）易富賢、（二〇一九）より。

第9章　持続可能な開発目標（ＳＤＧｓ）とソーシャルビジネス
――有限会社バンベンを事例として

はじめに

本章第一節では、近年、世界的に注目を集めているソーシャルビジネス（ソーシャル・エンタープライズ、社会的企業）の事例として有限会社バンベンを取り上げ、その事業の経緯と現状を述べる。続く第二節では、ソーシャルビジネスの定義を巡る議論について言及し、ソーシャルビジネスの経済規模などを俯瞰する。最後に、第三節でＳＤＧｓの定義に触れ、ＳＤＧｓを達成する一主体としてのソーシャルビジネスについて言及し、むすびとした。

なお、本章を作成するに当たり、有限会社バンベンの坂本毅社長には、お忙しい中、筆者の取材に対し真摯にご対応いただいた。記して御礼を申し上げる次第である。

写真１　植林開始時（2005年4月）の風景

（出所）有限会社バンベン・ウェブサイト（http://banben.jp/user_data/green.php）

1　有限会社バンベン[1]

「塩を売って緑を買う男」坂本毅《たけし》、一九六五年福岡県生まれ、五四歳。有限会社バンベンの社長である坂本が同社を創業したのは、二〇〇四年九月のことである。バンベンとは、「坂本」を中国語読みしたものという。同社は、創業から一五年のいわゆるソーシャルビジネス（Social Business：社会的企業）である。

同社の商品は現在、「バンベンの木になる塩[2]」、「至福麺ラーモン[3]」など一三種類（詰め合わせ商品を含めると一六種類）である。中には「緑化事業に寄付（一口一〇〇〇円）」というユニークな商品もある[4]。飲食店等が主な販

写真2　植林開始から2年後（2007年）の風景

（出所）有限会社バンベン・ウェブサイト。

売先となっているが、個人の消費者は、同社ウェブサイト(5)を通じて商品を購入することができる。中国・内モンゴル自治区にゆかりのある商品を販売し、その商品の購入価格（＝販売額）の一〇％が内モンゴル・オルドスの砂漠緑化に使われるのであるが、具体的には、次のような仕組みになっている。例えば、ある月に一〇〇〇円の商品が一〇〇個売れたとしよう。売上高は一〇万円なので、その一〇％の一万円が緑化事業に寄附されるが、その寄附金を元に現地で木の苗を購入し、植林事業の従事者を雇用することで、砂漠緑化と雇用の創出、地域経済の活性化に寄与すること（＝ミッション）になるのである。通常、こうした社会（地域）貢献事業への寄附は売上高ではなく、利益に対する割合で示すことが多いが、例えば、売上高一〇万円、利益二万円であれば、二万円の一〇％＝二〇〇〇円となるわけである。もちろん、利益が出なければ、寄附をしないということになる。バンベンのミッション遂行のために、売上高の一〇％と

写真３　植林開始から5年後（2010年）の風景

（出所）有限会社バンベン・ウェブサイト。

宣言し、実行し続ける勇気と継続力は賞賛されてしかるべきものであることがわかるであろう。まさに、「塩を売って緑を買う男」である。こうした実績に基づいて、二〇一二年に環境省主催「エコジャパンカップ」審査員特別賞を受賞し、二〇一四年には公益財団法人西日本国際財団の「アジア貢献賞」を受賞したこともこうした評価を物語っている。

坂本はなぜ、バンベンを創業したのか。話は、明治大学在学中の一九八五年に遡る。実は、志望大学に進学したものの、「授業はつまらないし、友人もできないからアルバイトに精を出す日々」を過ごし、以降の人生に目標を見いだすことができないままでいたという。そうこうするうちに、海外で、それも独りでできるような仕事をしてみたいと思うようになり、一念発起、バックパッカーとして世界旅行に出た。このときの経験から、「日本語教育に目覚め」[6]、日本語教育能力検定試験に挑戦、見事、合格することができたのである[7]。

一九九一年、青年海外協力隊に参加し、日本語教師として中国・内モンゴル自治区にあるオルドスへ派遣され、モンゴル族高校に赴任した。生活環境は大変厳しいものであったが、生徒や教師仲間だけでなく、地元住民とも親しくなり、当初一九九三年までの二年契約のところを契約更新し、九五年までの四年間をオルドスで過ごした。この間に、オルドスは「第二の故郷」との思いを抱くようになったという。同時に、冬の燃料にするための草木の伐採に加え、野放図な放牧や開墾によって、現地ではすさまじい勢いで砂漠化しており、この砂漠化が日本、とりわけ九州に黄砂が飛来する原因の一つとなっているという現実を実感した。その時、何とか砂漠化をくい止め、緑を増やしたいとの思いがあり、一度はＮＧＯ（非政府組織）を立ち上げることも考えたが、「資金も技術も協力者もいない、大勢の人びとを巻き込むカリスマ性もない」状態であったため、任期を終え、就職して事業経験を積むために帰国の途についたのである。

帰国後の一九九五年、大阪市内にある国内最大手の遊園機械メーカーにスカウトされ、就職した。入社後は、貿易業務に従事したが、中国や東南アジア諸国から入社してきた複数の外国人社員の日本語指導にもオルドスでの経験が生かされた。入社から三年後の一九九八年、社会貢献事業として、観覧車の観覧料五〇〇円のうち一〇〇円を緑化事業に充当したいとの提案を出したが、却下されたという。

翌一九九九年に日本語学校を創立する話があり、「内モンゴル自治区から生徒を受け入れ、日本語と環境意識を併せ持った人材育成」を期待して、メーカーから転職した。しかし、実際には日本語教師の育成機関であることがわかり、二〇〇〇年末に退社した。

翌月の二〇〇一年一月、三年契約[8]でコーディネーター業務を行う「ボランティア調整員」としてJICA北京事務所へ赴任した。現地に精通し、ボランティア活動もできると見込まれてのことである。二〇〇三年夏、同事務所を通じてオルドスでの同窓会[9]への招待を受けて出席した際、再会した教え子たちには医師や弁護士、教師となった者もいて、皆、社会人として各方面で活躍していた。そしてその時、教え子の一人が村長となっていたスージー村の「ウランダワ砂漠[10]」を最初の植林地とすることとなったのである。

帰国後の二〇〇四年、個人事業として「オルドス総合商社・バンベン」を設立し、売上金約三〇万円をスージー村に寄附した。この様子が地元テレビ局に取り上げられたのを機に、地元政府から植林資金に加え、さまざまな援助[11]も得て、二〇〇五年四月、ウランダワ砂漠にて日中共同で植林を実施した。以後、毎年一回植林活動を行っており[12]、一三年間で約七〇〇ヘクタールを緑化することができたという。

二〇〇六年に個人事業を有限会社として法人化した。法人化したのは、内モンゴル自治区で自然に優しい有機農業素材を販売する社員として現地出身者を雇用するためであったが、二〇〇八年までその効果が芳しくなかったため、バンベンは同事業から撤退した。

因みに、NPO法人として起業し、植林事業をするケースもあるが、なぜNPO法人にしなかったのか、伺ってみた。坂本は、その理由として、(1)自分としては、基本的に一人でかつマイペースでできるだけストレスを少なくして事業を進めたいが、NPO法人だと最低10名の社員（メンバー）が必要であること、(2)自分の知る限り、NPO法人はカリスマ性を持った者が起業することが多いが、自分にはカリスマ性が無いこと、(3)NPO法人は思いの強い人びとの集まりであるため、内紛が起こりがちで事業承継も課題となることが多いこと、をあげている。

その後、日本語教師時代の教え子がオルドスで国からの補助金を得て、有機肥料[13]工場を建設・操業し、植林事業のパートナーとなってくれたため、坂本は塩販売事業を自分のフィールドと決めた。また、同工場では、取得した一五〇ヘクタールの土地の三分の二を使って緑化し、同工場製品の高付加価値化も探っている。また、緑化済みの土地に扁桃[14]を植え、扁桃そのものの収穫・販売だけでなく、食用油を製造し、廃食油をBDF化する食循環を目指している。中国政府としても有機農業を奨励しており、その流れに乗りつつあるという。坂本は、事業ノウハウを惜しみなく公開する用意があり、将来的には、局地的な事業体を「数珠つなぎ」にして事業を展開していきたい、と筆者に語ってくれたのが印象に残っている。

2　ソーシャルビジネスとは何か

ソーシャルビジネスの定義

ここで改めて、ソーシャルビジネスの定義について述べていくこととしよう。経済産業省ソーシャルビジネス研究会[15]（二〇〇八年、三頁）によると、ソーシャルビジネスとは、「社会的課題を解決するために、ビジネスの手法を用いて取り組むもの」である。その要件として「社会性」「事業性」「革新性」の三つがあげられている。すなわち、社会性とは「現在解決が求められる社会的課題に取り組むことを事業活動のミッションとすること」であり、事業性とは「ミッションをビジネスの形に表し、継続的に事業活動を進めていくこと」である。そして、革新性とは「新しい社会的商品・サービスや、それを提供するための仕組みを開発したり、その活動が社会に広がることを通して、新しい社会的価値を創出したりすること」としている。

経産省から報告書が公表されてから七年後、内閣府より報告書[16]が公表された。三菱ＵＦＪリサーチ&コンサルティング株式会社（二〇一五年、四~五頁）によれば、ソーシャルビジネスは、「社会的課題をビジネスを通して解決・改善しようとする活動を行う事業者」と定義される。具体的には、英国との比較が可能なように、「組織形態については営利・非営利を問わない[17]」「財やサービスの提供（ビジネス）によって社会的課題を解決しようとしているかどうか[18]」、「組織の主目的が社会課題の解決なのかどうか[19]」という大きく三つの基準に基づいて判定されている。本報告書では、上記経産省報告書の「革新性」については問うてはいないことがわかる。

では、米国における定義はどのようなものであろうか。米国におけるソーシャルビジネス研究[20]の草分けとされるDees, Emerson, and Economy（2001, pp.4-10）においては、明確に定義としているわけではないが、社会的企業には「社会目的（a social objective）を有する」「社会的手法と商業的手法とが融合している（blend social and commercial methods）」という二つの主要な特質（key characteristics）があり、それが通常の民間企業と大きく異なる点であるとされている。また、社会的企業は社会的企業家（social entrepreneur）が明確な社会的ミッション（social mission）を持って創業するものであり、その主要目的は、世界をより良い場所とすることにあるという。あるいは、社会的企業家は社会的企業を創出するが、社会的企業は現代社会の改革者・革命家（reformers and revolutionaries）である、とも述べている。さらに、Keohane（2013）は、社会的企業家の特質を「起業家性（entrepreneurial）」「革新性（innovative）」「ビジネス指向性（business friendly）」の三つの面からとらえ、同書においても数多くのケース・スタディを手がけている。

　このように見てくると、やはり革新性という側面は押さえておく必要があるのではなかろうか。どのように革新性を定義付けるかについては、古典的ではあるが、例えば、シュンペーター的イノベーション論なども参考になるだろう。シュムペーター（一九七七年、一八二～一八三頁）によれば、イノベーションは以下の五つのパターンに分類される。すなわち、

①新製品（消費者の間でまだ知られていない製品や新しい品質の製品）の生産
②新しい生産方法の導入
③新しい販路の開拓（既存の販路であるかどうかは問わない）
④原料あるいは半製品の新しい供給源の獲得（これまで見逃されていた、あるいは、獲得することが不可能とみなされていたなどの理由から、獲得された供給源が既に存在していたものであっても構わない）
⑤新しい組織の実現

である。これらのうち、①～④について、単に営利獲得につながるというのではなく、社会課題の解決に資する方法をアンケート調査票に記入してもらうという仕方でも「革新性」の見分けができるのではないだろうか。

ソーシャルビジネスの規模

経済産業省ソーシャルビジネス研究会（二〇〇八年、八頁）によれば、わが国におけるソーシャルビジネスの市場規模は約二四〇〇億円、事業者数は約八〇〇〇事業者、雇用者数は約三万二〇〇〇人（一事業者当たりの常勤の平均従業者数は四名）と推計されている。[21]

事業分野としては、回答の多い順に、地域活性化・まちづくり（六〇・七％）、保健・医療・福祉（二四・五％）、教育・人材育成（二三・〇％）、環境［保全・保護］（二一・四％）、産業振興（一九・七％）、子育て支援（一八・〇％）、障害者や高齢者、ホームレス等の自立支援（一七・五％）、その他（一六・三％）、観光（一五・九％）、文化・芸術・芸能（一三・五％）などとなっている[22]（経済産業省ソーシャルビジネス研究会、二〇〇八年、三二頁）。

組織形態については、NPO法人（四六・七％）、株式会社・有限会社［営利法人］（二〇・五％）、その他（一六・三％）、個人事業主（一〇・六％）、組合（六・八％）などとなっており、NPO法人が半数近くを占めている（経済産業省ソーシャルビジネス研究会、二〇〇八年、三四頁）。

また、ソーシャルビジネスを展開するうえでの主な課題は、消費者・利用者へのPR不足（四五・七％）、運転資金が十分に確保できていない（四一・〇％）、人材不足のために体制が確立できていない（三六・二％）、外部機関との連携・協働を進めたい（二〇・一％）などとなっている（経済産業省ソーシャルビジネス研究会、二〇〇八年、九頁）。

そうした課題を受けて、具体的な支援策として、「ソーシャルビジネスの認知度向上のためのイベント、キャンペーンの展開」「ソーシャルビジネスに関する成功事例集の作成」「ソーシャルビジネスに関する情報が一元的に整理されたポータルサイトの運営」「優れたソーシャルビジネスの事業モデルの他地域展開促進」「社会的課題を、関係者全員で共有し、解決する場作り（地域及び全国レベルでの協議会設置、中間支援組織の面的拡大と組織力の向上、中間支援組織相互のネットワーク化）」「既存の中小企業施策のソーシャルビジネス振興への活用」「資金調達の円滑化に向けた環境整備」「ソーシャルビジネス等を担う人材育成の強化」「ソーシャルビジネスの事業基盤強化に向けた仕組みづくり」が提言されている[23]。

経済産業省ソーシャルビジネス研究会（二〇〇八年）から七年後に報告された三菱ＵＦＪリサーチ＆コンサルティング株式会社（二〇一五年、一頁）によれば、わが国における社会的企業数（＝二〇・五万社）、有給職員数（＝五七七・六万人）、付加価値額（＝一六・〇兆円）となっており、日本経済全体に占める割合はそれぞれ、一一・八％、一〇・三％、三・三％[24]となっている。また、社会的企業が上げた事業収益（六〇・七兆円）のうち、社会的事業による収益は一〇・四兆円、率にして一七・一％となっている。定義付けの仕方や調査手法がかなり異なるため、前出の経産省報告書とは比較できないが、定義を英国での調査に合わせているため、英国との比較が掲載されている。すなわち、英国の社会的企業の経済全体に占める割合は、企業数（一四・四％）、有給職員数（七・一％）、付加価値額（三・三％）となっていることから、日本の社会的企業の経済規模は、企業数から見れば、英国よりも二・六ポイントほど低いが、有給職員数、すなわち、「雇用に対する影響力」から見れば、英国よりも三・二ポイントほど大きい。

この翌年に報告された三菱ＵＦＪリサーチ＆コンサルティング株式会社（二〇一六年、八～一四頁）では、ソーシャルビジネスへのヒアリング調査からソーシャルビジネスの経済社会に果たしている役割が明らかになった。それは、①新たな価値の創出、②多様な働き方・雇用の創出、③ソーシャル・キャピタルの創出・醸成の三つである。①については、設立から数十年が経過し、それまで培ってきた地域内のネットワークと、代替わりし、新たな価値観を持った経営者とが融合し、経済社会上の新たな価値の創出がなされているということである。②は、若年者だけでなく、高齢者や障がいを持った人びとも含めて、多様な人材を受け入れ、各自の特性に合った働き方を実践していることを意味している。そして③については、ソーシャルビジネスの実践を通じて、「地域内のステークホルダー同士の結びつきを強め、支え合いの関係性を拡げることにより、結果的にソーシャル・キャピタルの創出に結び付いている」という。①〜③のいずれの役割も社会的な革新＝ソーシャル・イノベーションにつながるといえよう。

因みに、ソーシャルビジネスの展開パターンとして次の三つのパターンが観察される。すなわち、「地域社会を中心に事業展開を行う場合」「全国的に事業展開を行う場合」「海外で事業展開を行う場合」である。ただし、英国ロンドン発祥の「ビッグイシュー社」[25]のように「地域社会中心の事業→全国展開→海外展開」と事業を拡大していく場合もある。有限会社バンベンの場合は、国内の地域（福岡県、佐賀県）で営業を行い、内モンゴル自治区で生産された塩などを地域の飲食店等に売り込み、インターネットを通じて全国の消費者に販売し、売上金でオルドスの緑化事業を行っている。いわば、上記三パターンの混合形態ととらえることができよう。

3　SDGsとソーシャルビジネス

ミレニアム開発目標（MDGs）の成果と課題

二〇一五年九月、第七〇回国連総会において「Transforming our world: the 2030 Agenda for Sustainable Development」と題する決議が採択された。この決議は、ミレニアム開発目標（MDGs：The Millennium Development Goals）の最終報告書を受けてなされたものであり、現在、注目を集めている持続可能な開発目標（SDGs：Social Development Goals）は、MDGsの成果と課題を受けて設定されたものである。MDGsは八個の目標からなり、それぞれ、「目標1：極度の貧困と飢餓の撲滅」「目標2：普遍的な初等教育の達成」「目標3：ジェンダー平等の促進と女性の権利拡大」「目標4：幼児死亡率の減少」「目標5：妊婦の健康状態の改善」「目標6：HIV／エイズ、マラリア、及び他疾患との闘い」「目標7：環境の持続可能性の確保」「目標8：発展のためのグローバルなパートナーシップの展開」であった。[26] MDGsは多くの成果を上げたが、[27] 地域や国によって不均衡があり、最も貧しく最も不利な条件下にある人びとが取り残され、大きなギャップが残ったままであるとの課題が明らかになった。このギャップを解消するために、一七個の持続可能な開発目標とその下に一六九個のターゲットが設定されたのである。

図9-2　SDGsのロゴマーク

（出所）外務省公式サイト。

持続可能な開発目標（SDGs）について

United Nations（2015b, p.14）によれば、SDGsの内容は以下の通りである。すなわち、「目標1：貧困の撲滅」「目標2：飢餓の撲滅、食料安全保障と栄養の改善の達成、持続可能な農業の促進」「目標3：健康な生活の確保とあらゆる年齢層の福祉の促進」「目標4：全世界の人びとに対する包摂的で公正な質の高い教育の提供と生涯学習の機会の増進」「目標5：ジェンダー平等の達成と全女性の権利拡大」「目標6：全世界の人びとに対するすべての人々の水と衛生の利用可能性と持続可能な管理の保証」「目標7：全世界の人びとに対する安価で信頼できる持続可能な近代的エネルギーへのアクセスの確保」「目標8：長期的かつ包摂的で持続可能な経済成長と、全世界の人びとに対する完全で生産的な雇用及びディーセント・ワーク（働きがいのある人間らしい仕事）の促進」「目標9：レジリエント（強靱）なインフラストラクチャーの構築、包摂的で持続可能な産業化の振興とイノベーションの推進」「目標10：各国内における不平等と各国間の不平等の是正」「目標11：都市や人間の居住地を包摂的で安全な、レジリエント（強靭）で持続可能なものにすること」「目標12：持続可能な生産・消費様式の確保」「目標13：気候変動とその影響を阻止する緊急対策の策定」「目標14：持続可能な開発のための海洋及び海洋資源の保全と持続可能な利用」「目標15：陸域生態系の保護、回復、持続可能な利用の推進、持続可能な森林経営、砂漠化の阻止、土地の劣化阻止・回復、生物多様性の損失の阻止」「目標16：持続可能な開発のための平和で包摂的な社会の促進、全世界の人びとに対する司法へのアクセスの提供、あらゆるレベルにおいて効果的で説明責任のある包摂的な制度の構築」「目標17：目標遂行手段の強化と持続可能な開発のためのグローバル・パートナーシップの活性化」となっている。これら一七個の目標の一つひとつに対してそれを達成するためのターゲットがそれぞれ五個以上設定されている。[28] 例えば、「目標1：貧困の撲滅」に対しては、1.1〜1.5、1.a、1.bの七つがターゲットとして設定されており、1.1は、「二〇三〇年までに全世界のあらゆる地域の人びとに対する極度の貧困（現在一日一・二五ドル未満で生活する人々の状態）を撲滅すること」としている。

SDGsとソーシャルビジネス

こうした壮大な目標を達成するためには、各国政府はもちろん、NGOやNPO、企業、あらゆるレベルの協力が必要であることは、言うまでもない。とりわけ、企業はその飽くなき利益追求によって、地球環境悪化や生態系の破壊、児童労働などの人権侵害、経済格差の拡大などで指弾されることもある。逆に、企業は自らの行動を修正することでＳＤＧｓの達成に力を発揮することも期待できるのである。そのことは、United Nations（2015b, p.29）においても「零細企業から協同組合、多国籍企業に至るまで多種多様な企業」があり、「企業活動、投資、イノベーションは生産性、包摂的経済成長、雇用創出の主要な原動力となる」とされていることからもわかる。

まさに、そうした文脈において、ソーシャルビジネスも位置付けられるべきであろう。本章で事例として取り上げた有限会社バンベンのようなソーシャルビジネスが多数出現し、活躍することで、例えば、「目標８：長期的かつ包摂的で持続可能な経済成長と、全世界の人びとに対する完全で生産的な雇用及びディーセント・ワーク（働きがいのある人間らしい仕事）の促進」「目標15：陸域生態系の保護、回復、持続可能な利用の推進、持続可能な森林経営、砂漠化の阻止、土地の劣化阻止・回復、生物多様性の損失の阻止」の達成に寄与することが期待できるのである（文中、敬称略）。

引用・参考文献

Dees, J. Gregory, Emerson, Jed, and Economy, Peter（2001）“Enterprising Nonprofits: A Toolkit for Social Entrepreneurs” John Wiley & Sons, Inc.
外務省「持続可能な開発目標（ＳＤＧｓ）二〇一九年について」https://www.mofa.go.jp/mofaj/gaiko/oda/sdgs/pdf/about_sdgs_summary.pdf（二〇一九年九月二二日閲覧）。

伊佐淳「市民参加型地域づくり（まちづくり）に資する新たな事業体」久留米大学産業経済研究会『産業経済研究』第51巻第4号（久留米大学経済社会研究所プロジェクト研究「市民参加型地域づくりのための組織・制度にかかる国際比較研究」特集号）二〇一一年、一～二〇頁。

経済産業省ソーシャルビジネス研究会『ソーシャルビジネス研究会報告書』経済産業省、二〇〇八年。
https://www.meti.go.jp/policy/local_economy/sbcb/index.html（二〇一九年一一月二二日閲覧）。

Keohane, Georgia Levenson (2013) "Social Entrepreneurship for the 21st Century: Innovation Across the Nonprofit, Private, and Public Sectors" McGraw-Hill Education.

三菱ＵＦＪリサーチ&コンサルティング株式会社『我が国における社会的企業の活動規模に関する調査報告書（内閣府委託調査）』内閣府、二〇一五年。
https://www.npo-homepage.go.jp/toukei/sonota-chousa/kigyou-katudoukibo-chousa（二〇一九年一一月三〇日閲覧）。

三菱ＵＦＪリサーチ&コンサルティング株式会社『平成二七年度社会的企業の実態に関する調査研究最終報告書（内閣府委託調査）』内閣府、二〇一六年。
https://www.npo-homepage.go.jp/toukei/sonota-chousa/kigyou-jittai-chousa-h27（二〇一九年一一月三〇日閲覧）。

シュムペーター（塩野谷祐一、中山伊知郎、東畑精一訳）『経済発展の理論（上）』岩波書店、一九七七年。

United Nations (2015a) "The Millennium Development Goals Report 2015"（日本語概要「国連ミレニアム開発目標報告２０１５——ＭＤＧｓ達成に対する最終評価」）。
United Nations版は、国連公式サイト https://www.un.org/millenniumgoals/2015_MDG_Report/pdf/

MDG%202015%20rev%20(July%201).pdf
日本語概要は、国連広報センター公式サイト https://www.unic.or.jp/news_press/features_backgrounders/15009/（いずれも二〇一九年一二月一日閲覧）。

United Nations (2015b) "The General Assembly Seventieth session, Transforming our world: the 2030 Agenda for Sustainable Development"
https://sustainabledevelopment.un.org/post2015/transformingourworld（二〇一九年一二月一日閲覧）。

有限会社ビッグイシュー日本オフィシャル・サイト
https://www.bigissue.jp/（二〇一九年一一月三〇日閲覧）。

注

（1）本節の内容は、二〇一九年一〇月二八日に坂本毅社長へ訪問取材を行った際の取材内容を基にしている。

（2）中国・内モンゴル産の天然塩である岩塩と天日湖塩とがブレンドされている。

（3）原材料は、福岡県が開発したラーメン専用小麦・ラー麦とモンゴル岩塩、モンゴル産天然かんすいである。また、パッケージングについては、福岡県宗像市の知的障害者自立支援施設「はまゆうワークセンター宗像」に依頼している。

（4）売上高や利益率は非公開としているとのことである。

（5）http://banben.jp/products/list.php 参照。

（6）日本語教育を志向したのは、英語はあまり得意ではないということも影響しているという。

（7）当時の合格率は、三割にも達しなかったようである。

(8)「基本二年、最長三年」の契約であったという。
(9) モンゴル族は、九という数字を大切にしていることから、卒業から九年後に同窓会を開催する慣習があるとのことである。
(10)「ウランダワ」とは、モンゴル語で「紅柳」という灌木が生い茂る「赤い丘」のことである。ウランダワ砂漠の面積は、村の面積の三分の一にあたる約六〇〇〇ヘクタールである。
(11) 一万本の苗木の用意、砂漠への道のり(八キロ)の簡易舗装、周辺の放牧地からの羊の侵入を防ぐ柵の設置など。
(12) 植林作業の日本側の参加者は、ボランティアとして参加している。
(13) 有機堆肥は、雑草、糞尿、生ゴミと土壌菌とを混ぜて作るのであるが、最も良い土壌菌は、日本企業が開発したもので、複製できないものであるという。
(14) アーモンドのこと。
(15) 一橋大学大学院商学研究科教授・谷本寛治が座長を務めた(報告書提出時点：現在は、一橋大学名誉教授、早稲田大学商学部教授)。
(16) 三菱UFJリサーチ&コンサルティング株式会社『我が国における社会的企業の活動規模に関する調査報告書(内閣府委託調査)』二〇一五年。
(17)「ビジネスを通じた社会的課題の解決・改善」に取り組んでいると回答した事業者をソーシャルビジネスとする。
(18) 収益合計に占める事業収益(補助金・会費・寄附以外の収益)の割合が五〇%以上、事業収益に占める公的保険サービス(医療・介護等)からの収益の割合が五〇%以下、事業収益に占める行政からの委託事業収益の割合が五〇%以下という基準で判定される。
(19)「事業の主目的は、利益の追求ではなく、社会的課題の解決である」「利益は、出資や株主への配当ではなく、主として事業に再投資する（営利法人のみの条件）」という問いに「とてもよく当てはまる」および「当てはまる」と回答し、「利潤のうち出資者・株主に配当される割合が五〇%未満である（営利法人のみの条件）」とした事業者をソーシャルビジネスとする。
(20) 米国では、Social Enterprise と表記されることが多い。本章の本文中では、「社会的企業」と訳しておく。
(21) 二〇〇七（平成一九）年一一月から二〇〇八（平成二〇）年一月にかけて実施されたアンケート調査に基づいて算出されている。
(22) ただし、複数の事業分野を有する事業者もあるため、合計値は一〇〇%を超えている
(23) 詳細については、経済産業省ソーシャルビジネス研究会（二〇〇八年、二一〜二八頁）を参照のこと。
(24) 三菱UFJリサーチ&コンサルティング株式会社（二〇一五年、三頁）では有給職員数については一三・二%、付加価値額については三・二%となっている。
(25) 英国ビッグイシュー社は、ゴードン・ロディック（ボディ・ショップの創設者の一人）とジョン・バードが一九九一年にロンドンで創立し、『*The Big Issue*』誌を創刊した。同社の目的は、ホームレスの人々が路上での雑誌販売を通じて、自らの創意工夫（声かけ、ポップの作成など）をもって収入を得るという経験を重ねることで、自立と尊厳を取り戻せるようにするということである。全英各地に販売拠点が拡大する中、二〇〇三年、有限会社ビッグイシュー日本が創立された。水越洋子と佐野章二が共同代表となり、ジョン・バードの応援を得て、同年九月に『ビッグイシュー日本版』が創刊された。同誌は一冊三五〇円で販売され、このうち一八〇円が販売者の収入となり、残り一七〇円が同社の収入となる（二〇一九年一

一月末現在：有限会社ビッグイシュー日本オフィシャル・サイト参照)。ホームレスの販売者が同誌を仕入れて販売に工夫をこらして励むほど、本人の手取りが増え、自立心も促されると同時に、同社の事業も成長し、ホームレスの支援につながるという仕組みになっているのである。

(26) United Nations (2015a, p.70) によれば、これら八つの目標は、二一のターゲットと六〇の公的指標を通じて計測された。

(27) United Nations(2015a, pp.4-7) 参照。

(28) United Nations(2015b, pp.15-28) 参照。

伊佐　淳

第10章　東南アジアの経済発展とサプライチェーンの変化

はじめに

東南アジアの経済発展においては世界経済のサプライチェーンの変化が大きく関わっている。本章においてはこれからの世界経済の未来を左右する製造業の在り方とその重要性を東南アジアの経済発展との関係から説明する。

第1節の東南アジアの発展と現状では成長を続ける経済状況の基本的考え方を説明する。第2節のサプライチェーンの現状と進化では、サプライチェーンの再構築によりＡＳＥＡＮを中心とした「一つの経済圏」の拡大を説明する。第3節の国際分業の進展では、サプライチェーンの変化による国際分業の役割の変化を説明する。第4節のチャイナプラスワンの時代では、製造業を中心としたリスク分散と世界の工場の変遷を説明する。第5節の世界の製造基地としての東南アジアでは、「メーキング・インドネシア4・0」と「タイランド4・0」との比較を行う。第6節の製造業におけるものづくりの重要性——4・0の位置づけについては、1・0から4・0への諸段階、ドイツの「ものづくり4・0」、「インダストリー4・0」の動き、日本の対応としての「ソサエティ5・0」を説明する。第7節の世界をリードするモノ作りの苦悩では、米中貿易摩擦による未来の影響と本来の世界経済のあり方について説明する。

1　東南アジアの発展と現状

ASEAN（東南アジア諸国連合）は、一九六七年の「バンコク宣言」によって設立された東南アジア一〇カ国による地域共同体のことである。

原加盟国はインドネシア、マレーシア、タイ、フィリピン、シンガポールの五カ国であり、一九八四年のブルネイの加盟後、加盟国が順次増加し現在は一〇カ国[1]で構成されている。

二〇一五年に共同体となったASEANは、近年、高い経済成長を見せており、世界の「開かれた成長センター」となる潜在力が世界各国から注目されている[2]。

ASEANは名目GDPがこの一〇年間で二倍以上になるなど成長著しい地域である。各国の実質GDP成長率は二〇一〇年以降、安定的な成長を維持しており、ASEAN一〇カ国の二〇一八年の実質GDP成長率も五・二%となり、二〇一五年以降約五%の成長率を維持している。

表１　実質GDP成長率（ASEAN10カ国）

年	2012年	2013年	2014年	2015年	2016年	2017年	2018年
実質GDP成長率	6.2%	5.2%	4.7%	4.7%	4.8%	5.3%	5.2%

（出所）ASEANstats, https://data.aseanstats.org/indicator/AST.STC.TBL.1b、2019年11月3日より抜粋加工。

名目ＧＤＰ（一〇カ国）は約三兆米ドル[3]（二〇一八年）であり、日本の約六〇％である。一人当たりＧＤＰは四五四〇米ドル（二〇一八年）であり日本の約一一％である。

実質ＧＤＰ成長率（一〇カ国）は次のように表わされ、安定した成長が表されている。

輸出（ＡＳＥＡＮ域内含む）に関しては一兆四二五五億米ドル（二〇一八年）であり、輸入は（ＡＳＥＡＮ域内含む）一兆三七五三億米ドル（二〇一八年）である。また、主要貿易相手国（二〇一六年）は次のとおりである。輸出に関しての対象国の割合は、ＡＳＥＡＮ域内（二四・二％）、中国（一四・〇％）、米国（一一・三％）、ＥＵ（一一・三％）、日本（八・〇％）である。輸入に関しての対象国の割合は、ＡＳＥＡＮ域内（二一・七％）、中国（二〇・五％）、ＥＵ（九・〇％）、日本（八・六％）、米国（七・八％）である[4]。

アジアの政治経済構造では一九九二年にＡＳＥＡＮはＡＳＥＡＮ自由貿易協定（ＡＦＴＡ）を締結するなど域内経済協力の強化に取り組み、二〇〇三年には「第２ＡＳＥＡＮ協和宣言」によりＡＳＥＡＮ共同体の構築を宣言した。

二〇〇七年には、民主主義、人権、法の支配、紛争の平和的解決、内政不干渉等のＡＳＥＡＮ諸原則を再確認し、ＡＳＥＡＮ共同体の構築に向けてＡＳＥＡＮの機構の強化、意思決定過程の明確化を目的とする「ＡＳＥＡＮ憲章」を採択した（二〇〇八年一二月発効）。

二〇一五年一一月の首脳会議において、ASEANは、「政治・安全保障共同体」、「経済共同体」、「社会・文化共同体」から成る「ASEAN共同体」の構築を宣言し、更なるASEANの統合を深めるべく、「ASEAN共同体ビジョン2025」および三つ共同体それぞれのブループリント（二〇一六～二〇二五年）を採択した（共同体の発足は二〇一五年末）。

今後の課題は、ASEAN事務局の強化、ASEANの機構としての作業効率・効果の向上等を通じ、ASEAN関連業務の調整を促進し、国・地域・国際社会レベルのASEANの組織的プレゼンスの向上である。

東南アジアに対する日本の役割は大きく直結している。日本はこれまでASEAN諸国に対して、ODAを通じたインフラ整備や人材育成、貿易・投資環境整備を進めてきた。日本は、経済成長を通じた貧困削減が重要であるとの考え方に立ち、教育や保健医療といった貧困層に直接役立つ分野に加え、経済インフラ整備を通じた貿易・投資の活性化、法制度整備をはじめとした投資環境整備、人材育成、民間セクターの育成および技術移転の促進のためのODAによる支援を行ってきた。このことは東南アジアの経済成長の基礎を築いた。

例えば、メコン地域の経済発展に不可欠な東西・南北経済回廊の整備のため、幹線道路の整備改修等を実施してきた。具体例としては、道路の建設・整備（国道1号線（カンボジア）、国道9号線（メコン地域東西経済回廊）整備計画（ラオス））や橋きょう梁りょうの建設（きずな橋（カンボジア）、第二メコン架橋（カンボジア））、空港や港湾の整備（シハヌークビル港（カンボジア）、ダナン港（ベトナム））が挙げられる。また、インドネシア、マレーシア、フィリピン等の島とう嶼しょ国においては、海洋ASEAN諸国の経済回廊整備のため、スービック港（フィリピン）、ジョホール港（マレーシア）をはじめとして数多くの港湾整備に貢献している。[5]

2　サプライチェーンの現状と進化

サプライチェーンとは、原料の段階から製品やサービスが消費者に届くまでの全プロセスの繋がりのことをいう。また、ITを活用して効果的な事業構築・運営する経営手法をSCM（サプライチェーンマネージメント）という。

生産や調達などの過程を柔軟に対応することで、余剰在庫の削減など適正な生産体制を整えられるメリットがあることから、需要の見通しに変化が大きい商品の生産に導入されることが多い。コンピューターメーカーでの採用実績が目立つなか、最近は、小売業などにも普及が広がっている。[6]

大企業を中心に、既に複数拠点を展開している企業では、各国における事業コストの高まり、経済統合の進展、各国規制による制限などASEAN地域内外における事業環境の変化に応じて、サプライチェーンの再構築に取り組んでいる。

事務機器メーカーで、中国、インドネシア、フィリピンの三拠点体制を構築しており、中国では特殊な業務用機器を、インドネシアは高機能品を、フィリピンでは汎用品をというように、世界市場向けの輸出拠点として生産品目をすみ分けている会社もある。また、インドネシア（二〇一六年四月稼働）、フィリピン（二〇一七年七月稼働）では、工場設備の増強を行うなど生産体制を強化している。

フィリピン拠点では多くの部品を中国からの輸入に依存している。一般的にフィリピンは周辺国と比較すると労務費が安く、安価な人件費を活用する組み立て工程で競争力がある。

自動車部品メーカーのなかには、一九七〇年代前半にタイに拠点を設立以来、ASEANではラオス、ブルネイを除く八カ国で展開している会社がある。特に小型高機能製品は生産効率の良い国・地域で集中生産し、相互に供給しあうことでコスト競争力を強化している。一方で、空調などバルキー製品はセットメーカーなど取引先に近いところで現地生産する方針をとっている。

近年、AECにおける関税の削減・撤廃によるメリットを考慮し、自動車産業ではタイ、インドネシアの二極生産体制へと転換がみられるなか、自動車メーカーは既存の複数拠点の特長を生かし、両国を軸に生産体制を強化させている。二〇一三年には、労務費が上昇したタイでの生産工程をカンボジアへ一部の品目を生産移管している。

ASEAN地域はAECによる域内経済統合に加え、周辺パートナー国である韓国、中国、日本、インド、オーストラリア・ニュージーランドとの間で自由貿易協定を発効させている。進出企業にとってはASEANを生産、流通基地とすることでこれらの市場へのアクセスが有利となる。

さらに、現在、交渉中の東アジア地域包括的経済連携（RCEP）は、ASEANとこれら六カ国間の経済連携協定である。関税率の削減・撤廃における交渉では、既存の「ASEANプラス1」協定よりも高い水準の自由化による貿易促進を目指している。

そして、サービス、電子商取引、知的財産権等の地域共通のルール形成を通じたモノ、ヒト、カネの活発な往来についても交渉中である。交渉参加一六カ国で世界の人口の五割、貿易額三割、国際総生産（GDP）三割を占める世界最大規模の広域経済圏となる見込みで、アジアでの効率的なサプライチェーン形成が深化、拡大することが期待されている。ＡＳＥＡＮを中心とした「一つの経済圏」が拡大しチャンスは広がっている[7]。

3　国際分業の進展

《国際分業とは》

国際分業の種類には、水平分業と垂直分業がある。水平分業とは、先進国同士が、工業製品を交易し合うことである。垂直分業とは、先進国と発展途上国等とが工業製品と工業製品あるいは一次産品（農産物・水産物・鉱物など）を交易し合うことである。

近年において国際化は加速しており、企業の海外進出により、同じ企業の内部で製品や部品を輸出入する企業内分業（分業内貿易）も増大している[8]。

アジア通貨危機以来、世界経済において国際分業の進展は目覚ましく、特に、東南アジアの経済発展は著しく、特に製造業界の発展には顕著なものがある。

東南アジアの産業構造の成長と変化については、『通商白書』の以下の図のように、日本とＮＡＦＴＡ（米国）、ＥＵ（西欧諸国）との間での貿易構造を見ることによって、東南アジア諸国の製造業の役割が十分に理解されるであろう。

一九八〇年代後半の中国の解放政策以来、先進諸国から中国への投資は顕著であり、特に製造業の中国の参入の役割が顕著である。これは一九九〇年度の図１から二〇〇〇年度の図２への変化から理

図１　世界の主要地域間の貿易フロー（1990年）

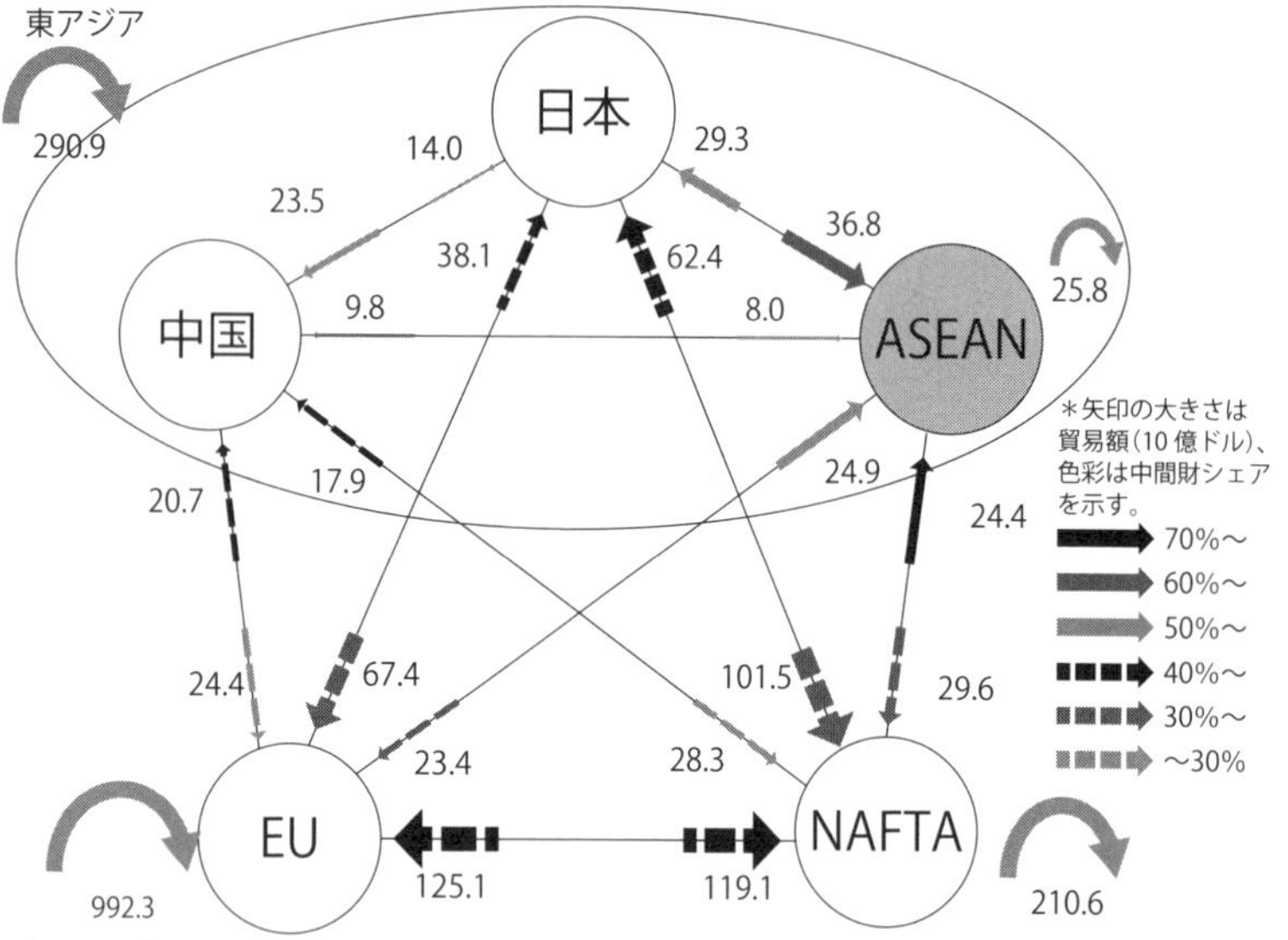

（出所）『通商白書2012』https://www.meti.go.jp/report/tsuhaku2012/2012honbun/html/i2210000.html、取得日：2019年11月3日。

解できるように日本だけではなく、欧米諸国からの投資が進んであり、その最終消費地はＮＡＦＴＡ、すなわち、米国であったことが分かる。

日本からの投資の動向は、自動車産業における投資の拡大や生産規模の拡大によっても見ることができる。東南アジアの自動車産業においては、特に商用車・乗用車の生産の拡大とともに、周辺地域への輸出の拡大が顕著である。

東南アジアの製造業においては、特に、日系企業のウエイトは大きくその規模は次第に増加していると考えられる。

《二〇一〇年の図》

二〇〇〇年度の図2から二〇一〇年度の図3への変化からは、中国の製造

図2　世界の主要地域間の貿易フロー（2000年）

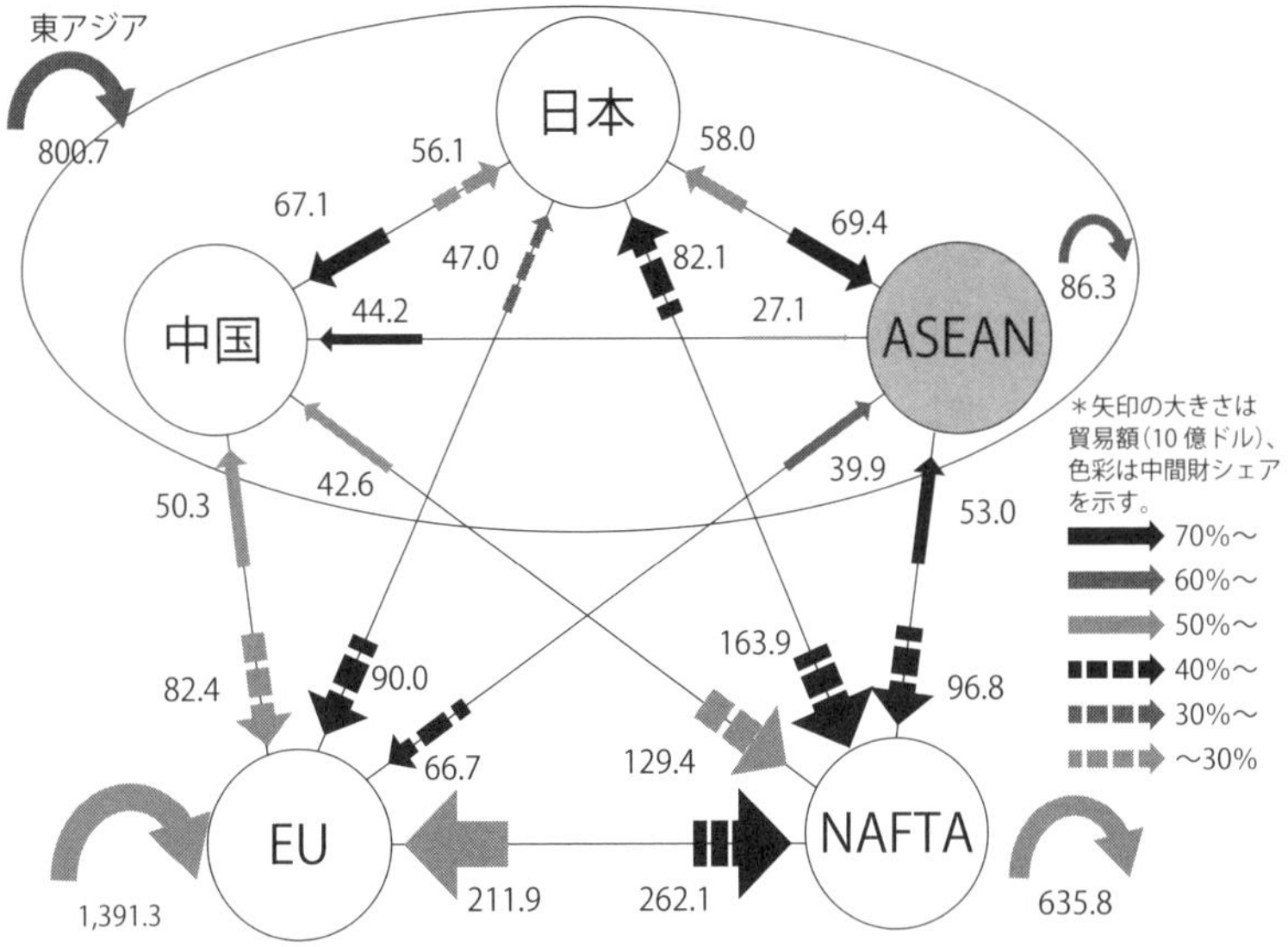

（出所）『通商白書2012』https://www.meti.go.jp/report/tsuhaku2012/2012honbun/html/i2210000.html、2019年11月3日。

業が輸出する最終生産物の市場における存在感さらに大きくなり、NAFTAのみならずEUへの輸出も大きく拡大している。

　これは日本だけではなく、欧米諸国から中国への投資がさらに大きく進んでおり、また、東南アジア諸国との関係がより深くなっていることを示しているのである。

4　チャイナプラスワンの時代

　大阪のG20サミット[9]にあわせて開かれた米中首脳会談では、両国が貿易交渉の再開をし、合意したが、ビジネス界では、米中の対立は長期化するとみて企業がリスクを分散するための「チャイナプラスワン」の動きが始まった。

図３　世界の主要地域間の貿易フロー（2010年）

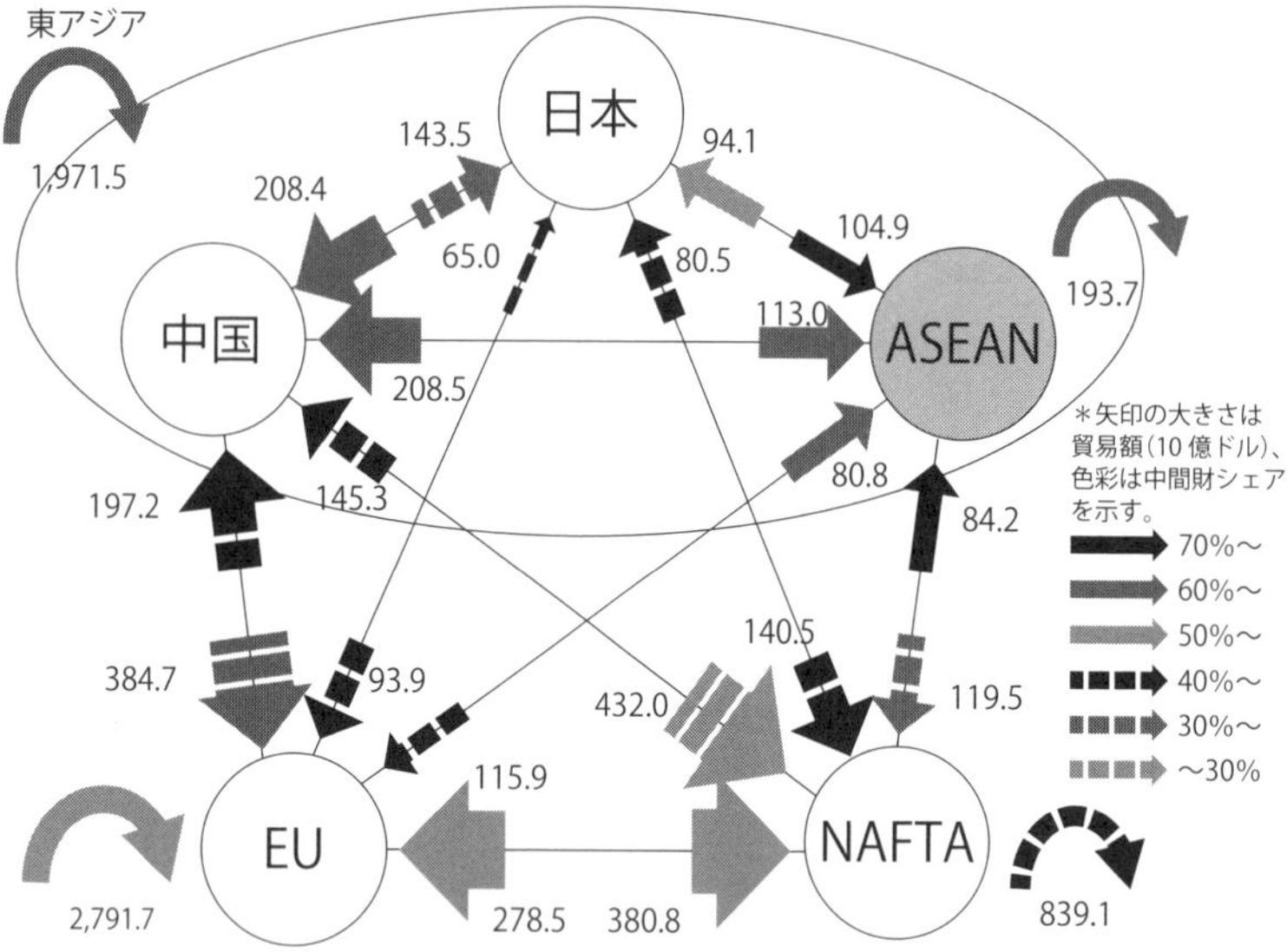

（出所）『通商白書2012』https://www.meti.go.jp/report/tsuhaku2012/2012honbun/html/i2210000.html、2019年11月3日。

チャイナプラスワンとは、そもそも企業が生産拠点を中国に集中させることのリスクを避けるため、中国以外の国にも、工場を設ける動きのことである。もともとは日本のメーカーが、政治的なリスクや、賃金の上昇を理由にこのような動きをみせていたが、近年では、中国企業もその動きに参加している。

具体的には、米中両国の摩擦を背景に、中国企業が、東南アジアに新たな生産拠点を設けようという動きが増々、活発になっている。中国から米国への輸出は、トランプ大統領が関税を引き上げた影響で減少し、このような制裁を回避するのが目的であると考えられる。

中国企業によるタイへの直接投資額は二〇一九年はじめの三カ月間で、前年の同じ時期の二倍になり、地理的にも中国に近いベトナムへの新規投資の認可額はことし一月から五月下旬までの間で前年比五倍以上となっている。「世界の工場」[10]といわれてきた中国を中心としたモノづくりの流れはすでに大きく変わってきている。[11]

5　世界の製造基地としての東南アジア

実際に、中国経済の賃金率の上昇と最近の米中貿易摩擦の影響を受けて、チャイナ・プラス・ワンとしての東南アジアにおける製造業の地位が上昇し始めている。

一九世紀のイギリス産業革命の頃に提唱された「世界の工場」という概念は、二〇世紀になると日本と米国、およびEU二一世紀以降は中国の参加という形で時代の状況によって対象国が移り変わっている。[12]世界の製造基地「世界の工場」は中国が優勢であったが変化してきている。最大の原因は、人件費を含めた製造コスト全般が高騰していることがいえる。

二〇一〇年頃から毎年一六％もの上昇が始まった中国の製造コストは、「どの国よりも急速に高騰している」という悪い意味で注目を集めたこと、一人っ子政策から四〇年以上が経ち、急速な高齢化がスタートした中国では、「生産年齢の人口不足」といった慢性的な問題が生じるようになったことである。

二〇一五年にオーストラリア・ニュージーランド銀行が発表した報告によると、カンボジアを中心とした「若くて安い労働力」を大活用した東南アジアが世界最大の生産基地になる可能性がたかくなっており、今後の一五年で人口の約半数が三〇歳以下となる東南アジア諸国は、一〇年先には中国から「世界の工場」の座を奪いつつあると考えられる。また。シンガポールやマレーシアが技術や金融の拠点、カンボジアやビルマ、ラオスが生産拠点に参画するといった展望も発表され、さまざまな産業が集約するという意味でも、東南アジアに世界の工場が移るメリットは大きいと言える。

ただ人件費だけを追求するといつか必ず限界が来るという考え方もある一方で、すでに東南アジアで企業の規模によっては人件費のみでの判断で進出している訳ではない場合も存在する。

時代の流れによってさまざまな国に移り変わる世界の工場であるが、全世界の経済成長に繋がる方法や環境を見出すことができれば、あらゆる意味での好循環が生まれる可能性は高い。

本節においては、世界の製造基地としての東南アジアの意義について、インドネシアとタイを中心に議論を行う。

メーキング・インドネシア４・０

インドネシアは二〇一八年、デジタル技術を使い製造業などの革新をめざす「インダストリー４・０」（第四次産業革命）の実現[13]に向けたロードマップを発表した。[14]駐インドネシア日本国大使石井正文氏が、工業省で行われたインドネシア・日本ビジネス・ネットワーク（ＩＪＢ－ＮＥＴ）発足式に出席し基調講演を行った。[15]このロードマップの実現に向けて五つの優先産業の発展を促し、一二年後の二〇三〇年に世界一〇大工業国入りを目指している。[16]

メーキング・インドネシア4・0では、欧州等で唱えられているインダストリー4・0を前提としている。人、機械、情報をリアルタイムで繋ぐ連結性の確立することが根底にある。また、五つの重点産業分野の高度化と、産業分野横断的な人材育成、R&D&D、素材産業等の一〇の国家優先事項の発展を目指すとされている。自動車は五つの産業分野の一つとして位置づけられており、内燃機関（ICE）やEVの輸出拠点化に注力することが挙げられている。[17]

ここで、五つの重点産業分野とは食品および飲料、テキスタイルおよびアパレル、自動車、化学、電器の産業分野のことである。これらは、(1)世界需要の大きいこと、(2)国際競争力を持つ生産拠点があり、輸出増加に貢献できること、(3)製造業分野のGDPに対する貢献が大きいこと、などの理由で選ばれている。[18]また、次のようにそれぞれの分野の目標と期待が込められている。

①食品飲料……ASEANでの食品飲料製品の市場拡大を目指す
②衣料ファッション……衣類・服飾界をリードする能力の高い製造業を目指す
③自動車……ICEやEV輸出をリードするプレイヤーになる
④化学……バイオ化学界をリードするプレイヤーになる
⑤電器……国内産業の担い手としての能力の強化を図る[19]

インドネシアでメーキング・インドネシア4・0が重点政策となった背景は、長年続けてきた資源や原材料輸出への依存に対する限界が考えられる。限られた資源と低い付加価値の原材料の輸出だけでは持続可能な政策には成り得ないのである。この現状のまま、五％以上の高いGDP成長率を実現することは困難であり、経済発展が失速する懸念があるのである。よって、工業省はメーキング・インドネシア4・0によって製造業を再活性化させ生産性を上げようとしているのである。二〇三〇年までに純輸出額[20]の対GDP比率を一〇%までに回復、生産性の向上（倍増）等により、二〇三〇年までに世界の一〇位以内の経済規模を達成することを目的として掲げている。

《インドネシアの問題点》

インドネシアの問題点はインドネシア4・0を必要としている原因に多く残されている。それは結論から述べるとインドネシアの経済の産業構造の点からみると「資源需要への依存」「輸出の質が低かったこと」「輸出構造の変化」などの問題があり、そしてその全ては「人材不足・教育不足・質不足」へと繋がることがわかる。

まず、「資源需要への依存」「輸出の質が低かったこと」「輸出構造の変化」などの問題については以下のことから言える。

人口二億人を超えるインドネシアは大きな市場であるものの、貿易依存度が低い。隣国（マレーシア、タイ）に比べても低いのである。貿易依存度はタイもプラザ合意と円高と共に日本からの直接投資が増加した結果貿易依存度があがっており、中国も改革開放政策による外資受け入れ政策により貿易依存度は上がっている。しかし、インドネシアの貿易依存度は低く、アジア通貨危機のとき以外は欧州債務危機（二〇一一年）のときもインドネシア経済への影響は大きくなかったこの貿易依存度の低さは二億人の人口の消費による経済維持が経済成長を支えてきたのである。この点については外資企業の魅力となりインドネシアの投資を増加させる動きへと繋がった。しかし、投資国は貿易依存度の低さの中身について考える必要があったことに気づかなければならなかった。ここからが問題点である。

一つの問題は、経常赤字である。リーマン・ショックは輸出と投資により回復したもののインドネシアの輸出入構造と経常収支は、二〇一一年以降、輸出は減少したものの、輸入はこれに連動して減少していないため貿易収支は悪化し、経常収支は二〇一二年に赤字に転落しているのである[21]。

原因として、輸出減退に見舞われた中国など新興国の資源需要の低下と資源（石炭など）の国際価格の低下が重なったことが経常赤字を招いたとされている。通貨下落により外貨準備高も減少し、通貨安を止める手段も制約された。外的ショックの影響を受けにくいことがインドネシアの魅力であったが、輸出減や通貨安によって打ち消されることとなる。

スハルト政権時代、インドネシアは資源（石油・ガス）輸出構造から製造業を軸にした構造へと転換する政策を取ってきたが新興国の資源需要が、資源依存型の輸出構造に戻したと考えられる。内需の規模の大きさにだけではインドネシア経済は魅力だと思われる時代は終わり、輸出の質転換の重要性が高めることが求められる時代へと変わってきている。

インドネシアの輸出構造は資源関連や農業製品のウエイトが高く二〇一三年の輸出トップ10の品目もこの傾向にある。スハルト政権時代に着手した非石油・ガス分野の輸出は成果があり、品目的に変化はあったものの、近年は資源依存型の輸出構造となっている。

インドネシアからの輸出仕向け国の変化としては、日本や米国、欧州といった先進国が最大の貿易相手国が、二〇〇〇年以降は、ＡＳＥＡＮや中国といった新興国に移ってきている。特に中国のシェアは米欧を上回りＡＳＥＡＮ諸国のウエイトも高まっている。この構図は、円高で生産機能を海外にシフトさせた日本が、インドネシアで生産したものを輸入するという形態から、ASEAN諸国、中国といった新興国の資源需要にインドネシアが応える形態に変化したと考えられる。輸出構造はスハルトの改革前に戻ったと同じことである。

また、外国に頼る形での貿易依存度が高まり方をしているにもかかわらず、直接投資を増加し続けている日系企業に対しても、下記の参入の制限の厳しさや、不安条件が問題であることが伺える。外資の小売業参入への規制、税制度、労務問題では高い撤退リスク、安心できる政治のリーダーシップ不在[22]などが挙げられる。

以上の問題については製造業においても資源型貿易に頼らざるを得ない現状を打破すべく、付加価値を高めることでの貿易黒字が必要である。また、外資系企業の参入に関しての緩和措置や「教育・人材・質」の向上と確保が急務の課題と言える。

タイランド4・0との比較

タイランド4・0とは、これまでのタイの経済社会発展を三段階に区分し、今後目指す目標を第四段階（4・0）として示したものである。

現在タイは、世界第二位のHDD（ハードディスクドライブ）の生産国であり、ゴムタイヤでは世界第六位、コンピュータ製品では世界第七位、自動車では世界第一二位に位置付けられる（BOI2017）[23]。

ここで、タイランド4・0のイメージとしては、次のように表わされる。タイランド1・0は農業関係についてである。タイランド2・0は軽工業、低賃金労働などについてである。タイランド3・0は重工業、輸出促進、海外からの直接投資などについてである。タイランド4・0は次世代自動車、スマート・エレクトロニクス、メディカル&ウェルネスツーリズム、農業・バイオテクノロジー、食品関連、ロボティクス、航空、バイオ燃料、バイオ化学、デジタル、メディカルハブなどについてである。[24]

今後二〇年間において、タイが目指す第四段階がタイランド4・0である。タイランド4・0は、IoT（Internet of Things）などを駆使して「イノベーション」、「生産性」、「サービス貿易」をキーワードとする付加価値を持続的に創造する経済社会を目指し、「国家戦略」に沿って経済成長を加速させ、先進国入りを果たすという野心的なビジョンでもある。

そもそも、「タイランド4・0」は工業省『タイ・インダストリー4・0開発戦略：長期二〇年間2017―2036年』（Ministry of Industry 2016）によると、出発点は過去一〇年間（二〇〇六〜二〇一五年）の経済パフォーマンスの悪さ、とりわけ製造業の不振が原因である。この期間の年平均の数字でみると、工業成長率が三・〇%、製造業への投資増加率が二・〇%であった。工業製品輸出は自動車・同関連部品の輸出などに支えられて年五・四%と比較的好調であったが、国民経済レベルでのイノベーション（技術革新）の進展を示す全要素生産性（TFP）の伸びは、〇・七%と低水準に留まっている。その影響の背景は中国経済の発展が大きく影響してきたと考えられる。

経済不振の国内的な問題と手の主な原因は、「中所得国の罠」、「経済不平等の罠」、「経済発展と環境保存の間の不均衡の罠」とし、戦略的対応としては、イノベーション主導の成長、包摂的成長、グリーン成長（環境にやさしい成長）である。

こうした戦略的対応をとれば、長期戦略（二〇一七〜二〇三六年）の期間に、GDP成長率は年平均四・五％、投資の増加率は一〇・〇％、輸出の伸び率は八・〇％、全要素生産性の伸びも二・〇％を達成する。その結果、二〇年目の二〇三六年には、タイは上位中所得国の地位を抜け出して、「高所得国」の仲間入りを果たすことができるということが、「タイランド4・0」のシナリオである。[25]

「タイランド4・0」を構成するのは、デジタル経済と次世代ターゲット産業の二つの柱である。この構想の背後には、流通や物流におけるデジタル経済の影響を重視する米国のコトラー教授たちの「マーケティング4・0」の議論と、産業技術の抜本的なパラダイムシフトを重視するドイツの「インダストリー4・0」の議論の二つがある。

プラユット政権が閣議で、次世代ターゲット産業の選定とそのクラスター化を承認したのは、二〇一五年一一月であり、[26]工業省が「新世代産業」（のち、次世代ターゲット産業）として選んだのは一〇の業種であった。この一〇業種は、(1)すでに存在し、今後競争力を強化する「第一次S字カーブ」の既存産業と、(2)新しく育成を図る「新S字カーブ」の未来産業の二つに分類される。前者の既存産業は、図表6にあるように、①次世代自動車、②スマート・エレクトロニクス、③医療・健康ツーリズム、④農業とバイオテクノロジー、⑤未来食品（food for the future）からなり、後者の未来産業は、⑥ロボット産業、⑦物流と航空産業（メンテナンス）、⑧バイオ燃料とバイオケミカル、⑨デジタル産業、⑩医療ハブとなる産業（medical hub）で構成する。[27]

インラック政権時代（二〇一一年八月〜二〇一四年五月）にも、NESDB[28]は「新世代産業」を育成する構想を持っており、その時の「新世代産業」は、強化すべき既存産業六業種と将来開発すべき未来産業五業種の計一一業種からなる。既存産業は、①天然ゴム、②食品加工、③石油化学とプラスチック製品、④バイオディーゼルとエタノール、⑤自動車と同部品、⑥電機・電子産業の六つであり、後者の未来産業は、⑦クリーンエネルギー、⑧健康製品（健康にやさしい化粧品やハーブ）、⑨バイオケミカルなどバイオを使った製品、⑩航空産業、⑪創造的産業（ファッション、デザイン、広告、都市計画、宝石、ロボット、一村一品）の五つであった。

　次世代ターゲット産業の特徴は、一九九七年アジア通貨危機の最中に、日本政府の協力のもと開始された「産業構造調整事業」（Industrial Restructuring Program）の対象業種と比べると一九九七年の対象業種一一のうち1から7までは（①食品・食品加工、②繊維製品・染色加工、③衣類、④運動靴・履物、⑤皮革類・同加工品、⑥プラスチック製品、⑦宝石類・宝飾品）、タイからの輸出の伸びが賃金コストの上昇や発展途上国の追い上げで低下しつつあった労働集約型産業であった。一方、⑧から⑪（⑧セラミック製品・ガラス製品、⑨医薬品・化学製品、⑩電機電子製品、⑪Auto parts）[29]までは、政府が産業構造調整事業を進める途中で、それぞれの業界団体からの陳情や強い要請を受けた結果、政策的支援の対象になった産業である。したがって、一九九七年頃のタイの輸出産業をほぼすべてカバーすると同時に、産業構造は変えないで既存産業の活性化だけを図るという、後ろ向きの性格を有していた。また、二〇一五年一一月閣議承認された次世代ターゲット産業一〇業種においては、次世代自動車、スマート・エレクトロニクス、ロボット産業、物流と航空産業（メンテナンス）、バイオ燃料とバイオケミカル、デジタル産業、医療ハブとなる産業など、一番多くタイに進出している日系企業と比較しても国内企業は技術的に低くて対応できないため、外国企業の協力を不可欠とする産業であった。

6　製造業におけるものづくりの重要性――4・0の位置づけについて

1・0から4・0への諸段階

1・0とは第一段階である。この段階は、「農村社会」が中心であり、「家内工業」をキーワードとする戦前の工業化以前の段階である。戦後の工業化によって東南アジアの世界は第二段階（2・0）に移行した。第二段階とは「軽工業」や「輸入代替」産業への本化であり、「天然資源と安価な労働力」をキーワードとした経済発展の段階である。東南アジア経済においては、およそ一九八〇年代までがこれの時代に相当する。そして、プラザ合意以降、外国企業の進出の本格化を背景に第三段階（3・0）に移行した。第三段階は、「重工業」であり、「輸出指向」の産業構造への変化である。ここでは、「外資導入」がキーワードとなる新しい発展段階である。

ドイツのものづくり4・0

近年では、IoT[30]導入のイニシアチブについて、ドイツのインダストリー4・0が知られている。もともと製造業の復権を願うこの取り組みは、グーグル、アマゾンなど米国企業が消費活動をデジタル化する取り組みの影響も受け新たなフェーズに移行している。[31]インダストリー4・0については、二〇〇九～二〇一〇年ぐらいから議論が活発化し、メルケル首相からの大号令もあり、ローランド・ベルガーも関与することになった。シーメンスやフォルクスワーゲン、ボッシュなどのドイツ企業がさまざまな取り組みを行う中で、これらを取りまとめて、国の強さを表現できるインパクトのあるかたちにできないかという活動だったのである。強さを示すことにこだわった背景には、かつて日本に生産性で負けていたことや、最近では中・東欧や中国に製造業が奪われていくという危機意識が強かったことが理由としてあげられる。その後、二〇一一年からハノーバーメッセで「インダストリー4・0」という言葉が公表され使われるようになったことで世界的に使われる言葉となった経緯がある。

ドイツのインダストリー4・0とは、インターネットを徹底活用することで飛躍的な生産の効率化を進め、第四次産業革命を起こそうとするものである。例えばビックデータなどの活用である。第一次産業革命は一八世紀後半の「蒸気機関の発明による自動化」、第二次産業革命は二〇世紀初頭の「電動化と分業化」、第三次産業革命は「二〇世紀後半の電子制御による自動化」、そして二一世紀の第四次産業革命として、ドイツは「スマート工場の実現（インターネットとモノの融合）」を目指しているのである。

スマート工場の実現には、既存の様々な分野の技術を応用してつなげていくことを想定しており最終的には、個々のニーズに応じた細かい加工や生産の自動化を可能にし、生産から消費に至る全行程の変革を目指している[32]。

インダストリー4・0の動き

標準化もインダストリー4・0で注目されている取り組みであり、米国や日本とも一緒に作っていこうという方向になってきている。また、さまざまな領域で国をまたぐアライアンス[33]もできており、国の意識もだんだん薄れていることがいえる。

製品を軸に全ての部署をつなごうという製品のライフサイクルマネジメント[34]（PLM：Product Lifecycle Management）では、製品軸であらゆる部署をつなぎ、その製品に関連する作業や要件を全て同一のデータベースに入れて、誰もが使えるようにしており、二〇一四年もしくは二〇一五年前半まではものづくり中心の取り組みだったといえる。

しかし、ドイツが二〇一四年三月に発表した「スマート・サービス・ベルト（Smart Service Welt）」という取り組みが入り、ドイツでは、それまでのインダストリー4・0と米国の消費活動のデジタル化を加えたものを「新しいインダストリー4・0」だと言い始めた。消費活動をデジタル化して、今までのインダストリー4・0の工場起点、もしくはエンジニアリングチェーン起点、サプライチェーン起点の考え方から、顧客への価値提供に二つのチェーンを同期させていくという考え方に変化してきているのである。[35]

日本の対応「ソサエティ5・0」

日本の取り組む「ソサエティ5・0」（society 5.0）とは、狩猟社会（Society 1.0）、農耕社会（Society

2.0）、工業社会（Society 3.0）、情報社会（Society 4.0）に続く、新たな社会を指すものである。第5期科学技術基本計画において日本が目指すべき未来社会の姿として初めて提唱されたのである。[36]

これまでの情報社会（Society 4.0）では知識や情報が共有されず、分野横断的な連携が不十分であるという問題があった。しかし、ソサエティ５・０で実現する社会は、ＩｏＴで全ての人とモノがつながり、様々な知識や情報が共有され、今までにない新たな価値を生み出すことで、これらの課題や困難を克服する。また、人工知能（ＡＩ）により、必要な情報が必要な時に提供されるようになり、ロボットや自動走行車などの技術で、少子高齢化、地方の過疎化、貧富の格差などの課題が克服される。社会の変革（イノベーション）を通じて、これまでの閉塞感を打破し、希望の持てる社会、世代を超えて互いに尊重し合あえる社会、一人ひとりが快適で活躍できる社会となり得る可能性があるのである。

その方法としては、ソサエティ５・０では、フィジカル空間のセンサーからの膨大な情報がサイバー空間に集積する方法である。サイバー空間では、このビッグデータを人工知能（ＡＩ）が解析し、その解析結果がフィジカル空間の人間に様々な形でフィードバックされる。今までの情報社会では、人間が情報を解析することで価値が生まれてきたが、ソサエティ５・０では、膨大なビッグデータを人間の能力を超えたＡＩが解析し、その結果がロボットなどを通して人間にフィードバックされることで、これまでには出来なかった新たな価値が産業や社会にもたらされることになるのである。

国連の「持続可能な開発目標」（ＳＤＧｓ：Sustainable Development Goals）の達成にも通じるものでもあり、日本は課題先進国として、これら先端技術をあらゆる産業や社会生活に取り入れ、経済発展と社会的課題の解決を両立していく新たな社会であるソサエティ５・０の実現を目指している。

7　世界をリードするものづくりの苦悩

米中貿易摩擦が続いている。米国は二〇一九年九月一日、対中追加関税措置の第四弾について一部を除き発動させ、一二月一五日に残りの品目を発動させるとしている。中国もまた、九月一日に報復措置を取り、一二月一五日にも発動を予定し、事態は長期化の様相を見せている。(37)

《米中貿易摩擦の問題点》

米中貿易摩擦の問題点は、世界経済において製造業のウエイトを増しつつある中国経済が国際貿易のルールを守らない振る舞いを強調したことが問題点なのである。

中国習金平は、二〇一五年五月に「中国製造（メイド・イン・チャイナ）２０２５」という国家戦略を発布し、二〇二五年までにハイテク製品のキー・パーツ（コアとなる構成部品、主として半導体）の七〇％を「メイド・イン・チャイナ」にして自給自足すると宣言した。同時に有人宇宙飛行や月面探査プロジェクトなどを推進し完成に近づけることも盛り込まれていた。(38)

通常の貿易慣行に従って自由貿易の原則に基づいた生産と国際貿易が実現されるならば、何の問題でもないメッセージが世界の全ての技術を盗んでも実現するという趣旨の発言と行動が中国の国としての問題なのである。それは、特許の取得方法とそれ以後の生産・販売方法における違法な経済活動の在り方が問題なのであり、しかも、その政策の目的が世界支配であることが問題なのである。しかも、工業製品自体に利己的な、あるいは他国を陥れる装置を内蔵するような製品の開発・輸出を行うことの倫理的・法的・道徳的問題がトランプ大統領に問われての「米中貿易摩擦問題」なのである。

8　おわりに

以上の説明より、東南アジアの経済発展には世界の製造業におけるサプライチェーンの変化が大きく関わり、これからの世界経済の未来を左右する製造業のありかたとその重要性を説明した。東南アジアの発展においては成長をし続けるＡＳＥＡＮの経済状況をみることでサプライチェーン進化が影響していることが分かった。また、更なるサプライチェーンの再構築によりＡＳＥＡＮを中心とした「一つの経済圏」の拡大が国際分業の役割の変化と進展を促していることも明らかとなった。

チャイナプラスワンの時代では、製造業を中心としたリスク分散と世界の工場の移り変わりにより世界経済の中心地の移動も起こっている。世界の製造基地としての東南アジアでは、メーキング・インドネシア４・０とタイランド４・０との比較をすることで、各国のものづくりの違いを理解し、製造業におけるものづくりの重要性では、１・０から４・０への諸段階が最先端を目指す日本のソサエティ５・０を生み出したことを説明した。

世界をリードするものづくりには、多くの苦悩が付きまとう。米中貿易摩擦など多くの課題をクリアした明るい未来へ生き残るためには、政治経済、世界経済を正確に把握することだけではなく、最終的には「誠実さ」「義」が問われる世界であることを心から願っている。

注

（1）東南アジア諸国連合の一〇カ国は次のとおりである。ブルネイ、カンボジア、インドネシア、ラオス、マレーシア、ミャンマー、フィリピン、シンガポール、タイ、ベトナム。人口は二〇一八年時点で六億五千万人程度である（日本の約五倍）。

（2）「ＡＳＥＡＮ（東南アジア諸国連合）概況」二〇一九年一〇月七日掲載。https://www.mofa.go.jp/mofaj/area/asean/page25_001325.html　二〇一九年一一月三日。

（3）World Bank, World Development Indicators database

（4）IMF, Direction of Trade Statistics　https://data.imf.org/?sk=9D6028D4-F14A-464C-A2F2-59B2CD424B85　二〇一九年一一月三日。

（5）「第2章東南アジアの成長と日本の役割」二〇一四年二月二〇日掲載。https://www.mofa.go.jp/mofaj/gaiko/oda/shiryo/hakusyo/13_hakusho_pdf/pdfs/13_hakusho_0102.pdf　二〇一九年一一月三日。

（6）「サプライチェーンとは――コトバンク」https://kotobank.jp/word/サプライチェーン-3749　二〇一九年一一月三日。

（7）「ＡＳＥＡＮ地域の複数国における拠点展開――日本企業による事例を見る―ジェトロ」二〇一八年二月一四日掲載。https://www.jetro.go.jp/biz/areareports/2018/fa79c93a51594984.html　二〇一九年一一月三日。

（8）「貿易」http://www.kyoritsu-wu.ac.jp/nichukou/sub/sub_gensya/International/Trade/trade.htm　二〇一九年一一月五日。

（9）二〇一九年六月二八日〜二九日の二日間にわたり行われた。

（10）世界各国から原材料を輸入し、世界中を輸出対象とした製品を製造するような工業国を「世界の工場」と呼ぶ。

（11）「チャイナプラスワン　中国企業の動きが加速——おはよう日本『ここに注目！』」https://www.nhk.or.jp/kaisetsu-blog/300/370416.html：二〇一九年一一月五日。

（12）「次の世界の工場は東南アジア！」、https://www.sawamura-shiga.co.jp/yess/post-145　二〇一九年一一月五日。

（13）インドネシアのモノづくり４・０については、ドイツの「インダストリー４・０」に由来するものが基盤にある。

（14）このとき、工業大臣や対日投資担当大統領特使らも出席し、工業大臣は、「Making Indonesia 4.0」を推進するに際し、中小企業の役割が重要であるので、ＩＪＢ－ＮＥＴがインドネシアと日本の中小企業を繋げる役割を果たしてほしいとの期待を表明した。また、特使は、日本の技術やものづくりの精神をインドネシアの企業にも移転することで、インドネシアの経済を発展させるとともに、両国の経済関係を強化させたい旨を述べた。

（15）在インドネシア日本国大使館『石井大使のインドネシア・日本ビジネス・ネットワーク（ＩＪＢ－ＮＥＴ）」発足式への参加』二〇一九年一一月五日。https://www.id.emb-japan.go.jp/about_jp_ambsnews98.html

（16）インドネシアジャカルタ市において、筆者は二〇一八年八月八日にＩＪＢ－ＮＥＴ発足式に日本支部福岡窓口として出席した。また、タイにおいてはＪＥＴＲＯにてタイの概況とＡＳＥＡＮ経済について話を聞く機会があり、これらのことがランド４・０、そしてインドネシア４・０を探求するきっかけとなった。

（17） 岡崎啓一・山本肇『インドネシアのｘＥＶ政策動向と「メーキング・インドネシア４・０」（前編）』ArayZ 野村総合研究所タイ、二〇一八年八月号。https://www.arayz.com/columns/car_business_201808/ 二〇一九年一一月五日。

（18） 吉田雄『インダストリー４・０に向けた産業政策を発表』ＪＥＴＲＯ、二〇一八年四月一二日。https://www.jetro.go.jp/biznews/2018/04/1ec9220ba7aa9386.html

（19） 岡崎啓一・山本肇、前掲より抜粋加工。https://www.arayz.com/columns/car_business_201808/ 二〇一九年一一月五日。

（20） 輸出額から輸入額を引いた金額。

（21） 上野洋・斎藤貴成「特集 ＡＳＥＡＮの構造変化と日本企業の現地マネジメントのあり方」、『インドネシア経済の動向と日本の製造業が果たす役割』野村総合研究所、知的資産創造二〇一四年一二月号。https://www.nri.com/-/media/Corporate/jp/Files/PDF/knowledge/publication/chitekishisan/2014/12/cs201412.pdf?la=ja-JP&hash=F94BCF571631F4609DC9C8845340EDD139B587B1 二〇一九年一一月五日。

（22） 経済産業省、国際展開研究会http://www.meti.go.jp/policy/economy/distribution/daikibo/kokusaitenkai.html 二〇一九年一一月五日。インドネシア編『小売業の国際展開に関する調査報告書』三六～三七頁。http://www.meti.go.jp/policy/economy/distribution/daikibo/downloadfiles/indonesia.pdf

（23） 大泉啓一郎『「タイランド４・０」とは何か（前編）――高成長路線に舵を切るタイ』日本総合研究所、ＲＩＭ 環太平洋ビジネス情報 Vol.17 No.66, 二〇一七年八月一六日。https://www.jri.co.jp/MediaLibrary/file/report/rim/pdf/10060.pdf 二〇一九年一一月五日。

（24） 岩田泰『タイが中進国の罠に陥らずに成長を続けるために――タイ製造業の産業集積と経産省のスタ

ートアップ、イノベーション支援に対する取り組み』経済産業省、二〇一七年九月。http://www.jtecs.or.jp/wp-content/uploads/hpb-media/seminar170925.pdf 二〇一九年一一月五日。

(25) 経済志林、末廣昭『「中所得国の罠」の克服：「タイランド4・0」とタイ大企業の対応能力』二〇一八年三月二三日 http://hdl.handle.net/10114/14291 二〇一九年一一月五日。

(26)『週刊タイ経済（電子版）』二〇一五年一一月三〇日号。

(27)「二〇一七年一一月二二日に開催された東部経済回廊（ＥＥＣ）開発政策委員会（プラユット首相が委員長）の第三回会合で、防衛産業を第一一番目のターゲット産業として承認した」『週刊タイ経済（電子版）』二〇一七年一一月二三日号。

(28) 国家経済社会開発庁のこと。

(29) 産業構造調整事業は末廣（二〇〇〇年）、次世代ターゲット産業は、「閣議で次世代ターゲット産業のクラスター化を承認」『週刊タイ経済』（電子版）二〇一五年一一月、二一三〜二一四頁。

(30) ＩｏＴ（Internet of things）であり、モノ間のインターネットである。

(31) 日本貿易振興機構（ジェトロ）在欧州事務所モスクワ事務所海外調査部欧州ロシアＣＩＳ課『欧州各国の産業デジタル化推進策とＩｏＴ導入事例』二〇一七年、二〇一七年二月。https://www.jetro.go.jp/ext_images/_Reports/01/1a84f835a1faf51a/20160123.pdf 二〇一九年一一月五日。

(32) 独立行政法人 労働政策研究・研究機構『インダストリー4・0と労働の未来』二〇一五年六月 https://www.jil.go.jp/foreign/jihou/2015/06/germany_02.html 二〇一九年一一月五日。

(33) 同盟、連合、提携。特に、国際的な企業連合をいう（『三省堂大辞林』）。

(34) 開発による生産要件の入れ忘れといった作業工程の手戻り、設計変更のリアルタイム共有による生産準備期間の短縮など、さまざまなメリットが生まれつつある。

(35) 今後は各業界が提供している価値を顧客ごとに捉えて、最適化されたタイミング・内容になるように、業界のチェーンを同期させていくという取り組み。

(36) 内閣府『Society 5.0』二〇一九年一一月五日。https://www8.cao.go.jp/cstp/society5_0/index.html

(37) 「米中貿易摩擦で米国、中国、ＡＳＥＡＮ間の貿易構造に変化―タイヤ、繊維分野では最終製品と部材の両方に」https://www.jetro.go.jp/biz/areareports/2019/f7eec7d2c89712ef.html 二〇一九年九月二〇日。

(38) 背景には「中国製造２０２５」習近平による人民の対日感情コントロール―ワールド―最新記事」二〇一八年一〇月二三日掲載 https://www.newsweekjapan.jp/amp/stories/world/2018/10/2025-1.php?page=1 二〇一九年一一月五日。

参考文献

ASEANstats, https://data.aseanstats.org/indicator/AST.STC.TBL.1b 二〇一九年一一月三日より抜粋加工。

『通商白書２０１２』 https://www.meti.go.jp/report/tsuhaku2012/2012honbun/html/i2210000.html 二〇一九年一一月三日。

松下　愛

第11章　イスラームの宗教多元主義
——アジア共同体のための一試論

はじめに

宗教間の対立や紛争をめぐるニュースが絶えない。南アジアの大国インドではイスラーム教徒を標的としたヒンドゥー教徒の暴動がくり返されている。そのインドと隣国パキスタンのあいだでつづく政治対立も、ヒンドゥー教徒とイスラーム教徒の確執が起点にある。東南アジアの大国インドネシアではイスラーム教徒がキリスト教の教会を襲撃し、ミャンマーでは仏教の僧侶がイスラーム教徒ロヒンギャの迫害を扇動している。そして、そのロヒンギャ迫害にたいする抗議のデモが、インドネシアやトルコのイスラーム教徒によって激しくおこなわれている。

アジアは、さまざまな宗教共同体が入り交じって存在する地域である。その事実を今わたしたちは

いった主張がなされていた。

など「宗教的な多様性がアジアを分断する」と言えば、うなずく人は多いかもしれない。ではその逆はどうか。「宗教的な多様性がアジアを一つに向かわせる」などと言ったら、あきれられるか、妄言あつかいされそうである。しかし、かつてはそのように考える人たちがいたし、その考えが突飛であるともみなされていなかった。古来より多様性になじんできたがゆえに個々の集団に寛容の精神が息づいており、その精神とともにアジアは一つに導かれうるといった主張がなされていた。

筆者は二〇年以上にわたってインドネシアのムスリム（イスラーム教徒）たちのさまざまな運動や言論にふれてきた。それは国際政治の多極化と並行して世界各地で宗教的な排他主義の高まりがみとめられるようになった時期であり、インドネシアでもそのような現象が観察者たちの関心を集めてきた。けれども、ここであえて指摘したいのは、この排他主義の高まりという現象の裏側では、それと反対の動き、すなわち従来からの寛容の精神を引き継いで展開しようとする、同じ宗教の信徒たちによる運動や知的営為もまた進行してきたという事実である。本章では、「宗教多元主義」をキーワードに、そのような動向の一端を紹介したい。

アジアの人口のじつに四分の一はムスリムである。経済的な結びつきだけでは成り立ちえないアジア共同体なるものを構想するうえで、わたしたちはイスラームについての関心を欠くべきではない。教会の襲撃に加わるような偏狭なムスリムの数はほんのわずかであるにしても、みずからの宗教を社会生活の青写真としてとらえるムスリムは至る所に存在する。日本人の多くがなじんできた脱宗教的な価値観の普及を前提にアジア共同体の可能性を論じることは困難なのであり、その認識をもとにわたしたちはイスラームという宗教やイスラーム共同体の動態を見つめていく必要がある。

1　スカルノが語るアジア

多様性のなかの統一

いまから数十年の時をさかのぼって一九五五年、二九カ国が集まりバンドンで開催された第一回アジア・アフリカ会議（通称バンドン会議）は、多数のアジア諸国が自発的にその連帯を模索した最初の機会として歴史に刻まれるイベントであった。その会議の開会演説において、開催地インドネシアの大統領スカルノは次のように述べている。

「そうです、われわれのあいだには不同があります。そのことを否定するものがありましょうか。ここには大小の諸民族が代表をおくっており、太陽の下にあるほとんどあらゆる宗教、すなわち、仏教、イスラーム、キリスト教、儒教、ヒンドゥ教、ジャイナ教、シーク教、ゾロアスター教、神道その他のあらゆる宗教を信奉する人民をもつ大小の国ぐにが代表を送っています。この会議は、イスラーム教徒の会議でも、キリスト教徒の会議でも、仏教徒の会議でもありません。それは、マラヤ人の会議でもなく、アラブ人のそれでもなく、また、インド・アーリア人種の会議でもありません。それは、排他的なクラブ、つまり、他のブロックに対抗しようというブロックでもありません。そうではなくて、それは、すべての人間、すべての国が太陽の下でしかるべき地位を占めることを世界に向かって印象づけようとする、いいかえれば、個別的な立場を失うことなしに共に生き、いっしょに集まり、おたがいに語り合うことが可能であることを世界に向かって印象づけようとする、そういう物分りのいい、寛容な意見の母体なのであります。共通な関心事の全般的な理解に寄与し、また、人間および国家がその福祉とこの地上での生存のために相互依存しているという真の意義を育てるための物分りのいい、寛容な見解の場であります」。(2)

アジア(・アフリカ)は一つの文明を素地として生まれた地域ではない。集まった国々の共通点らしきものといえば、せいぜい西欧列強による植民地支配を経験してきたという事実があるだけであった。米ソ冷戦を背景に、大国の干渉を防ぐための環境づくりを進めるという共通の政治的目的が存在する一方で、ややもすれば雑多な国々の集まりであるようにしか見えないその会議に、スカルノは文化や価値の側面から積極的な意味づけを行おうとした。かれは次のようにつづける。

「アジア・アフリカでは、世界の他の大陸におけるよりも、いっそう大きな不同が、宗教上、信仰上、信念上存在していることを私は知っております。しかし、これは、まったく自然なことではありませんか! アジアとアフリカとは、多くの信仰、思想の古き発祥地であり、これらの信仰、思想はここから全世界にひろがって行ったのです。それゆえ、ふつう「生きよ、そして、生かしめよ」(Live and let live)と呼ばれている原則——御注意ねがいたいのは、「なすにまかせよ、行くにまかせよ」という陳腐なリベラリズムの原則のことを私がいおうとしているのではないことです——この原則は、まず第一にわれわれ自身のアジア・アフリカの境界線内でもっとも完全に適用されたということを確認することに、特別の注意を払うことはわれわれの義務であります。そうしてからあと、はじめて、それは、われわれの隣接諸国との関係に、さらに、もっと遠く離れた国ぐにとの関係に完全に拡大することができたのです」。(3)

この演説と同じ時期、学問の世界ではいわゆる近代化論が主流であった。アジアの「後発国」を観察する人々の多くは、それら諸国が近代国民国家として発展する過程において宗教的なるものは衰退するであろうという仮説を抱いていた。神の命令にしたがって生活することは近代人であることの要件とはされず、むしろ近代化の阻害要因になるとさえ考えられていた。しかし、スカルノはちがっていた。インドネシア国民の大多数と同じくイスラーム教徒であるかれは、国内ではいわゆる世俗的ナショナリストとして、イスラーム法に基づく国づくりを主張する「イスラーム主義者」(イスラーム原理主義者)たちと敵対する関係にあったが、豊かで秩序ある国づくりをおこなううえで古くからの信仰や思想、あるいは敬神の精神が重要な柱になるということは以前から認めていた。(4)

なぜ敬神の精神が重要であるのかについてスカルノ自身は明示的な説明をおこなっていたわけではない。そもそも、神を敬うという行為は、幼少からそれを実践する環境のなかで育った人々にとって、あらためてその意義を説明しなくてはならないようなものではない。しいて例をあげるなら、スカルノの政治的信条のひとつとして「ムシャワラ(協議)とムファカット(一致)」がある。これはもともとジャワの村落共同体を支えてきた原理であり、多数決ではなく、どこまでも話し合いによる意見の一致を求めるというものである。話し合いによる意見の一致といえば簡単にも聞こえるが、それを実現するためには共同体の成員個々に、自己を過信しない謙虚さや協調性が備わっていなくてはならない。ではその謙虚さや協調性を生み出すものはなにか。敬神の精神がその答えとなる。

スカルノにとってこの世界に、あるいはアジアに、多数の宗教が存在するという事実は悲観すべき事柄ではなかった。信念体系は多数あれども、そこには共通の根元のようなものが存在すると、かれは考えていただろう。かれ自身の宗教であるイスラームには、十数世紀前に記された聖典『クルアーン』と第二次的聖典と位置づけられる預言者ムハンマドの言行録「ハディース」がある。いわゆるイスラーム主義者は、ムスリムの行動のすべてがそれら聖典の文言に裏打ちされている状態をめざすが、これにたいしてスカルノは、例えば「石鹸があるいまの時代に（預言者の時代に行われていたように）砂で手をあらうのか」といった言辞を用いながら、「いまの時代」に適合したイスラームの再解釈を求めていた。スカルノが言うには、『クルアーン』も「ハディース」も魅力的な書物であるが、それが魅力的なのは、時代をこえて燃えさかる「火や炎や熱情」を表現しているからにほかならない(5)。人間には神が付与した理性をもってみずからの時代をどう生きるかを考える自由がある。ただしそのさい、偉大な神性を前にひれ伏す敬虔さ（謙虚さ）と熱情は必ずなくてはならないものであり、またそれこそが数多の宗教において共有される根元の原理であると、かれはとらえていたであろう。律法や制度は、いわば枯れていくこともある枝葉にすぎない。「いまの時代」をよりよく生きることは誰彼になく課せられた義務であり、すべての共同体は立ち止まっていてはならないのである。かれが宗教間の関係について語るさいに強調した「生きよ、そして、生かしめよ」という共生の志には、おそらくこのような意味がこめられている。

ところで、先に引用したバンドン会議におけるスカルノ演説の内容は、インドネシア研究にたずさわる者にとっては既視感を抱かせるものである。この国際会議よりさらに一〇年をさかのぼった一九四五年の六月、スカルノは、来るべき独立国家インドネシアの国家原則として、みずからが中心となって「パンチャシラ」（建国五原則）[6]を起草し、そのなかの一条項として記した「唯一なる神への信仰」の原則について次のように語っていた。

「神への信仰の原則！　インドネシアの国民が神への信仰をもつべきであるばかりでなく、すべてのインドネシア人が自分自身の神を信仰すべきであります。キリスト教徒はイエス・キリストの教えにしたがって神を敬うべきであり、イスラーム教徒は予言者［預言者］モハメッドの教えにしたがい、仏教徒はその経典にしたがって宗教的儀礼をおこなうべきです。しかし、われわれはすべて神への信仰をもたねばなりません。インドネシア国家は、すべての人が自由に神を敬える国家であらねばなりません。すべての人びとが教養のあるやり方で、つまり「宗教的利己心」なく、自分の神を敬わねばなりません。そしてインドネシア国家は、神への信仰と結合した国家であるべきであります！」[7]。

スカルノが、多民族・多宗教社会である自国インドネシア[8]とアジアの状態を相似するものとして見立てていたことは明らかである。インドネシアには、独立から現在まで、「パンチャシラ」とならぶ国是として「ビネカ・トゥンガル・イカ（多様性のなかの統一）」というスローガンがある。バンドン会議の開会演説におけるスカルノは、このスローガンをアジアにもあてはめようとした。言うならば、スカルノにとって、インドネシアとアジアはどこか運命共同体のようなものであった。多様な種族や宗教共同体の統一がインドネシアにおいて実現するのであれば（それは絶対に実現しなくてはならないものであった)、アジアが一つにまとまることさえも不可能ではないという論理である。かつて大日本帝国の政治家や軍人たちが「大東亜」を語ったのとはまったく異なるアジア的なものへの期待や緊張感が、スカルノのことばには含まれている。

スカルノの懸念と現代

ところで、右の「パンチャシラ」をめぐる演説の引用の終わりのほうでスカルノは、「宗教的利己心」ということばを用いて、ある事柄についての懸念をほのめかしている。「宗教的利己心」なるものが正確に何であるのかはこの引用文中ではわからない。ふたたびバンドン会議の開会演説にもどって続きを見ることで、その懸念の内容を探っておこう。

「しかし、すべての偉大な宗教は寛容を託宣するものであり、「生きよ、そして生かしめよ」の原則を主張し遵守するものであるということをわれわれがさとらなければ、各宗教の信徒がいたるところで他人の権利を同じように配慮する心構えがなければ、すべての国があらゆる信仰の教徒にたいして同一の権利があたえられていることを確保する義務を果さないならば――すべてこれらのことがなされないならば、宗教は堕落し、その真の目的は悪用されることになりましょう。もしもアジア・アフリカの国ぐにがこのことについて責任をさとらず、一致してその責任を遂行する手段を講じないならば、統一の源泉であり、外国の干渉をふせぐ防壁であるべきこの宗教的信念の偉力そのものが、かえって分裂をまねき、アジア・アフリカの大部分が共同行動によって辛くもかちえた自由を破壊する結果になるかもしれません」。[9]

ここでスカルノは、宗教がいわば諸刃の剣であるということを言おうとしている。宗教は、個人の利己心を抑制する一方で、ときに集団的な利己心、すなわち共同体の外部にたいする排他的な態度を抱くことをうながしてしまう。それは、人間が、自分の宗教をただ一つの絶対的な真理であると理解し、なおかつ他者の宗教に価値を見出さないときに起こりうることである。このバンドン会議から数十年の時が過ぎた二一世紀の現代において、そのような宗教的な排他主義のうねりはアジアと世界を覆い、スカルノの懸念は、かれが生きた時代においてよりもはるかに多くの人々によって抱かれるものとなっている。

この排他主義がはびこる現代の現象については、これまでさまざまな分析がなされてきたが、どれも現象の全体像を明らかにするものではない。たとえば、ある排他主義的な宗教組織がある個人を感化し、みずからの側に引き入れる過程があったとして、その感化がなぜなされえたのか、理由は、社会的なもの個人的なものをあわせて無数に想定されうるからである。

むろん興味深い分析はあって、一例をあげると、アメリカの政治学者ベンジャミン・バーバーが『ジハード対マックワールド』において展開した議論[10]がある。バーバーによると、一部のイスラーム教徒による過激な活動と（かれらがいつも敵視する）マクドナルドやハリウッド映画に象徴されるアメリカ的な商業文化は、激しく対立するようでいて、じつは地盤を共有する。どちらも白黒をつけたがる「スピード一辺倒」の価値観とライフ・スタイルに根ざした、現代世界に特有の病理である。先立つのは「マックワールド」の誕生と拡大であり、「ジハード」はそれを温床として生まれる。

ちなみに、この病理に立ち向かうために不可欠なものとして、バーバーは市民社会とデモクラシーについての希望を語るが、その市民社会やデモクラシーを正常に発展させるためには、宗教がふたたび頼みの綱になるという。宗教は、一方では世界を分断する「ジハード」の拠り所とされてしまっているが、他方では、「スピード一辺倒」の価値観から人々を遠ざけ、「人間の魂を感じる心」を育てるために必要なものだというのである。(11)

2　宗教多元主義の展開――インドネシアから考える(12)

宗教多元主義とアジアの先達

宗教が諸刃の剣であり、排他主義との連関が断ち切りにくいものであるという事実は、長い人類の歴史をみても示されている。とりわけキリスト教は、もっとも顕著にそのような側面を露見してきた宗教だといえるだろう。カトリック教会は「教会の外に救いなし」というドグマを、プロテスタント教会も「キリスト教の外に救いなし」というドグマを掲げ、ときに物理的な力をも借りた宣教活動が世界中に展開した。その結果、数多の民間信仰や土着の宗教が上書きされ、キリスト教は世界最大数の信者を擁する宗教となった。

ところが二〇世紀後半になると、そのキリスト教の中心地であるヨーロッパで、排他主義とは真逆の神学的潮流が生まれる。「宗教多元主義（religious pluralism）」がそれであり、その提唱者はジョン・

ヒックという英国生まれの宗教哲学者であった。[13] ヒックが提示し、世に求めたのは、「自分の宗教を中心としたパラダイムから、全人類にとっての究極的な実在（神）を中心として諸宗教をとらえるパラダイムへの転換」であった。そこで諸宗教は、表現が異なれども等しく神の啓示であり、人間が認識しうるかぎりにおいて諸宗教のあいだに優劣は存在しない。ヒックは、自身がキリスト教徒でありながら、キリスト教につきまとってきた排他主義のいっさいを振りはらい、「諸宗教」の一つとしてキリスト教を定置しなおした。

ヒックがこの宗教多元主義にたどりついたきっかけの一つとして、英国の移民社会化にまつわるかれ自身の経験がある。一九五〇年代と六〇年代初期に英国は、経済拡大の必要上、南アジアやカリブ海の国々から移民を大量に引き入れた。キリスト教のほか、イスラーム、シク教、ヒンドゥー教、ユダヤ教などのコミュニティが密集する場となった大都市バーミンガムに住んでいたヒックは、宗教間融和のための社会活動をかねて異教徒たちと交流するうちに、かれらの存在をキリスト教徒の下位に見ることがいかに不条理であるかを悟った。

そのヒックを宗教多元主義へとさらに導いたのはアジアの「先達」たちであった。ダライ・ラマ一四世、マハトーマ・ガンディー、古代インドのアショーカ王、シク教の開祖ナーナク、ラーム信仰のカビール、そして「ランプは異なるが光は同じ」という言葉をのこしたイスラーム神秘主義者のルーミーなど、ヒックよりも前にかれと同様の問題提起や主張を行った宗教家はアジアに数知れず存在した。ヒック自身、かれらの名前をあげながら、かれらの洞察をもとに宗教多元主義にたどりついたことを明らかにしている。前節で紹介したスカルノは、いわゆる宗教家ではなかったが、このリストにくわえてもよい思想家の一人であるかもしれない。要するにアジアは、宗教哲学的な思考の蓄積が豊かであり、多宗教の共生や調和という課題にかけては欧米のはるか前方をゆく地域であった。

しかし、そうはいっても注意しなくてはならないのは、ガンディーやスカルノを見てわかるように、「先達」はかならずしもかれが属する宗教共同体の代表的人物ではなかったということである。かれらは妄言家とみなされていたわけではなかったが、れっきとした主流派でもなかった。ヒンドゥー教徒のガンディーは諸宗教の平等性を訴えたために多数のヒンドゥー教徒の反発を買い、イスラーム教徒のスカルノは、イスラーム主義者たちを片端から敵にまわしたことで、安定した政権を築く機会を失った。排他主義を否定し、多宗教の共生や調和を説くかれらの思想が広く実践されるようになるためには、その思想を引き継いで展開するたくさんの後継者が、それぞれの共同体の内部にあらわれる必要があった。

「革新」の潮流

アラブを起点に広がったイスラーム共同体のとりわけ大きな一部分にあたるインドネシアについていえば、そのような意味での後継者が一九七〇年代初頭から九〇年代にかけて次々とあらわれ、公の場で活発に主張をおこなうようになる。キリスト教圏においてヒックが宗教多元主義を唱導したのと時期が重なるが、ヒックの議論を後追いしてそうなったわけではない。インドネシアにはインドネシア独自の文脈があり、ヒックの議論と前後するかたちで、またある時期からはヒックの議論とも合流しながら、自生的に宗教多元主義的な思想が育っていった。

スカルノの時代をふり返ると、めざされていた国民統合はうまくいかなかった。原因はいくつかあって、宗教をめぐる対立はその一つであった。とりわけ深刻だったのは、国民の八五％以上を占めるイスラーム教徒のあいだの対立であった。聖典の字義に忠実であろうとし、他宗教の住民を顧みることなくイスラーム法の国家制度化をめざすイスラーム主義者と、イスラーム法の施行に否定的で、ナショナリズムや共産主義などの世俗的イデオロギーとより親和性のあったムスリムとの対立は、一九五〇年代から六〇年代前半にかけて深まる一方であった。そしてついには一九六五年、「九月三〇日事件」をきっかけとした共産主義者の虐殺によって一〇〇万人に達するともいわれる犠牲者が生まれることの一因となった。

共産党との関係を深めていたスカルノは失脚し、虐殺を指揮した軍人のスハルトが政権を取った。虐殺に協力したイスラーム主義者たちは、政治にみずからの要求が反映されることを期待したが、元来が世俗派であったスハルトは、イスラームを特別視しない「パンチャシラ」を国家理念に据えなおし、さらには独裁色を強めて、政治の場における宗教的なシンボルの使用さえ禁じるようになった。この一連の動向によってイスラーム主義者の要求はあえなく潰えた。

国内のムスリム知識人層のあいだで新しい風が吹きはじめたのは、このような政治の転換期であった。ムスリム知識人とは、古典アラビア語の読解能力に優れるとともに、イスラームの諸学に精通した人々のことである。国民統合の失敗と大虐殺を目のあたりにしたあと、イスラームという宗教そのものの改革の必要を感じる人々がこの層の若い世代のあいだで増えた。学生組織や宗教組織での議論をとおしてかれらが向かおうとしたのは、イスラーム用語でいうところの「イジュティハード」、すなわち聖典の再解釈であった。『クルアーン』は十数世紀も前の啓示であり、当時のアラブ社会と現在のインドネシア社会の状況は大きく異なる。その当然の事実への認識をもとに、ただ聖典の字義にしたがうのではなく、教えの本質部分をくみとり、なおかつ国民国家インドネシアの現状に適した解釈と実践を行おうという「革新（pembaruan）」の機運が生じていた。

新しい事業に抵抗はつきもので、かれらは保守的な人々、とりわけ上の世代のイスラーム主義者たちの反発と向き合わなくてはならなかった。「革新」を訴える会議の場ではしばしば反対派の罵声や怒号が飛び、隠れた所では恫喝めいたこともおこなわれたという。(14) 一方、そのような攻撃からかれらを守ったのが、イスラーム主義者の排除にとりかかっていたスハルト政権であった。望もうと望むまいと同政権の庇護を受けながら、若いムスリム知識人たちによる「革新」は進められた。

「革新」にたずさわる人々のあいだでは、自由や人権などの近代的価値とイスラームとの接合をあつかう論題については概ねの意見の一致があった。しかしながら、この世界に多数の宗教が存在し、それぞれが異なる信念体系をもつという事実をどうとらえるかという神学的命題については立場が分かれていた。ある者は、他宗教に対するイスラームの優位性を肯定しつつ、他者への「寛容」こそがイスラームの根幹的な教えであるとしてデモクラシーの重要性を説いた。またある者は、諸宗教の教えは相互に折り合うことがないという結論のもとに、「意見の不一致への同意（agree to disagree）」が唯一の解決策であると主張した。そしてまたある者は、キリスト教圏のジョン・ヒックと同じようなパラダイムを用いて諸宗教の平等性を訴えるようになった。そのなかの一人であるジョハン・エフエンディは、「人間とは相対的な性格をもつ生き物であるから、正確で包括的な教理である宗教についてそもそも理解が及ぶはずはない」と断じたうえで、次のように言った。

「宗教をもつだれかが宗教について語ったとしても、けっきょくそれは宗教の真理に到達できているわけではなく、どこかの宗派の考えか、たんに自分の考えを語っているだけのことにすぎない。宗教についての人間の理解は宗教そのものではない。したがって、だれとて他者の理解を拒絶したり、アプリオリに他者を批判すべきではないのである」。[15]

ジョハン・エフェンディは、一九三九年、南カリマンタンの生まれである。同地でイスラームの基礎を学んだあと、二〇歳のときにジャワ島ジョグジャカルタの国立司法学校に入った。在学中、学生組織をつうじて出会った仲間や学者と議論を重ねながらムスリム知識人として頭角をあらわした。一九七二年から七七年までのあいだ、かれは政府から宗教大臣の補佐を任され、国内の二一都市において二三回、おもにはイスラーム教徒とキリスト教徒のあいだを執りもつ宗教間対話イベントを開催している。その後も政治と学問の両方の世界で活躍し、二〇一七年に他界した。

ジョハンの神学的解釈は明快である。しかしその一方で、人間がそこまでも不完全な存在であると認識していない者にとってはある種の拒絶感を抱かせるものでもあるだろう。とりわけイスラームにおいては、聖典『クルアーン』は神の直接の語りかけであるという信者間の了解が基本にあり、『クルアーン』を読んでもなお「理解が及ぶはずはない」と断じてしまうのは、神への冒涜であると受けとめられかねない。実際ジョハンは保守派の激しい批判にさらされた。

では、これとは反対に、『クルアーン』の章句を丹念になぞりながら、なおかつ諸宗教の平等性を主張することは可能なのだろうか。それが可能だと考え、その証明に没頭したのが、ジョハンと同じ年齢で、「革新」の旗手として知られてもいたヌルホリス・マジッドである。

神が命じる宗教多元主義

先に経歴にふれると、ヌルホリス・マジッドは一九三九年、東ジャヤワに生まれた。幼少から濃厚なイスラーム教育を受けたのち、国立イスラーム大学（ＩＡＩＮ）のジャカルタ校に進学。学生組織での積極的な活動をつうじて早くからその名を知られるが、活動初期のかれは反欧米的なイスラーム主義者であった。ところが、あるきっかけとともに実現した米国とアラブ諸国への数か月間にわたる周遊の経験がかれを変える。最初に過ごした米国で、かれはその地の人々が、予想していたよりもはるかに「宗教的」であることを知った。反対に、そのあと過ごしたアラブ諸国では、保守主義や形式主義の弊害を感じつづけることになった。周囲を見ると、白装束に身を包み、戒律を気にする人は多くいたが、社会的公正のための宗教の実践が欠けているようにみえた。そのようにしてヌルホリスは「イスラームの遅れ」というものを痛烈に意識するようになった(16)。

帰国したかれは、志を共有できる仲間たちに「革新」の構想を伝える。イジュティハードをとおしたイスラームと近代的価値の接合をめざすとともに、インドネシアの国民統合と宗教間調和の問題にも積極的に取り組んだ。一九七〇年代から八〇年代にかけてかれは、米国のシカゴ大学の大学院でイスラーム思想を学びなおした。そこでイスラーム革新思想の大家であるファズルル・ラフマン(17)に師事して磨かれたかれの学問スタイルは、歴史学や比較宗教学の手法を積極的に用いつつ、『クルアーン』の文言と徹底的に向き合うというものであった。

はたしてかれは、諸宗教の平等性を示すと解釈できる『クルアーン』のことばを丹念に集め、イスラーム版の宗教多元主義を唱えるようになった(18)。例えば次のようである。『クルアーン』においては全能の神アッラーがユダヤ教徒やキリスト教徒を批判する場面が多くある。だが読めば、批判の対象はあくまで「信徒」であり、ユダヤ教やキリスト教それじたいはむしろ肯定されている。ユダヤ教、キリスト教、イスラームの預言者のいずれにも差別をつけないことを命じた「雌牛章（第二章）一三六節」[19]や「婦人章（第四章）一六三節」[20]などをみるとよい。また「ユーヌス章（第一〇章）九九節」[21]や「食卓章（第五章）九九節」[22]にあるように、アッラーはムハンマドに信仰の強制を固く禁じている。アッラーが説くその理由は明快で、ムハンマドが受けた啓示だけが正しい啓示ではないからである。ヌルホリスによれば、宗教多元主義は「スンナトゥラー」、すなわちアッラーが定めた不変の秩序であった。ムスリムがこれに敵対したり、従わないことがあってはならない。

　ヌルホリスはもう一つ、『クルアーン』に内在する「カリマ・サワ」という概念に着目した。日本語にすると「共通のことば」である。たとえば「イムラーン家章（第三章）六四節」でアッラーは、「わたしたちとあなた方との間の共通のことば（カリマ・サワ）の下に来なさい」と異教徒に呼びかけるようムハンマドにうながしている。このことが現代世界に暮らすわたしたちにとってどのように重要なのか。一九九二年にジャカルタで開催されたあるシンポジウムにおいてヌルホリスは、現代世界を一つの地球村（グローバル・ヴィレッジ）にたとえて次のように語っている。

「この地球村で人間は互いに親密になることができますが、同時に、対立や衝突にも向かいやすくもなります。それゆえ相互に相手を理解しようとする姿勢が重要であり、そのためには、双方の宗教にある共通点やカリマ・サワを見つけなくてはなりません。これはアッラーが『クルアーン』において命じていることです。どんなに自分の宗教が正しそうにみえても、『クルアーン』

は明確に、他者に自分の宗教を強制することを禁じています。なぜなら、最終的にはアッラーだけが、人間に指針をあたえる能力をもつ存在であるからです」。(傍点筆者)(23)

グローバル化の進展とともに宗教間の接触が増えた現代世界においては、「カリマ・サワ」、すなわちお互いが自分の宗教をもとにしてお互いを理解しあえる共通のことばやプラットフォームの形成が必須であるとかれは言っている。インドネシア国内では「パンチャシラ」、国際社会においては例えば国連憲章の諸概念がそれとしてイメージできるものだろう。イスラームの特殊性は、教えの普遍性ないしは宗教横断性の追求をアッラーみずからが信徒に命じているところにあるとヌルホリスはいう。たしかにイスラームは、ここで述べた意味においてはまさに、宗教間の調和を実現するために啓示された宗教なのである。

ヌルホリスの宗教多元主義と「革新」の思想は、一九九〇年代をピークに、インドネシアの知識層のあいだで強い影響力をもった。しかし、それが草の根に浸透するのを待たずに、「革新」の庇護者であったスハルト政権が、アジア経済危機をきっかけに崩壊した(一九九八年)。そして民主化がはじまり、予想を上回る勢いで政治的混乱がおとずれた。インターネット・サイトにはじまる新しいコミュニケーション・ツールを巧みに用いながらイスラーム主義が再生し、白黒二択の「わかりやすいことば」で社会の支持を広げていった。二〇〇五年には、保守的な宗教指導者が集まる全国的な宗教組織「インドネシア・ウラマー評議会(MUI)」が、宗教多元主義を禁忌事項とするファトワ(法的見解)を表明し、くしくもその同じ年に、ヌルホリスは肝臓の病のために生涯を閉じた。それから現在まで、共生も調和もめざさない排他主義的なイスラームの勢力は、多数派を形成するには至らないものの、存在感を強めつづけている。

他方で、ヌルホリスたちの知的営為を継承する動きも途絶えたわけではない。例えば二〇〇一年に設立された「リベラル・イスラーム・ネットワーク（ＪＩＬ）」は、インターネット上を拠点に二〇二〇年の現在までヌルホリス世代の遺産を引き継ぐかたちで存続している。設立者の活動家ウリル・アブシャル・アブダーラは一九六七年生まれで、スカルノの時代を知らない世代である。そしてＪＩＬには、そのウリルよりもさらに下の世代が多数参入してもいる。教育機関においては、たとえばヌルホリスの母校でもある国立イスラーム大学（ＩＡＩＮ：ＵＩＮ）は、全国の支部に多数の学生を抱えながら、現在まで「革新」思想をカリキュラムに導入している。

3　おわりに

イスラームはアジアを分断する要因なのか、それともアジアを一つに向かわせるための力となるのか。現状をみるかぎり、楽観的な意見は述べられない。とくにグローバルな領域における排他主義勢力のネットワークと行動力には目を見張るものがあって、ヨーロッパで、米国で、そしてアジアのさまざまな場所で、社会の隙間にねらいをつけたようなテロが多発し、根絶が難しい状況となっていることは周知のとおりである。

イスラームという宗教に非があるわけではむろんない。宗教は、人間の意志によっていつでも形を変えられてしまう。極論すれば、もとより排他主義的な志向や感情をもつ人々であれば、どのような教典を手に取ったところで排他主義的な思想や行動を選ぶのではないだろうか。その結果をわたしたちは「宗教」と呼んでいるようなところがある。

じつは宗教多元主義も例外ではなく、人間の強い意志が介在してこそ展開する思想である。ジョン・ヒックが宗教多元主義を唱導したのは、移民社会化した大都市バーミンガムとイギリス社会の平和を維持することが動機であったし、ジョハンやヌルホリスらがイスラーム版の宗教多元主義を唱えた背景にも、一九六〇年代までの国民統合の失敗と大虐殺という苦い経験をくり返してはならないという強い思いがあったはずである。思想にしても、宗教にしても、その成り立ちに背景や動機が存在しないものはどこにもない。

だからこそ、現在のアジアを舞台に宗教多元主義をとりあげる意味はある。わたしたちを含めた多くの人々のあいだで、そして四人に一人の割合で存在するムスリムの多くにおいて、平和や共生を実現したいという強い意志が生まれたならば、長い目でみて宗教多元主義は花開く可能性があるかもしれない。そのとき各々の宗教は、分断のための道具ではなく、統合のための動力の源となる。

注

(1) サミュエル・ハンチントン（鈴木主税訳）『文明の衝突』集英社、一九九八年。

(2) スカルノ（岡倉古志郎訳）『わが革命の再発見——多様のなかの統一』理論社、一九六二年、五二頁。

(3) 同書、五二〜五三頁。

(4) スカルノの宗教思想についてはさしあたり、土屋健治『インドネシア——思想の系譜』（勁草書房、一九九四年）を参照のこと。原文では、スカルノ自身の論集であるSukarno, *Dibawah Bendera Revolusi*. vol.1

(Jakarta, 1959) をあたるのが一番よい。

(5) 一九三〇年代半ば、オランダ植民地政府によってエンデ島に流刑されたスカルノは、その地から友人に宛てた「エンデ書簡」と呼ばれるやりとりにおいて、『クルアーン』や「ハディース」のなかには「火や炎や情熱」が見出せると語っている。*Dibawah Bendera Revolusi*. vol. 1, pp. 340-341.

(6) 「パンチャシラ」は以下の五原則からなる。すなわち、(1)唯一なる神への信仰、(2)公正にして礼節に富む人道主義、(3)インドネシアの統一、(4)代議制による叡智に導かれる民主主義、(5)全国民にとっての社会的公正。

(7) スカルノ、前掲書、三〇頁。

(8) インドネシアには少なくみても三〇〇以上のエスニック集団が存在する。宗教分布をみると、総人口の八七%といわれるイスラーム教徒のほか、およそ一〇%のキリスト教徒、二%弱のヒンドゥー教徒、一%弱の仏教徒、そしてわずかながら儒教徒などがいる。

(9) スカルノ、前掲書、五三～五四頁。

(10) ベンジャミン・バーバー（鈴木主税訳）『ジハード対マックワールド――市民社会の夢は終わったのか』三田出版会、一九九七年。

(11) 同書、四二九～四三〇頁。

(12) 本節（2）・（3）中のジョハン・エフェンディとヌルホリス・マジッドについての記述は、拙稿「宗教間の調和のために――宗教多元主義を唱えるインドネシアのムスリム知識人」（『久留米大学法学』第八〇号、二〇一九年）における関連部分の記述を、本章の文脈に合わせてまとめなおしたものである。

(13) ヒックの宗教多元主義を知るための著作としては、さしあたり、ジョン・ヒック（間瀬啓允訳）『神は多くの名前をもつ――新しい宗教的多元論』岩波書店、一九八六年や、ジョン・ヒック（間瀬啓允訳）『増補新版 宗教多元主義――宗教理解のパラダイム転換』法藏館、二〇〇八年を参照のこと。

（14）このあたりの経緯については、拙訳のアグス・エディ・サントソ編「イスラーム国家など存在しない――ヌルホリス・マジッドとモハマッド・ルムの政治書簡」前編（『久留米大学法学』74号、二〇一六年）を参照のこと。

（15）Djohan Effendi, "Dialog Antar Agama: Bisakah Melahirkan Teologi Kerukunan?", *Prisma* No. 5, Juni 1978, p. 16.

（16）このあたりの経緯については次に詳しい。Dedy Djamaluddin Malik & Idi Subandy Ibrahim, *Zaman Baru Islam Indonesia: Pemikiran dan Aksi Politik Abdurrahman Wahid, Amien Rais, Nurcholish Madjid, dan Jalaluddin Rakhmat*, Bandung: Zaman Wacana Mulia, 1998, pp. 126-127.

（17）ファズルル・ラフマン（一九一九～一九八八年）はパキスタン出身のイスラーム学者。「ネオ・モダニズム」と呼ばれるイスラーム思想潮流の中心的人物として功績を残した。

（18）ヌルホリスの宗教多元主義について詳細がわかるのは、例えば、Nurcholish Madjid, *Islam, Doktrin dan Peradaban: Sebuah Telaah Kritis tentang Masalah Keimanan, Kemanusiaan, dan Kemodernan*. Jakarta: Paramadina, 1992. など。

（19）「言え、わたしたちはアッラーを信じ、わたしたちは啓示されたものを信じます。またイブラヒーム［アブラハム］、イスマーイール、イスハーク、ヤアコーブと諸支部族に啓示されたもの、とムーサー［モーセ］とイーサー［イエス］に与えられたもの、と主から預言者たちに下されたものを信じます。かれらの間のどちらにも差別をつけません。かれにわたしたちは服従、帰依します」。――本章における『クルアーン』

章句の日本語訳は、以下を含めてすべて、基本的に、日本ムスリム協会編の『聖クルアーン』に拠っている。

(20)「本当にわれわれは、ヌーフ［ノア］やかれ以後の預言者たちに啓示したように、あなたに啓示した。われはまたイブラヒーム、イスマーイール、イスハーク、ヤアコーブおよび諸支族に啓示し、またイーサー、アイユーブ、ユーヌス、ハールーンならびにスライマーンにも啓示した。またわれはダーウードに詩篇を授けた」。

(21)「もし主の御心なら、地上のすべての者はすべて信仰に入ったことであろう。あなたは人びとを、強いて信者にしようとするのか」。

(22)「使徒には、ただ啓示を宣べ伝えることのほか何も課せられない。アッラーはあなたがたの現わすことも、隠すことも知っておられる」。

(23) Nurcholish Madjid, "Beberapa Renungan tentang Kehidupan Keagamaan untuk Generasi Mendatang", dalam Edy A. Effendy ed., *Dekonstruksi Islam Madzhab Ciputat.* Bandung: Zaman Wacana Mulia, 1993, p. 22.

佐々木拓雄

●著者紹介（執筆順）

山下昭洋（やました・あきひろ）台湾・静宜大学外国語学部助理教授―（第1章）

藤村一郎（ふじむら・いちろう）鹿児島大学総合教育機構准教授―（第2章）

脇阪紀行（わきさか・のりゆき）朝日新聞社元論説委員、大阪大学人間科学研究科元特任教授―（第3章）

大矢野栄次（おおやの・えいじ）久留米大学経済学部教授―（第4章）

渡部恒雄（わたなべ・つねお）笹川平和財団上席研究員―（第5章）

児玉昌己（こだま・まさみ）久留米大学法学部教授―（第6章）

松石達彦（まついし・たつひこ）久留米大学経済学部教授―（第7章）

小原江里香（おばら・えりか）久留米大学経済学部准教授―（第8章）

伊佐　淳（いさ・あつし）久留米大学経済学部教授―（第9章）

松下　愛（まつした・あい）久留米大学地域連携センター学長特命講師―（第10章）

佐々木拓雄（ささき・たくお）久留米大学法学部准教授―（第11章）

●編者紹介

児玉昌己（こだま　まさみ）久留米大学法学部教授—（第6章）

欧州大学院大学（ベルギー）行政学研究科修了。同志社大学大学院法学研究科博士後期課程満期退学。法学博士（九州大学）。専門は国際統合論、ヨーロッパ地域研究。著書は『欧州議会と欧州統合』成文堂、『EU・ヨーロッパ統合の政治史』日本放送出版協会、『欧州統合の政治史—EU誕生の成功と苦悩』芦書房など。

伊佐　淳（いさ　あつし）久留米大学経済学部教授—（第9章）

明治大学大学院政治経済学研究科博士後期課程満期退学。専門は非営利組織論、地域活性化論。著書は『市民参加のまちづくり』シリーズ（共編著）創成社、『文化経済学と地域創造—環境・経済・文化の統合』新評論（共著）、『ＮＰＯを考える（第2版）』創成社新書など。

グローバル時代のアジアの国際協力
——過去・現在・未来

■発　行——2020年 6 月25日
■編　者——児玉昌己・伊佐　淳
■発行者——中山元春
■発行所——株式会社 芦書房　〒101-0048 東京都千代田区神田司町2－5
電話 03-3293-0556／FAX 03-3293-0557
http://www.ashi.co.jp
■印　刷——モリモト印刷
■製　本——モリモト印刷

ISBN978-4-7556-1307-4　C0031